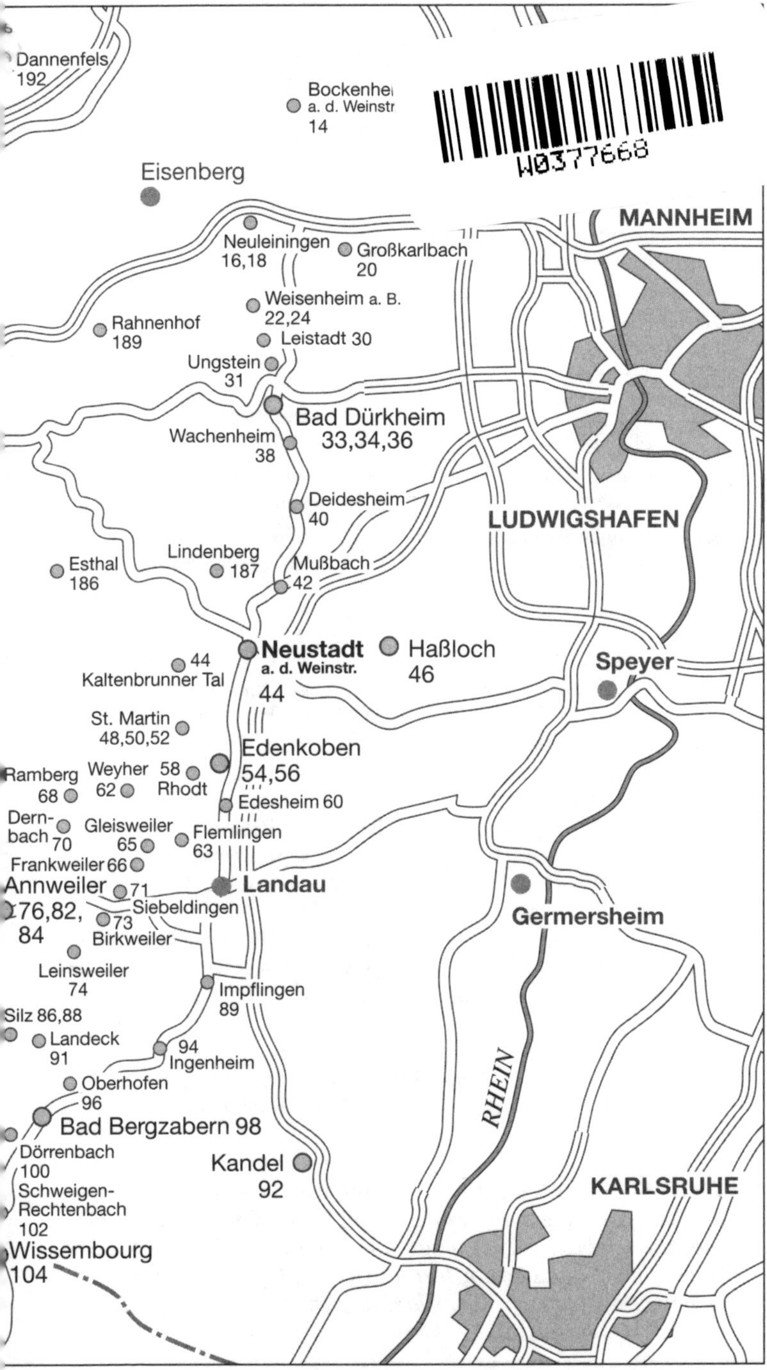
Dannenfels
192
Bockenhei
a. d. Weinstr
14
Eisenberg
MANNHEIM
Neuleiningen
16,18
Großkarlbach
20
Weisenheim a. B.
22,24
Rahnenhof
189
Leistadt 30
Ungstein
31
Bad Dürkheim
33,34,36
Wachenheim
38
Deidesheim
40
LUDWIGSHAFEN
Lindenberg
187
Esthal
186
Mußbach
42
Neustadt
a. d. Weinstr.
44
Haßloch
46
44
Kaltenbrunner Tal
Speyer
St. Martin
48,50,52
Edenkoben
54,56
Ramberg
68
Weyher
62
58
Rhodt
Edesheim 60
Dern-
bach
70
Gleisweiler
65
Flemlingen
63
Frankweiler 66
Annweiler
76,82,
84
71
Landau
Siebeldingen
73
Birkweiler
Germersheim
Leinsweiler
74
Impflingen
89
Silz 86,88
Landeck
91
94
Ingenheim
RHEIN
Oberhofen
96
Bad Bergzabern 98
Dörrenbach
100
Kandel
92
Schweigen-
Rechtenbach
102
KARLSRUHE
Wissembourg
104

Symbole und Zeichen

- eindrucksvolle Landschaft
- mittlere Steigungen
- stärkere Steigungen
- etwa zur Hälfte Wald
- über die Hälfte Wald
- Weinberge
- prägnanter Fluß/Bach
- romantischer Wasserfall
- schöner See/ Teich
- markante Felsen
- Höhle/ Grotte
- teilweise schöne Aussicht
- großartige Rundblicke
- lohnender Aussichtspunkt
- Burgen und Schlösser
- sehenswerte Sakralbauten
- historische Profanbauten
- (!) auf die Wegführung achten

Abkürzungen

abw	= abwärts	ÖZ	= Öffnungszeiten
AP	= Aussichtspunkt	P	= Parkplatz
AT	= Aussichtsturm	P	= Parkhaus
aufw	= aufwärts	P	= Tiefgarage
br	= breit	Pl	= Platz
ger	= geradeaus	re	= rechts
gr	= groß	Ri	= Richtung
i	= Tourist-Info	Ru	= Ruhetag
kl	= klein	Std(n)	= Stunde(n)
li	= links	Str	= Straße
Min	= Minuten	Wbh	= Wasserbehälter
ND	= Naturdenkmal	Ww	= Wegweiser
NSG	= Naturschutzgebiet	Z	= Wegzeichen

Markierungsabkürzungen

MA = Markierungsanfang *MW = Markierungswechsel*
OM = Ohne Markierung *LM = Lokalmarkierung*

Karten

Topographische Karten 1:25000 mit Wanderwegen *Landesvermessungsamt Rheinland-Pfalz,* zugleich Wanderkarten des *Pfälzerwald-Vereins e. V.* - Topographische Karte 3814 ET 1:25000 Haguenau Wissembourg *Institut Géographique National Paris* , zugleich Wanderkarte des *Club Vosgien.* - Örtliche Wanderkarten der *Verkehrsämter.*

Wandern und Einkehren

Pfälzerwald

u.a. Wasgau, Burgen und Schlösser, Weinstraße, Haardt, Donnersberg, Region Weißenberg

- Herrliche Wanderwege
- Gemütliche Gasthöfe Hotels und Pensionen
- Anfahrtsstrecken
- Parkmöglichkeiten

nach den Wanderungen von
Vagabundus
Wanderer zwischen Weg und Wirtschaft

herausgegeben von
Georg Blitz und Emmerich Müller

Ein Wanderführer im
Drei Brunnen Verlag Stuttgart

Einbandgestaltung: Jürgen Reichert

Titelfoto: Burg Berwartstein, Hans Stegner

Karten und Skizzen: Ingenieurbüro artic, Karlsruhe, Duisburg

Wanderungen: Claire und Heinz Bauer
Georg Blitz
Erika Dritter
Dieter Merkel
Alfred Meyer
Eva und Guido Oestreicher
Monika und Wolfgang Warweg
und Vagabundus

Alle Abbildungen in dieser Ausgabe sind urheberrechtlich geschützt. Die Veröffentlichung erfolgt mit freundlicher Genehmigung der zuständigen Städte, Gemeinden und Verkehrsämter.

Bildnachweise:
Pfalzwein e.V., Archiv (S. 25 o.), Donnersberg-Touristik e.V. (S. 25 u.), Hartmut Frien (S. 26 o., 80 o.), Verkehrsvereinigung Leiningerland e.V. (S. 26 u.), WIBO-Werbung, Bernkastel-Kues (S. 27 o.), Tourist-Info Deidesheim (S. 27 u.), Verein Südliche Weinstraße e.V., Landau (S. 28 o., 28 u., 78 o., 78 u. 79 o., 79 u., 80 u.), Richard Stöbener (S. 77 o., 77 u.), SILE Lembach (S. 129 o.), Yvon Meyer (S. 129 u.), FVV Rheinland-Pfalz (S. 130), Peter Zimmermann (S. 131 o.), Hans-Peter Merten (S. 131 u.), Helmut Kratz (S. 132), Wilbert Becker (S. 181 o., 182 u.), Mundorf (S. 181 u.), Hans-Günther Hansen (S. 182 o.), Foto-Stepan (S. 183 o., 183 u.), Kreisverwaltung Südwestpfalz, Pirmasens (S. 184 o., 184 u.)

Die Deutsche Bibliothek – CIP Einheitsaufnahme

Pfälzerwald : u.a. Naturpark Pfälzerwald, Wasgau, Burgen und Schlösser, Weinstrasse, Haardt, Donnersberg, Region Weißenburg ; herrliche Wanderwege, gemütliche Gasthöfe, Hotels und Pensionen, Anfahrtsstrecken, Parkmöglichkeiten ; nach den Wanderungen von Vagabundus / hrsg. von Georg Blitz und Emmerich Müller. - 4., neu überarb. und erw. Aufl.
– Stuttgart : Drei-Brunnen-Verl., 1998
(Wandern und Einkehren ; 7)
ISBN 3-7956-0214-9

ISBN 3-7956-0214-9
4., neu überarbeitete u. erweiterte Auflage 1998

Inhalt

Wichtige Hinweise

Lieber Wanderfreund,
damit Sie den größtmöglichen Gewinn aus dem Gebrauch dieses Wander- und Gastronomieführers ziehen können, sollten Sie die folgenden Vorbemerkungen beachten:

- **Weg und Zeit** – Bei diesen Angaben ist im Grunde die *Kilometerangabe* entscheidend. Die *Zeitangabe* bedeutet *reine Gehzeit* bei einer *durchschnittlichen Wegstrecke von 4 km pro Stunde* auf der Ebene oder bei leichten bis mittleren Steigungen. Bei stärkeren Steigungen verringert sich diese Durchschnittsleistung etwas. Bitte beachten Sie deshalb das entsprechende *Symbol.*
- **Wegmarkierungen** – Das *Markierungsnetz* des *Pfälzerwaldes* ist mit über 15000 km das dichteste in Deutschland. Großer Dank, Respekt und höchste Anerkennung für dessen Einrichtung und Erhaltung gebührt dem *Pfälzerwald-Verein (PWV),* dem *Verein Naturpark Pfälzerwald,* dem *Touristenverein „Die Naturfreunde“* und engagierten örtlichen Institutionen. S. auch S. 198. Für die hervorragende Wegmarkierung in der angrenzenden *elsässischen Wanderregion* zeichnet der *Club Vosgien* verantwortlich.
- **Markierungsangaben** - Die *Marginalien* am Seitenrand dienen der besseren Hervorhebung einer Angabe im Textteil. Sie gelten jeweils bis zum nächsten Randvermerk. Allerdings finden sich bei den Wegbeschreibungen zur besonderen Hervorhebung verschiedentlich auch Wiederholungen der Zeichen lediglich innerhalb des Textes.
- **Wegeskizzen** – Sie dienen dazu, Ihnen eine Übersicht zu vermitteln, damit Sie keine groben Fehler machen. Beachten Sie bitte zur Ausrichtung der Skizze den *Nordpfeil*!
- **Wort-Abkürzungen** – Sie sind wanderwegbezogen und daher leicht verständlich. Sie dienen nicht etwa der schnelleren Lesbarkeit, sondern der Platzersparnis, weil eine *exakte Wegbeschreibung* sehr viel Raum in Anspruch nimmt.
- **Rundwege** - Eine Wanderung kann selbstverständlich bei *jedem Gasthof* des Rundweges aufgenommen werden.
- **Rittersteine** - Es sind meist wuchtige Steine an markanten Punkten, deren vom *Pfälzerwald-Verein* angebrachte Inschriften auf Namen und Bedeutung des Ortes hinweisen. Der Initiator dazu war der Forstmann Reg.-Dir. *K. A. von Ritter* (1836-1917), 1. Vorsitzender des *Pfälzerwald-Vereins* von der Gründung bis 1912. Die *Rittersteine* wurden von *Walter Eitelmann* aufgespürt, registriert, erläutert und in Buchform veröffentlicht.
- **Geschichte - Kunst - Kultur** - *Vagabundus*, Historiker und Kunsthistoriker, stellt jeweils in knapper Form das geschichtliche, kunstgeschichtliche und kulturelle Umfeld eines Weggebietes vor, um dadurch das Erlebnis einer Wanderung zu vertiefen.

● **Parken** - Wer einen *Gästeparkplatz* benutzt, sollte in diesem Gasthof auch wirklich einkehren!
● **Gasthöfe - Hotels - Pensionen** - Durch eine glückliche Hand bei der sorgsamen Auswahl, verbunden mit einem großen Engagement profilierter Gastronomen, ist es gelungen, für Wanderer und Wandergruppen, Spaziergänger, Ausflügler oder auch „reine Einkehrer" hervorragend geeignete Betriebe aufzunehmen.
Die hier genannten Einkehrziele zählen zum Empfehlenswertesten, was die Gastronomie dieser Region zu bieten hat.
Selbstverständlich kann es durch Besitzer- oder Pächterwechsel nach Drucklegung immer wieder einmal zu Veränderungen von Angebot, Qualität, Preis, Öffnungszeit und Ruhetag kommen.
Einige Betriebe bieten sich nicht nur für den Wanderweg, sondern auch zum reinen Schlemmen an. Das ist dann jeweils textlich vermerkt.
● Viel Spaß auf Ihren Wanderungen wünscht Ihnen Ihr
Vagabundus per pedes

Vorwort zur 4. Auflage - Nachdem die ersten drei Auflagen rasch vergriffen waren, wurde der *Pfälzerwald* ein viertes Mal gründlich unter die Füße genommen und auch wieder gaumenmäßig überprüft. So konnten *48 neue wunderschöne Wanderwege* aufgespürt und etwa ebensoviele *Oasen zum Einkehren* neu entdeckt werden, von der gemütlichen Wein- oder Vesperstube bis hin zur gastronomischen Hochburg. Damit stieg die Zahl der beschriebenen Wege auf 95. Allein 11 attraktive Wanderrouten der Regionen *Weißenburg, Lembach* und *Steinbach* im *Elsass* wurden auf vielfachen Wunsch mit einbezogen - wie immer mit der renommierten örtlichen Gastronomie.
Wir wünschen auch den Benutzern der Neuauflage ein genussreiches
Wandern und Einkehren!
Die Herausgeber

„Das heißt leben,
die Seele laben in Wald und Flur,
den Körper wandernd stärken,
dem Herzen Gutes tun in freier Luft.
Das Hochgefühl vertiefen,
voll frohen Sinns und Heiterkeit,
bei guter Speis und edlem Trank
im Schoß eines gastlichen Hauses.
So zu leben,
heißt lang zu leben."

Vagabundus

Der Wanderweg Deutsche Weinstraße von Bockenheim bis Schweigen

Länge - 110 km.
Markierung - *[Grüne Traube auf Weiß]*.
Der mit einem Traubensymbol *[Grüne Traube auf weißem Hintergrund]* markierte nationale Wanderweg *Deutsche Weinstraße* - auch *Saumpfad der Seligkeit* genannt - schlängelt sich in einer Länge von 110 km zwischen dem *Naturpark Pfälzerwald* mit seinen Edelkastanienwäldern und dem Rebenmeer des über 20000 ha großen Weinanbaugebietes *Rheinpfalz* mit ca. 150 Mio. Rebstöcken entlang am *Balkon der Pfalz* von *Bockenheim* bis *Schweigen* an der französischen Grenze.
An der Pforte zur *Deutschen Weinstraße*, an der ehemaligen *Klosterschaffnerei* am *Neuhäusel* in *Bockenheim*, beginnt der Wanderweg und führt über *Asselheim* vorbei an der Weinwanderhütte und westlich von *Grünstadt* in das mauerbewehrte, den Berg hinauf gestaffelte *Neuleiningen*. Durch seinen südlichen Charakter fühlt man sich hier in die *Toskana* versetzt. Nun geht es weiter über *Kleinkarlbach*, *Bobenheim am Berg* nach *Weisenheim am Berg*, wo *„der Pfarrer mit der Pfeife in die Kirche geht"* (Mundartpredigt). Beim Weitermarsch erreicht man *Leistadt* und über *Ungstein* die weltberühmten Weinlagen *Spielberg* und *Michelsberg*. Danach die Kurstadt *Bad Dürkheim* mit dem größten gastronomisch bewirtschafteten *Fass der Welt* (1,7 Mio Liter Inhalt).
Durch den Kurpark führt der Wanderweg in die Wein- und Sektstadt *Wachenheim* mit ihren vielen ehemaligen Adelshöfen und rustikalen Weinstuben. Die bewirtschaftete *Wachtenburg* hoch über *Wachenheim* erlaubt einen Blick über das weite Rebenmeer bis in den *Odenwald* und *Schwarzwald*. Auf dem Weiterweg westlich von *Forst* und *Deidesheim* (Marktplatz mit Rathaus, Feigengasse) gelangt man nach dem Durchwandern der Ortsteile *Königsbach*, *Gimmeldingen* (Mandelblütenfest) und *Haardt* zur Perle der Pfalz, *Neustadt an der Weinstraße* (Marktplatz, Fußgängerzone, Elwedritschenbrunnen).
Über *Hambach* unterhalb des *Hambacher Schlosses* (Wiege der deutschen Demokratie) führt der Wanderweg westlich von *Diedesfeld*, *Maikammer* und *Edenkoben* zu einem der schönsten Orte an der *Deutschen Weinstraße*, nach *St. Martin*. Vorbei an der *Kropsburg* und dem *Schloss Ludwigshöhe* (ehemaliger Sommersitz von *König Ludwig I. von Bayern*) geht es weiter westlich von *Rhodt unter Rietburg* über *Weyher*, *Burrweiler Mühle* (Gutsausschank), *Burrweiler*, zum wärmsten Ort Deutschlands, *Gleisweiler* (subtropischer Park). Der Wanderweg geht sodann über *Frankweiler*, vorbei an der Bundesforschungsanstalt für

Rebzüchtung, *„Geilweilerhof"*, durch *Siebeldingen*, *Birkweiler* und *Ranschbach* nach *Leinsweiler (Slevogthof,* früher Wirkungsstätte des Malers *Max Slevogt*). Das Wegzeichen *[Grüne Traube]* zeigt in Richtung Süden den Weg in die Weindörfer *Eschbach* (*Madenburg*), *Klingenmünster* (bewirtschaftete *Burgruine Landeck)*, *Gleiszellen* (malerische Winzergasse), vorbei an der *Dionysiuskapelle* durch *Gleishorbach*, *Pleisweiler* (*Wappenschmiede*) in das Heilbad und den Kurort *Bad Bergzabern* (Thermalsolebad).
Auf dem nächsten Teilstück erreicht man *Dörrenbach* (schönstes Fachwerk-Rathaus der *Pfalz,* Wehrkirche) und *Oberotterbach*. Dann geht es vorbei am *1. Deutschen Weinlehrpfad* zum *Deutschen Weintor* in *Schweigen-Rechtenbach.*
Hier endet, 200 m von der deutsch-französischen Grenze entfernt, der *Wanderweg Deutsche Weinstraße.*

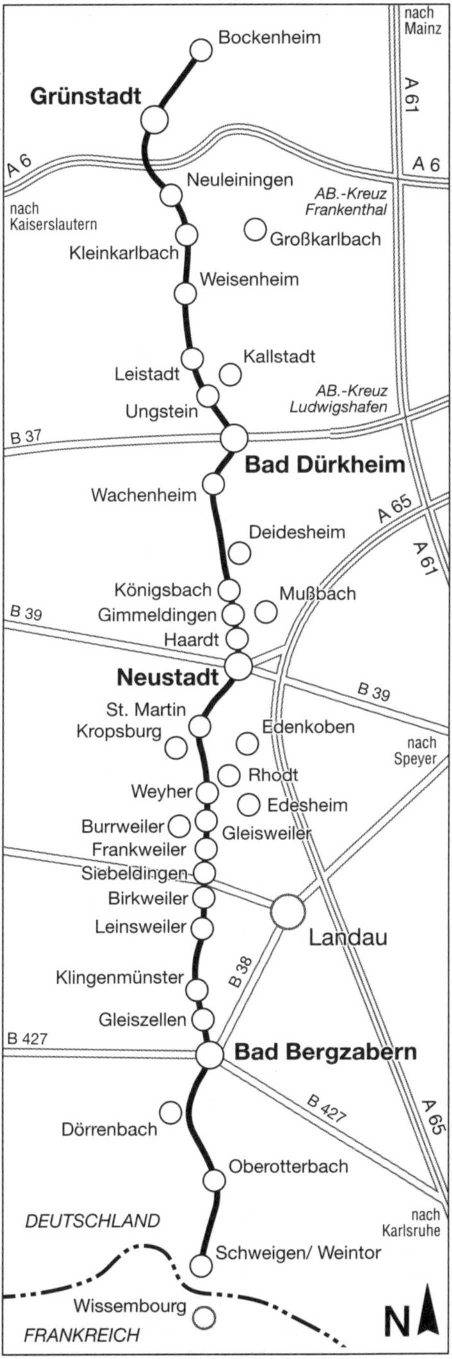

Bockenheim a. d. W.: Weinwanderung am Anfang des „Wanderwegs Deutsche Weinstraße"

Weg und Zeit – 8 ½ km – 2 ¼ Stdn.
Charakteristik – Die Weinwanderung beginnt und endet in dem geschichtlich bedeutsamen Weinort *Bockenheim an der Weinstraße* und schließt kultur- und kunsthistorisch wichtige Zeugnisse ebenso ein wie die großen Weinlagen.
Anfahrt – A 6 bis *Grünstadt*, B 271 nördlich. – B 47 von *Worms* bzw. *Marnheim* bis *Monsheim*, B 271 südlich.
Parken – Im Hof der *Schmitt'schen Gutsschänke.*

● **Die Deutsche Weinstraße** – 1. Die *Straße.* Als Touristenstraße erstreckt sie sich auf einer Länge von 80 km von *Bockenheim a. d. W.* bis nach *Schweigen* an der Grenze zum *Elsass* – oder umgekehrt. Sie durchzieht dabei viele malerische Dörfer und sehenswerte Städtchen. Die offizielle Deklaration zur „Deutschen Weinstraße" erfolgte 1935. Ein Jahr später wurde, gleichsam als ihr Wahrzeichen, das *Deutsche Weintor* bei *Schweigen* errichtet. Straßenkennzeichen ist eine *[Schwarze Weintraube auf Gelb].* Bereits die *Kelten* hatten in ihrem heutigen Verlauf Wege angelegt, die von den *Römern* zu Straßen ausgebaut wurden. Sie dienten im gesamten Mittelalter bis in die Neuzeit als Verkehrs- und Handelswege. – 2. Das *Weinanbaugebiet.* Ein ununterbrochenes Band von Rebstöcken zieht sich 3–10 km breit vom *Zellertal* bis *Schweigen.* Es schmiegt sich an die Hänge von *Haardt* und *Wasgau* und reicht bis etwa 20 km an den *Rhein* heran. Die Weinbaubereiche sind *„Mittelhaardt–Deutsche Weinstraße"* von *Bockenheim* bis *Neustadt* und *„Südliche Weinstraße"* von *Maikammer* bis *Schweigen*, beide von einem milden Klima begünstigt und mit edlen Weinen gesegnet. – 3. Der *Wanderweg Deutsche Weinstraße.* Ein touristischer Leckerbissen (S. 12).

● **Bockenheim a. d. W.** – Entstanden aus *Groß-* und *Kleinbockenheim. Weindorf.* Pflegestätte der *Pfälzer Mundart*: *„Preis der Emichsburg"* im Frühjahr, *„Pfälzer Mundartdichterwettbewerb"* im Herbst.

● **Bockenheim - Heiligenkirche - Galgenberg** – 1 ¾ Stdn – Von der *Schmitt'schen Gutsschänke Weinstraße* Ri *Kleinbockenheim.* Re Festplatz, li *Klosterschaffnerei*, Kellergeschoss des ehem. Gutshofs von *Kloster Otterberg. Leininger Ring* re, *Schlosstreppe* li zur *Martinskirche*, frühes Mittelalter, Wandmalereien 13. Jh., Wehrturm. Daneben ehem. *Emichsburg*, 1502, *Portal*, Kleinod der Spätrenaissance, heutiges *Gutshaus* 19. Jh. Treppe und *Leininger Ring* zurück. Über die *Weinstr, Beginn Weinwanderweg,*
MA *[Grüne Traube].* Am Ortsrand von *Kindenheim* befestigter Weg li, *rundes steinernes Wingerthäuschen* (Kulturdenkmal), 300 m danach Kreuzung, re aufw, *[OM]*, nach 3 Min li, 1. Weg re zur

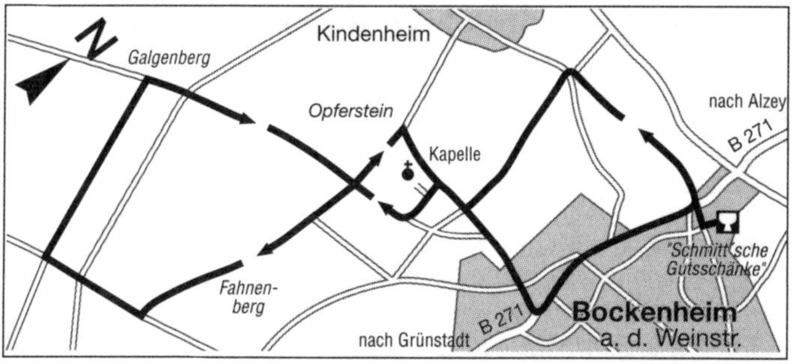

Wallfahrtskirche St. Peter (Heiligenkirche), auf einer Heilquelle als eines der ältesten christlichen Bauwerke der Region errichtet. Grasweg zurück, Querweg re, gepflasterter Querweg re aufw, *[Grüne Traube]*. Oben Betonweg li, immer wieder wun- *MA*
dervolle Ausblicke. Weg geht etwas abw zu br befestigtem Querweg. Diesen re aufw, nach 6 Min, bevor er wieder abfällt, re *unmarkiert* aufw (3. Abzweig). Immer ger bis zur Hochfläche *OM*
des *Galgenbergs*, 303 m, ca. ¼ Std vom Abzweig an.

● **Galgenberg - Bockenheim** - ½ Std - Feldweg-Kreuzung, re ab Ri Buschgruppe, ger, nächste Buschgruppe, befestigter br Weg etwas abw. Am Herwegknick li **(!)**, 3 Min, dann Grasweg re abw, *Opferstein* (Kulturdenkmal), prachtvolle Aussicht. Ger abw nach *Bockenheim, Lambertskirchen: Kath. Kirche* mit *„Traubenmadonna“* 1480. *Ev. Kirche* um 1700, Turm um 1250. *Weinstr* li zur

● **Schmitt'schen Gutsschänke im Weingut Georg Schmitt Erben** - Hier erwartet den Wanderer der ungetrübte Genuss der köstlichsten Weine, alle aus eigenem Anbau. In dem gemütlich-rustikalen Restaurant genießt man eine gutbürgerliche Küche mit frischen bodenständigen Gerichten - und eine sehr maßvolle Preisgestaltung. - *Ru = Do.*

● **Weitere Wanderwege** - 1) zum *Hasmannsberg.* - 2) Nach *Wachenheim (Pfrimm)* und ins *Zellertal.* - 3) Auf dem *Wanderweg Deutsche Weinstraße* nach *Asselheim* und *Grünstadt* (sehenswerte Kirchen u. Profanbauten).

Neuleiningen - Rundweg Ruine Battenberg

Weg und Zeit - 7 ½ km - gut 2 Stdn.
Charakteristik - Ein echter Genussweg, geprägt von einer überaus vielfältigen Flora und einmalig schönen Ausblicken.
Anfahrt - A 6, Ausfahrt *Grünstadt*, 1. Ampel ger, Ri Stadtmitte, nach ca. 400 m (Shell-Tankstelle) li ab, *Ww [Neuleiningen]* folgen. Durch *Sausenheim* ger aufw. - B 271 bis *Kirchheim a. d. W.* - durch *Kleinkarlbach* - Rechtsschlenker aufw.
Parken - Gr P am westl. Ortsrand sowie direkt an der Burg. Von dort 2 Min Fußweg zur *Alten Pfarrey*.

● **Neuleiningen** - Eine der malerischsten Burgsiedlungen Deutschlands, am *Haardthang* ansteigend wie ein Bergdorf der *Toskana*, umgeben von Ringmauer und Wehrtürmen. Die romantischen Gassen mit den zahlreichen sorgsam restaurierten Fachwerkhäusern (16.–19. Jh.) sind durch steile Treppen miteinander verbunden. - Stadtrechte 1354. - Die *Burg*, 1238–41 durch *Graf Friedrich III. von Leiningen* in der Art einer Kastellburg mit 4 Ecktürmen erb., wurde 1690 zerstört. - *Kath. Pfarrkirche St. Nikolaus*, Mauern (Langhaus) der Vorgängerkapelle 13. Jh., *Chor* 16. Jh., *Muttergottes* 1480, *12 Apostel* um 1460/70. (Siehe auch S. 18.)

● **Der Rundweg** - Von der *Alten Pfarrey Untergasse* ortseinwärts. Vor Hs. Nr. 16 li, alter *Spülbrunnen*, re das *ehem. Spital*, 1645 urkundl. genannt. Einmündung in *Mittelgasse*. Aussichtsterrasse. *Mittelgasse* weiter, in Li-Bogen befestigten Fußweg halbre abw,
MA *[Grüne Traube, Roter Strich]*, *Wanderweg Deutsche Weinstraße*. Treppe re abw, Rechtsbogen, herrlicher Blick. Unten L 520 li, *Kleinkarlbach*. Bahnunterführung, dahinter re, vorbei an Fabrikgelände. Danach durch Obstanlagen und Reben aufw. Prächtiger Rückblick auf *Neuleiningen*. Über die Fahrstr, nach 100 m
MW Rechtsbogen, *[LM 2, 3, 4]*. Durch ein Waldstück, dann zwischen Bäumen, Büschen und Sträuchern aufw. Entlang der ersten Häuser von *Battenberg* zur Fahrstr. Neben ihr 50 m, dann *3-Bur-*
MW *gen-Weg [BW auf Rotem Dreieck]* re zur *Burgruine Battenberg* (S. 18). Durch den alten Torbau oder 80 m re davon, vorbei an den „Blitzröhren“ (geolog. Besonderheit) zum ehem. Bering mit überwältigendem Blick über das *Rebenmeer* bis hin zum *Odenwald*. Auf dem Herweg 100 m zurück, hinterm Tennispl re, *Ww [3-Burgen-Weg]*, Pfad re von Sportpl u. Friedhof. Akazienwald. Danach phantastischer Blick auf *Neuleiningen*. Herrlicher Panoramaweg hanglängs. Später scharf li (!) aufw. Vor Hs. Nr. 21 re abw, Fernsehumsetzer, im Wald kräftig abw, dann eben hanglängs. Wiese. Wald, Querweg li zu br Querwegkurve. Re abw, ger, Rechtsbogen (nicht scharf re) abw. Unten über *Eckbach* und Gleise zur L 520. Diese 200 m re, Treppe li aufw. Vorm

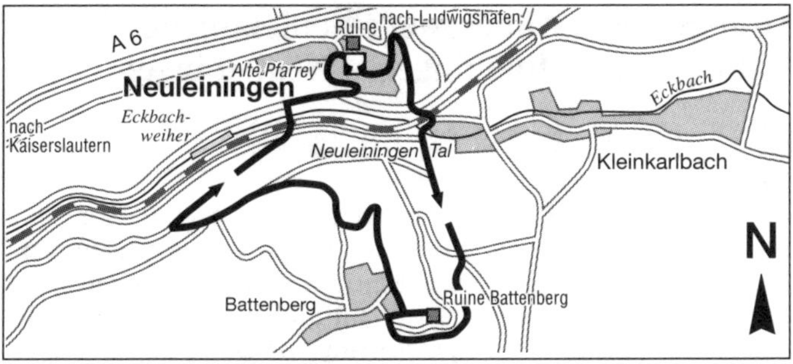

Rundturm li, *[„Burgmauerweg"]*. Blick ins Tal mit *Eckbachweiher*. Str aufw zur *Mittelgasse*, re, *Untergasse* re.

● **Alte Pfarrey Hotel Restaurant** - Ein malerisches Kleinod der Spätgotik mit romantischen Erkern und Giebeln, gruppiert um einen stimmungsvollen Innenhof. Das ehem. Pfarrhaus war einne beliebte Bleibe der *Bischöfe zu Speyer*, die im jetzigen Fürstenzimmer in einem Florentiner Prunkbett nächtigten. Stilvolle Gasträume, Wintergarten, Terrasse. Die in den Gourmetführern hochdekorierte Küche begeistert jeden Feinschmecker. Edle Weine. *Utz* und *Susanne Ueberschaer* haben hier ein kleines gastronomisches Paradies geschaffen. Mittl. bis gehobenes Preisniveau. - *Ru (Restaurant) = Mo ganztägig, Di bis 18.00 Uhr.*

Drei-Burgen-Wanderweg: Neuleiningen - Battenberg - Altleiningen - Neuleiningen

Weg und Zeit - 22 km - 5 ½ Stdn.
Charakteristik - Ein Rundweg vollendeten Wandergenusses: Sportliches Flair durch seine Länge und einige Steigungen, Begegnung mit 3 geschichtsträchtigen Burgen, phantastische Ausblicke, eine Symbiose von Wald und Wein und wegmäßig viel Abwechslung. - Auch als Ausflug von *Bockenheim a. d. W.* (S. 14) oder von *Großkarlbach* (S. 20) empfehlenswert.
Anfahrt - A 6, Ausf. *Grünstadt - Kleinkarlbach. - Deutsche Weinstraße*/B 271 bis *Kirchheim a. d. W. - Kleinkarlbach.*
Parken - Gr P am Westrand von *Neuleiningen.* - Am *„Gäsbock“*: L 453, hinterm *Friedhof* li ab. (Platzzahl begrenzt.)

● **Das Leiningerland** - Es reicht von *Dirmstein* bis *Hertlingshausen*, von *Bockenheim a. d. W.* bis *Kirchheim a. d. W.*, von *Rosenthalerhof* bis *Altleiningen*, um nur einige Orte zu nennen. Es umfasst prächtige Teile des fröhlichen Weinlandes ebenso wie tiefe, stille Wälder. Etwa ab 1100 bis zur französischen Revolution war es von den *Grafen von Leiningen* beherrscht. Heute ist es in die *Stadt Grünstadt* und 3 Verbandsgemeinden gegliedert, darunter *Grünstadt-Land.*

● **Neuleiningen** - s. S. 16.

● **Burg Neuleiningen - Burg Battenberg** - 1 ¼ Stdn - Vom Turm der *Burgruine* prachtvolle Aussicht nach *Grünstadt*, über das Rebland und ins *Leiningertal.* Re neben der *Kath. Kirche St. Nikolaus* (früher *Burgkapelle*), 13.–16. Jh., Treppe abw, Str überqueren, Treppe abw zur *Mittelgasse.* (Rechter Hand *„Zum Gäsbock“.*) Gasse li abw, hinter Haus 12 re, Terrasse, Treppe abw, *[BW im*
MA *Roten Dreieck]. Ortsmauerweg*, wo dieser re abzweigt, Treppe weiter abw, re halten bis zur *Talstr.* Re ab bis Ortsende-Schild, dahinter li, über *Eckbach* und Bahngleis, dahinter, immer auf die *Markierung* achtend, br Weg re aufw. Querweg scharf li aufw, bei Rechtsbogen Grasweg **(!)** li, nach 3 Min Pfadstufen halbre. Wiese, Graspfad, wunderbarer Blick auf *Neuleiningen.* Umsetzer, vor *Battenberg* li abw, prachtvoller Panoramaweg zur *Burg Battenberg*, erb. um 1240, zerstört 1689, heute Hofgut. *„Blitzröhren“*: Prachtvolle Aussicht! (Siehe auch S.16).

● **Burg Battenberg - Burg Altleiningen** - 2 ½ Stdn - Zurück mit *[BW]* nach *Battenberg, Ev. Kirche* 13. Jh., *Hauptstr, Waldstr* li, auch *[Weiß-Blau]*, hoch über dem *Krumbachtal.* Ca. 1 ¼ Stdn ab *Waldstr* re abw, auch *[Grünes Kreuz]*, P *Höninger Tal.* Hinüber ins *Eckbachtal* nach *Altleiningen.* Hauptstr re, *Kirche* 1716, *Burgberg* li.

● **Burg Altleiningen** - Stammsitz der *Grafen von Leiningen*, 1120 erste Burganlage, 1200 Buckelquadermauern, 1525 im Bauernkrieg abgebrannt, 1527 Wiederaufbau, Erweiterungen im 16.

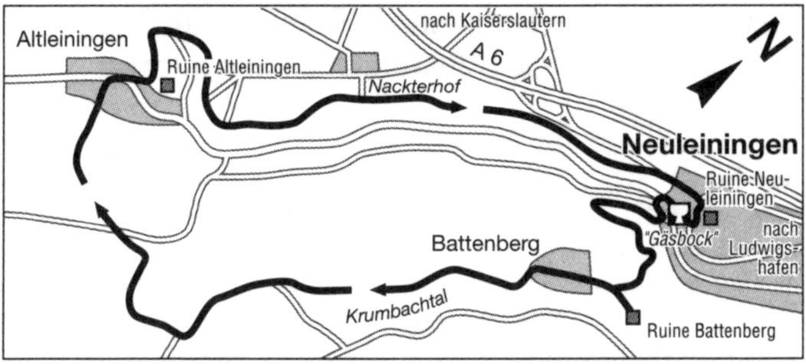

u. 17. Jh., 1690 von den Franzosen gesprengt, ab 1962 Ausbau zur *Jugendburg* und *-herberge.* Von der Terrasse schöne Ausblicke auf *Altleiningen.*

● **Burg Altleiningen - Neuleiningen** - 1 ¾ Stdn - Mit *[BW im Roten Dreieck]* zurück, Str re, *Gartenhof.* Abw, voraus das hübsche Tal, Rechtsbogen über den *Rothbach.* Fahrstr re ab, auf ihr knapp 3 Min, *Amseltal*, idyllischer Weiher, Pfad **(!)** halbli aufw, Schranke, Steg über Felsenrinne mit kl Wasserfällen. *Süßenhof.* Unbeirrt ger, auch *[H]*, nach 10 Min Wiesenweg halbli, Pfad re, Waldrand. Drüben *Nackterhof*, am Horizont der *Donnersberg*, re drunten das *Leiningertal.* Linksbogen Ri *Nackterhof*, hinter dem Taleinschnitt re, später herrlich im Vorblick *Neuleiningen.* Br Weg 50 m li, Waldrand re, konsequent ger, danach - ziemlich nahe der A 6 - Rechtsbogen abw, langer hübscher Heckenweg. *Brunnen.* Unterhalb des Neubaugebietes mit prächtiger Aussicht nach *Neuleiningen. Mittelgasse* re abw zum

● **Restaurant „Zum Gäsbock"** - In der malerischen Gasse im Herzen von *Neuleiningen.* Histor. Haus, sehr geschmackvoll umgestaltet. Die gemütliche Atmosphäre der stilvoll-rustikalen Gasträume steigert noch den Genuss der köstlichen *„Neuleininger"* sowie der herzhaften regionalen Gerichte. Spezialität: „Gäsbock-Käse". Untere bis mittlere Preise. - *Ru = Do.*

Großkarlbach – Kallstadt – Weisenheim am Berg – 3 Perlen im Kranz historischer Weindörfer

Anfahrt – B 271/ *Deutsche Weinstraße* nach *Kallstadt.* – Abzweige von der B 271 in *Herxheim a. B.* nach *Weisenheim a. B.* und in *Kirchheim a. d. Weinstr* nach *Großkarlbach.*

● **Großkarlbach** – *„Das schöne Weindorf"* mit seiner uralten Wein- und seiner alten Mühlengeschichte. Vor über 1200 Jahren als *„Carlobac (ch)"* urk. erwähnt. Eine hier ausgegrabene römische Weinflasche ist etwa 2000 Jahre alt. Im Mittelalter Stadtrecht, 6 Getreide-, Öl-, Schleif- und Papiermühlen. *Ev. Kirche* 1609/10, Turm 13. Jh. *Kath. Pfarrkirche St. Jakobus* 1711 (früher lutherisch). Drei herrliche *Weinwanderwege: „Burgweg", „Osterberg"* und *„Schwarzerde"* (mit *„Zwei-Dome-Blick" – Speyer* und *Worms*). Eine rustikale *Weinblockhütte* für zünftige Hüttenfeste ist anmietbar (06238/2051). Ansonsten bietet sich der *„Pfälzer Hof"* für echte Gaumenfreuden an.

● **Restaurant „Pfälzer Hof"** – Behagliche Komfortzimmer. Rustikal-stilvolle Gasträume. Freiterrasse. Freundliche, liebenswürdige Atmosphäre. Gutbürgerliche und gehobene Küche mit regionalen und internationalen Spezialitäten. Großes Frischwild- und Fischangebot. Veget. Gerichte. Junioren-/ Seniorengerichte. Mittlere Preise. – *Ru = Mo.*

● **Kallstadt** – *„Ort des Edelweins"*, ein uralter Weinbauort mit hervorragenden weinbauklimatischen Bedingungen. Auf dem Wärme speichernden Kalkstein gedeihen berühmte Weine: *„Saumagen", „Kronenberg", „Steinacker", „Kobnert".* Auf einer Rebfläche von über 300 ha wachsen etwa 3 Millionen Rebstöcke. Rund 500 Einwohner sind im Weinbau tätig. Im Frühjahr feiert man das *„Fest der 100 Weine".*

● **Hotel-Restaurant Kallstadter Hof** – Ein neues Schmuckstück auf historischem Fundament des 17. Jh. Großzügige Komfortzimmer. Urgemütlicher Gastraum mit Kachelofen. Malerischer Innenhof. Wohltuende Atmosphäre. Kreative, anspruchsvolle Küche. Zarte Steaks. Wild, Lamm, Fisch, Geflügel. Veget. Speisen. Tagesgerichte. Mittlere Preise. - *Ru = Mi.* – P.

● **Weisenheim am Berg** – Bekannter und beliebter Weinort am *Wanderweg Deutsche Weinstraße*, unmittelbar am Fuße der *Haardt.* Seine hervorragenden Weine entstammen den Einzellagen *„Mandelgarten", „Vogelsang"* und *„Sonnenberg"* sowie den Großlagen *„Kobnert"* und *„Feuerberg".*

● **Hotel garni und Café Engel** – Im Herbst 1996 neu eröffnetes Hotel im Landhausstil. Ruhige Lage. Komfortable Gästezimmer. Angenehme, familiäre Atmosphäre. Die Küche bietet kleine Gerichte, das Café hausgemachte Kuchen. Es gibt Bier vom Fass und Weine der Region. Mittlere Preise. – *Kein Ru.*

Weisenheim am Berg – Leistadt – Kallstadt – NSG Felsberg – Weisenheim am Berg

Weg und Zeit – 8 ½ km – gut 2 Stdn.

Charakteristik – *Weisenheim a. Berg* und *Kallstadt*, welcher Wohlklang im Ohr eines Wander- und Weinfreundes. Ein Rundweg mit phantastischen Ausblicken!

Anfahrt – B 271, *Deutsche Weinstraße*, Abzweig in *Herxheim a. Berg*. - Von *Bad Dürkheim* über *Leistadt*. – Von *Grünstadt* über *Kleinkarlbach* und *Bobenheim a. Berg*.

Parken – Gr P der *Pfälzer Weinstuben Holz-Weisbrodt*.

● **Weisenheim am Berg** – 771 erstmals genannt. *Ev. Pfarrkirche*, frühgotisch, erb. um 1300, Wandmalereien Ende 14. Jh., u.a. mit Szenen aus der Leidensgeschichte, restauriert 1967, Westturm von 1726. Schöne Winzer-, Bauern- und Fachwerkhäuser aus dem 16. bis 19. Jh. – Siehe auch S. 20.

● **Weisenheim – Leistadt – Kallstadt** – 1 Std – Von der *Weinkel-*
OM *lerei Holz-Weisbrodt ohne Markierung Leistadter Str* ortsauswärts.
MA Vorbei an Abzweig *Südtiroler Ring*, 20 m danach Weg re, *[Grünes*
MW *Kreuz]*. Befestigter Querweg li, *[Roter Balken]*, auch *[Grüne Traube]*. Ger aufw, wunderschöne Ausblicke. Abw, vor der Landstr Fußweg re nach *Leistadt*. *Hauptstr* ger, *Rathaus* von
OM 1750 mit Turm, *Protestant. Kirche*. *Freisenheimer Str* li, *ohne Markierung*. Ab Ortsende Weg durch die Weingärten ger, beim Strommast Gabel halbre, nach 20 m Grasweg halbli, befestigter Querweg halbli abw. Phantastische Aussicht. *Gauberger Hohl ND*. Rechtskehre etwas aufw, abw, Linksbogen, Dreiwegegabel, li **(!)**, Rechtsbogen bei Strommast, ger zur Landstr. Re nach *Kallstadt*. *Weinstr* ger zu den

● **Winzerstuben** – Sehr gemütliche Gasträume. Gutbürgerliche Küche. Variationsreiches Speisenangebot, auch Diät, Vollwert, Vesper. Große Fisch- und Wildkarte. Umfassende Auswahl an Pfälzer Spezialitäten. Weine der berühmten *Kallstadter Lagen*. Untere bis mittlere Preise. – *Ru = Mo*. – P.

● **Kallstadt** – Viele Fachwerkhäuser und Winzerhöfe des typischen Weinbauortes stammen noch aus dem 16. und 17. Jh. *Ev. Pfarrkirche* von 1772, Saalbau mit guter Ausstattung, Barockorgel von 1774, gotischer Chorturm mit barocker Haube. *Ehem. Pfalzhof* (*Hauptstr* 32), bis etwa 1550 Kellerei des *Klosters Limburg*, das heutige Bauwerk wurde 1594–96 errichtet. Das klassizistische *Rathaus* stammt aus dem 19. Jh. (um 1830). Vor der Kirche der *Löwenbrunnen*, Trog 1839, Löwe 18. Jh.

● **Kallstadt – NSG Felsberg – Weisenheim** – gut 1 Std – *Weinstr* weiter, bei der *Kirche* li ab, *Neugasse*, nach 20 m Abzweig halbli, *Schlittweg* (kein Namensschild). Am Ortsende ger, nach 5 Min Kreuzung, befestigter **(!)** Weg bei Wasserbecken li. Ger in Ri auf

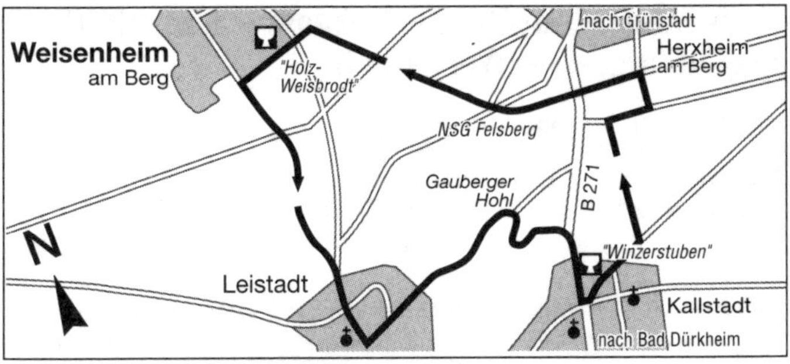

das höher liegende *Herxheim*, Unterstelldach. Von hier noch ca. 3 Min ger, bei Kreuzung *[Gelber Ferngaspfahl]* re (!), ca. 4 Min bis zum Wassergraben. Dahinter aufw, toller Blick, oben Kreuzung li (!), *[Grünes Kreuz]*. B 271 (*Deutsche Weinstraße*) überqueren, aufw zum *NSG Felsberg* und weiter bis vor *Weisenheim*, dann Str re zur *MA*

● **Weinkellerei Holz-Weisbrodt mit Pfälzer Weinstuben** - Mehrere Gasträume verschiedenen Stils, gemütliche Weinprobierstube, große Terrasse. Gutbürgerliche, sehr gelobte Küche. Nationale und Pfälzer Spezialitäten. 60 verschiedene Weine. Untere und mittlere Preise. - *Ru (Rest.) = Mo, Di.*

Weisenheim am Berg - Leistadt - Laurahütte - Ungeheuersee - Weisenheim

Weg und Zeit - 12 km - 3 Stdn.

Charakteristik - Ein genüsslicher Rundweg durch Wein und Wald zum idyllisch-romantischen *Ungeheuersee*, einem kostbaren Kleinod der Natur.

Anfahrt - A 6, Ausfahrt *Grünstadt - Kirchheim a. d W.* - Abzweig *Weisenheim a. B.* - B 271 von *Bad Dürkheim* - Abzweig in *Herxheim a. B.* - Von *Bad Dürkheim* über *Leistadt.*

Parken - Ⓟ beim *Restaurant-Weinstube Speeter.*

● **Weisenheim am Berg** - Siehe S. 20 und 22.

● **Weisenheim a. B. - Leistadt** - knapp ¾ Std - Vom *Restaurant Speeter Leistadter Str* ortsauswärts, *Karl-Gayer-Str* re, *Plauserstr*
MA li, *[Roter Strich]*, auch *[Grüne Traube]*, *Wanderweg Deutsche Weinstraße.* Ger über eine Kuppe, wunderschöne Ausblicke, voraus *Leistadt*, halbre der *Bismarckturm.* Vor der Fahrstr Fußweg nach *Leistadt. Hauptstr* ger, nur noch *[Roter Strich]. Rathaus* von 1750 mit Turm. *Protestant. Kirche* von 1878.

● **Landgasthaus „Sonnenhof"** - Rustikale Pfälzer Gaststube. Stimmungsvoller Innenhof. Angenehme Atmosphäre. Reichhaltige Speisekarte, u. a. Lamm- o. Metzgerfilets, Pute, Wild, Fleeschknepp, Himmel u. Erde, Handkäs, Kaiserschmarren. Auch zarte Steaks, Fisch, Vollwertkost. Sonn- und feiertags durchgehend warme Küche. Mittlere Preise. - *Ru = Di.- Gr* Ⓟ *nahebei.*

● **Leistadt** - Siehe S. 30.

● **Leistadt - Laurahütte - Ungeheuersee** - knapp 1 ½ Stdn - Vom
MW *Sonnenhof Waldstr* ortsauswärts, *[Grüner Punkt].* Vorbei am öffentl. Ⓟ zu 3-Straßen-Gabel. Mittlere Str/ *Waldstr* ger (wer dem *Ww* nach re folgt, kürzt ab, muss aber - bes. an Wochenenden - mit Autoverkehr rechnen). Am Ortsende halbli, hübscher Weg mit vielfältiger Vegetation. Waldeintritt. Waldweg ger, mit
MW *Ww [Rund um Leistadt]* halbre, etwas abw. Am Waldrand trifft
MW man auf die *[Rot-Weißen Striche].* Diesen folgen, zunächst scharf re, bald darauf li und aufw zum Rand der Wochenendhaussiedlung. Oben Pfad zu br Querweg. Re, nach ca. 150 m scharf li. Aufw, dann eben hanglängs. *Laurahütte*, Steinbau mit kl Säulenvorhalle. Am Hang weiter, später Einmündung in br Weg. Ger zu Wegestern, 15 m li, Gabel, *Ww*, abw zum

● **Ungeheuersee ND** - Sehr romantisch mit mehreren kl Inselchen. Er wurde im Mittelalter als Viehtränke angelegt. Stark wechselnder Wasserstand (bis zur fast völligen Austrocknung), je nach Schüttung seiner zwei Quellen. Seltene Tiere und Pflanzen. Ein Dorado für Frösche.

● **Ungeheuersee - Weisenheim a. B.** - knapp 1 Std - Nach einer

Wandern ...
... und Einkehren im Pfälzerwald

oben: Kurpark in Bad Dürkheim
unten: Mandelblüte bei Neuleiningen

oben: Wachenheim a. d. W. mit Wachtenburg
unten: Historisches Rathaus in Deidesheim

oben: Rietburgbahn bei Edenkoben, die erste pfälzische Sesselbahn
unten: Blick auf Edenkoben

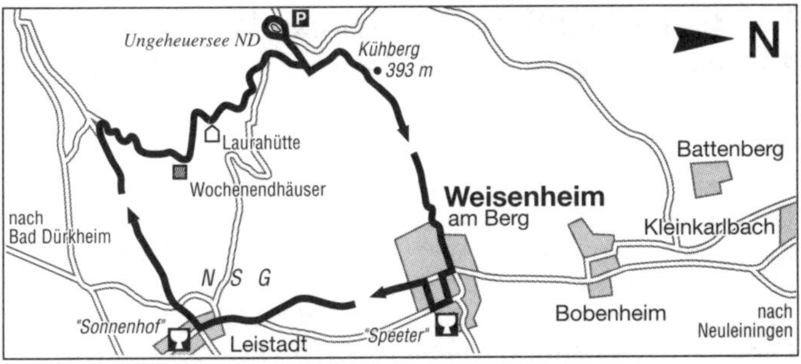

Seeumrundung zurück zum Wegestern. Halbli, *[Grünes Kreuz]*, *Ziegenkäseplatz*, 50 m danach li ab. Schöner Hangweg, dann über den *Kühberg* (393 m) und abw nach *Weisenheim*. Stufen, Str li, *Waldstr* re, vor Hs. Nr. 4 re. Nach *Leistadt* ger u. weiter wie oben. - Sonst *Friedhofstr ohne Markierung* li, *Leistadter Str* re. *MW*

● **Restaurant-Weinstube Speeter** - Bekanntes und beliebtes Haus mit stilvoll-rustikalen Räumen. Gartenterrasse. Umfangreiche Speisekarte. Herzhafte Pfälzer Spezialitäten aus eigener prämierter Metzgerei. Schlachtfeste. Kalbshaxen-, Fleischkäs-, Knöchel- u. Weißwursttage. Spargel-, Sauerkraut-, Wildwochen u.v.a. Untere bis mittl. Preise. - *Kein Ru (IV.-X.).*

Leistadt - Schillerfels - Bismarckturm - Lindemannsruh - Groß-Winters-Tal - Leistadt

Weg und Zeit - 8 km - gut 2 ¼ Stdn - Höhendifferenz ca. 265 m.
Charakteristik - Ein schöner Wein- und Waldwanderweg, der mit dem traumhaften Ausblick vom *Bismarckturm* seinen Höhepunkt erreicht (auf die Öffnungszeiten achten!).
Anfahrt - Von *Bad Dürkheim.* - Von *Kallstadt.* - Von *Grünstadt.*
Parken - P beim *Gasthaus Im Herrenmorgen.* Öffentl. P gegenüber (limitiert) und in der *Waldstr.*

● **Leistadt** - 1209 als *Luzelstat* urkundl. erwähnt. Römische Funde zeugen allerdings von früherer Ansiedlung. 1476 hatte *Leistadt* bereits ein Siegel. Das *Barockrathaus* von 1750 mit seinem hohen Turm galt als ehem. Gerichtsstätte unter den *Grafen von Leiningen.* 1969 Eingemeindung als 4. Stadtteil von *Bad Dürkheim.* Auf einer Rebfläche von 240 ha gedeihen um *Leistadt* alle bekannten Rebsorten, vor allem der Riesling. - *Örtl. Wege: Histor. Rundwanderweg* und *Rund um Leistadt.*

● **Leistadt - Schlagbaum - Bismarckturm** - gut 1 ¼ Stdn - Vom
MA *„Herrenmorgen“* ortseinwärts, *Waldstr* li, *[Roter Strich].* Dreistraßengabel, Str *Häuserhohl* halbli. Aufw, Ortsende, *Hohl,* Ausblick, re oben der *Bismarckturm.* Ger durch die Reben. Befestigter Querweg re **(!)**. Aufw, Rückblick! Sitzgruppe. Vor der Fahrstr re, nach 100 m Sträßchen/K 3 halbli, *Ww.* Leicht abw, Waldein-
MW tritt. *Forsthaus Weilach.* Ger, *[Grün-Weiße Striche]* zum Wander-
MW wegestern *Schlagbaum* (288/290 m). Mit *[Blauem Strich]* halbre, *Ww [Lindemannsruhe].* Stetiger Anstieg zum wuchtigen Massiv *Schillerfels* mit *Geiersbrünnchen.* Dahinter re und hinüber zum *Peterskopf* (487 m) mit dem

● **Bismarckturm** - 40 m hoher wuchtiger Turm mit neoromanischem Anflug, erb. 1903. *Bismarckrelief.* Unvergesslicher Rundblick. - *ÖZ: In der Saison Sa und So 10.00–18.00 Uhr.*

● **Bismarckturm - Lindemannsruh - Leistadt** - knapp 1 Std - Mit

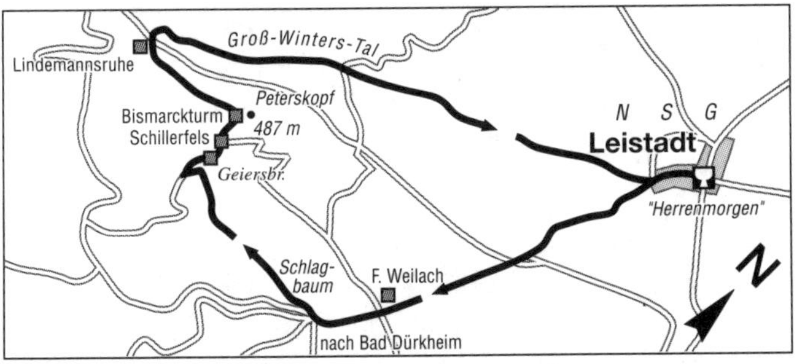

[Blauem Strich] weiter zur *Lindemannsruh.* Über die Str. Sofort nach dem Trafohäuschen Pfad re abw, *[Grüner Punkt].* Z. T. in *MW* Serpentinen abw durchs *Groß-Winters-Tal.* Gefasster *Brunnen* (1953). Ebener Weg durch lichten Wald. Später Gabel halbli. Waldaustritt. Abwechslungsreicher Abschnitt mit vielfältiger Vegetation. *Leistadt. Waldstr* ger, *Hauptstr* re zum

● **Gasthaus Im Herrenmorgen** - Gepflegte Hausgaststätte des *Leistadter Winzervereins*, erb. um 1780. Gemütliche Gasträume im Landhausstil. Feine kreative Küche mit saisonalen u. regionalen Gerichten. Breit gefächerte Karte. Kräftige Vesper. Festmenüs. Kuchen und Desserts aus eigener Patisserie. Bier vom Fass. Schöne Weine des Winzervereins. Mittl. Preise. - *Ru = Do.*

Ungstein - Röm. Kelterhaus - Röm. Weingut Weilberg - Spielberg - Michelsberg - Ungstein

Weg und Zeit - 5 ½ km - 1 ½ Stdn.
Charakteristik - Ein prächtiger Rundweg, der nicht nur bemerkenswerte Einblicke in die Vergangenheit bietet, sondern auch phantastische Ausblicke übers Rebland eröffnet.
Anfahrt - An der B 271, der *Deutschen Weinstraße*, unweit von *Bad Dürkheim.* - Von *Grünstadt.* - Von *Erpolzheim.*
Parken - Beim *Weinhaus u. Restaurant im Spielberg.* Weitere Möglichkeiten: *Weinstraße* oder *Spielbergweg* (Einbahnstr).

● **Ungstein** - Stadtteil von *Bad Dürkheim.* Weinort seit der Römerzeit. *Spätrömischer Burgus* (2. Hälfte des 4. Jh.) im Privatanwesen *Kirchstr 19.* Weitere *Römerbauten* s. unten. Erste urkundl. Nennung 714. *Ev. Pfarrkirche* 1713–16, Deckengemälde, Kanzel u. Orgel 18. Jh. - Berühmte Weinlagen: u. a. *„Honigsäckel"* mit *„Weilberg"* und *„Herrenberg"* sowie *„Kobnert".*

● **Der Rundweg** - Vom *Weinhaus im Spielberg* ortseinwärts, *Spielbergweg* li. Nach Monolith „Flurbereinigung" li. *Ww [Römerkelter].* Rechtsbogen, ger, li ein Biotop. Querweg li. Befestigter Querweg re, Kreuzung ger, direkt zur

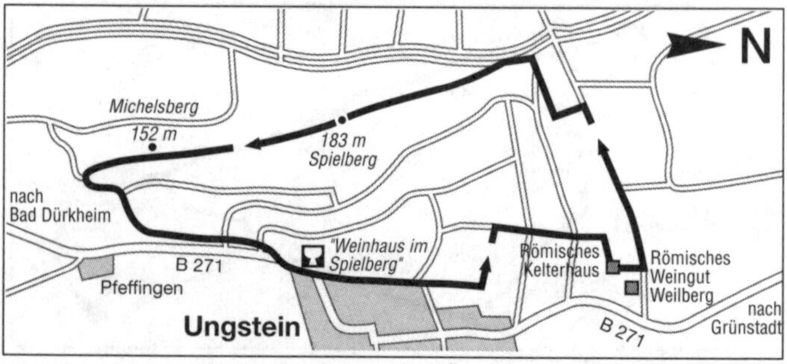

● **Römerkelter Weilberg**, offiziell *Römisches Kelterhaus*, mit zwei großen Tretbecken. Illustration des Keltervorgangs an der Rückwand. *Lehrtafeln. Weinfest* im Juni. – Re davon aufw, *Ww [Herrenhaus]*. Oben Querweg re zur gr Anlage.

● **Römisches Weingut Weilberg**, 2.–4. Jh. n. Chr., größtes röm. Landgut der *Pfalz* mit einem 104 m langen *Herrenhaus* und 10 Nebengebäuden. Restaurierter und z. T. rekonstruierter Zentralbau (Portikusvilla). *Infotafeln.*

● **Der Weiterweg** – Befestigter Weg oberhalb vom *Herrenhaus* li, Blickrichtung *Bismarckturm.* Querweg li abw, befestigter Querweg re. *„Rüssel“*, Stein mit Loch und Händen, ehem.
MA Richtplatz. Ger, vor Fahrstr li ab, *[Grüne Traube], Wanderweg Deutsche Weinstraße.* Der Weg führt mit einmalig schönen Ausblicken über den Kamm von *Spielberg* und *Michelsberg*, zwei Inseln im unendlichen Rebenmeer. In einer Scharte geht die
OM *[Grüne Traube]* nach re. Hier *[OM]* li abw. Beim Monolithen befestigten Weg li und parallel zur B 271 zurück zum

● **Weinhaus und Restaurant im Spielberg** – Gepflegtes Haus mit urgemütlicher Weinstube und einem alten Winzerhof. Kreative Küche mit deftigen Pfälzer Spezialitäten und feinen regionalen Gerichten. Frische Gemüse der Saison. Auch vegetarische Speisen. Die erlesenen Weine stammen aus dem eigenen *Traditionsweingut u. Sektkellerei H. Bender, Kallstadt.* Mittlere Preisc. Weinverkauf. – *Ru = Do.*

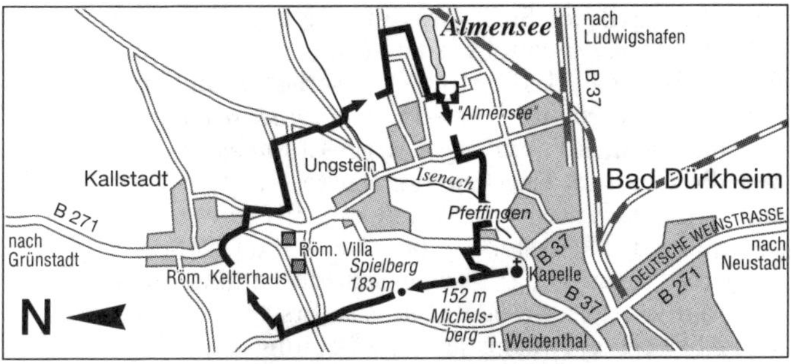

Bad Dürkheim/Almensee – Pfeffingen – Michelsberg – Kallstadt – Almensee

Weg und Zeit – 9 km – knapp 2 ½ Stdn.
Charakteristik – Der Weg führt aus der Ebene zu aussichtsreichen Weinbergen und durch edelste Weinlagen. Ein sehr genussvoller und wenig anstrengender Rundweg.
Anfahrt – Von *Ludwigshafen*: A 650/B 37, Umgehungsstraße vor *Bad Dürkheim*, Abfahrt *Almensee/Campingplatz*. – Von *Neustadt*: B 271 *Deutsche Weinstr* bis *Bad Dürkheim*, B 37 Umgehungsstr, Abfahrt wie oben. – *Bus* von *Bad Dürkheim*.
Parken – Gr Gäste-P beim *Gasthaus Almensee*.
● **Almensee – Pfeffingen – Michaelskapelle – Michelsberg – Spielberg – Kallstadt** – knapp 1 ½ Stdn – Von *Almensee* westl. *ohne Markierung* Fußweg entlang der Zufahrtsstr, nach 500 m li, Str überqueren, Wirtschaftsweg, Rechtsbogen, Brücke über den *Isenbach*, gleich danach re, Abzweig li nach *Pfeffingen*. B 271 überqueren, Wirtschaftsweg re, nach 50 m bei gr Feldstein li aufw, Gabel li, nach Rechtsbogen Wegkreuzung li, noch 300 m bis *Michaelskapelle*. Schöner Aussichtsplatz, Blick über *Bad Dürkheim* bis *Flaggenturm* und *Wachtenburg*. Zurück zur Kreuzung und mit *[Grüner Traube] Weinweg* ger aufw zum *Michels-* MA

berg mit herrlicher Sicht. Wegführung erst abw, dann wieder aufw zum *Spielberg* und wieder abw. Kurzes Stück entlang der
OM Fahrstr. Bei *Ww [Weilach] Weinweg* verlassen und *ohne Markierung* ger, nach 200 m re abw in *Hohl im Hasenlauf, ND.* Links-/Rechtsbogen, auf *Saumagenweg* ger Ri *Kallstadt.*

● **Kallstadt - östl. Ungstein - Almensee** - 1 Std - Vom Teich in den Ort, *Hebengasse,* vorbei am sog. *Hebenstein, Hauptstr* re, gegenüber der Tankstelle in den *Rietweg,* nach Haus 11c Kreuzung re, Ortsausgang, wenige Schritte entlang der B 271 bis *Wbh,* auf Wirtschaftsweg Ri *Ungstein.* Erster Abzweig li, nach 10 Min Abzweig re, entlang des Entwässerungsgrabens, bei Pumpwerk Str überqueren, alte Ri entlang des Grabens weiter. Erneut Str überqueren, Brücke über den *Isenbach,* Links-/Rechtsbogen, kurz vor dem Industriegebiet bei Feldstein Abzweig li. Vor einzeln stehendem Haus re, nach 150 m wieder re, vorbei an Einzelgehöft, am Campingplatz entlang, Str li.

● **Gasthaus Almensee** - Sehr schöne Stadtrandlage, direkt vor den Reben am *Almensee.* Moderner heller Gastraum, Nebenzimmer, schöne Terrasse mit Seeblick. Angenehme Atmosphäre. Reichhaltige Speisekarte. Deftige Pfälzer Gerichte. Günstige Menüs. Vesper. Erlesene Kallstadter Weine. Fassbier. - Untere bis mittl. Preise. - *Ab 11 Uhr durchgehend warme Küche. Im Sommer kein Ru.*

Mundhardter Hof - Wachenheim - Wachtenburg - Grüne Bank - Bräuningerfels - M. H.

Weg und Zeit - 14 km - knapp 4 Stdn.
Charakteristik - Wunderschöne und abwechslungsreiche Wanderung: Durch Reben, mit sanften Steigungen zu bewaldeten Kuppen, mit Abstiegen in enge Täler und mit schönen Ausblicken. Das Sahnestück ist die *Wachtenburg* mit großartiger Rundsicht vom Aussichtsturm.
Anfahrt - B 271, *Deutsche Weinstr,* zwischen *Wachenheim* und *Bad Dürkheim* Zufahrt zum *Mundhardter Hof.* - Ortsmitte *Bad Dürkheim - Seebacher Str* - nach 500 m *Krähöhlenweg* li - Feldwegkreuzung ger - nächste Gabel li.
Parken - Gr Gäste-P beim *Mundhardter Hof.*

● **Mundhardter Hof - Wachenheim - Wachtenburg - Odinstal - Grüne Bank** - knapp 1 ½ Stdn - Vom *Mundhardter Hof* südl. abw
MA mit *Markierung [Roter Punkt].* Gabel re, Abzweig li, Waldeintritt, in Serpentinen abw, Einmündung in breiten Weg, li. *Wachenheim, Bürklin-Wolf-Str,* vorbei an Wasserwerk, *Bornweg* re, *Waldstr* re, *Burgstr* li, *Schloßgasse* re aufw, nach Haus 12 li aufw, Fußweg zur *Ruine Wachtenburg* (auch *Geyersburg,* s. S. 38). Vom Turm einmaliger Blick über das Rebenmeer bis zum *Odenwald*

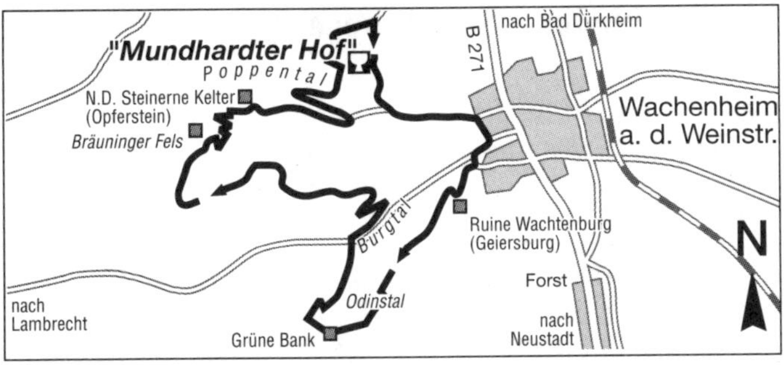

und zum *Schwarzwald.* Zurück zum *[Roten Punkt]*, Treppe aufw, schöner Blick. Weiter ger aufw, vorbei am *Hofgut Odinstal*, noch etwa 10 Min bis zur *Grünen Bank*, gr Wegespinne.

● **Grüne Bank - Burgtal - Bräuningerfels** - gut 1 Std - Mit *[Weiß-* *MW*
Rotem Strich] abw. Bald Einmündung in br Weg, Linksbogen **(!)** auf schmalem Pfad mit *[Weiß-Rot]* scharf li abw ins *Burgtal.* Beim Sportpl Str überqueren, Pfad aufw, Gabel li, im Zickzack bis Kuppe. Blick auf *Bismarckturm* und *Flaggentürmchen.* Linksbogen, Gabel li, jetzt mit *LM [2]* bis *AP Bräuningerfels.* *MW*

● **Bräuningerfels - Poppental - Mundhardter Hof** - knapp 1 ½ Stdn - Mit der *LM [2]* in Serpentinen abw ins *Poppental*, direkt zum *ND Steinerne Kelter* (Opferstein). Weiter mit *[Gelb-Rotem* *MW*
Strich], ca. 10 Min bachabwärts, an Kreuzung **(!)** mit *[Weiß-Rotem* *MW*
Strich] li, Brücke über den Bach, Weg überqueren, Pfad li aufw. Nach knapp 10 Min scharf re, weiter aufw bis zu Linksbogen, danach fast eben weiter. Zahlreiche Pfade kreuzen, auf *[Weiß-Roten Strich]* achten, bis zum *Pavillon Nolzeruhe.* Jetzt abw, vor 1. Haus re, Str bis Ende, re mit *[Rotem Punkt]* zur *MW*

● **Terrassen-Gaststätte Mundhardter Hof** - Herrliche Waldrandlage. Gästezimmer mit Du/WC. Gemütliche Gasträume. Gartenterrasse. Familiäre Atmosphäre. Gutbürgerliche, regional ausgerichtete Küche auch Wild, Fisch, Lamm. Marktfrische Zubereitung. Pfälzer Spezialitäten. Weine der Region. Fassbier. Untere bis mittl. Preise. - *Ru = Mo u. Do.*

Bad Dürkheim - Stadtrundgang

Dauer - 1–1 ½ (–2) Stdn.
Anfahrt - B 271/*Deutsche Weinstraße.* - B 37 von *Kaiserslautern.* - A 650 von *Ludwigshafen.* - A 61, Kreuz *Ludwigshafen.*
Parken - Gäste-P *Hotel-Restaurant Fronmühle.* - Sonst P *„Am Obstmarkt"*, Nähe *Kreisverwaltung.*

● **Bad Dürkheim** - Kreisstadt, Kurstadt, Staatsbad, Weinstadt, Traubenkurort, gelegen in der wärmsten Klimazone Europas nördl. der Alpen, eingebettet in Parkanlagen, Wald und Reben. Kurzentrum, Kurhaus, Salinen, Spielkasino. *Dürkheimer Wurstmarkt*, das größte Weinfest der Welt. - 778 1. urkundl. Nennung. 1030 Grundsteinlegung *Kloster Limburg.* Nach 1206 Bau der *Hardenburg.* 1237–50 Bau einer kl *Stadtburg* durch die *Grafen von Leiningen*, 1471/1689 zerstört. 1847 *Solbad.* 1850 *Gradierwerk.* 1905 „Bad". 1973 „Staatsbad".

● **Der Rundgang** - Angelehnt an das informative und ausführliche Faltblatt des *Verkehrsamtes* i . - **1) Rathaus** (1989) mit *Verkehrsamt* i . *Brunnen* von *M. Nikolaus.* - Über die *Mannheimer Str, Salinenstr* abw, Treppe li. - **2) Kurpark**, englischer Stil, prächtiger alter Baumbestand, herrliche Blumen, mediterrane u. exotische Gewächse. - Erste Wegkreuzung re. - Linker Hand die **3) Brunnenhalle** (1934) mit *Springbrunnen* (1990). - Rechter Hand der *Minigolfplatz.* Bald danach das **F) Hotel-Restaurant Fronmühle**, s. unten. - Ger zur **4) Saline** (Gradierwerk), eine der längsten in Deutschland. 1. Werk 1736, heutiges Werk 1850, nach Brand von 1992 vollständig neu aufgebaut. Der Dunst des über Schwarzdornreisig herabrieselnden Heilwassers lindert Atembeschwerden. - Vor der *Saline* li, 100 m vor ihrem Ende wieder li, vorbei an **5) Salierhalle** und **Freizeitbad Salinarium**. - *Große Allee* re, *St.-Michaels-Allee* li, über den **6) Wurstmarktplatz**. Seit 1417 findet hier alljährlich das größte Weinfest der Welt statt. - Das **7) Dürkheimer Fass**, erb. 1934, ist mit 1,7 Mio. Litern das größte Weinfass der Welt. Es war allerdings nie mit Wein gefüllt. - Vorm *Fass*, *Ww [Durchgang zum Kurzentrum]*, Gässchen li. - **8) Kurzentrum** mit Kurverwaltung, Kurmittelhaus, Thermalbad und Hamam. - *Kurbrunnenstr* re, vorm *Thermalbad Vitalis* li, wieder in den *Kurpark.* Sofort li. *Sandstein-Putti.* Re ab, Gabel re, vorbei an *„Sie und Er"*, ein doppelter Pferdekopf von *Z. Kuseda.* Weiter zum **9) Ostertagbrunnen**, Jugendstilanlage, benannt nach dem Wohltäter der Stadt. - Treppe zum *oberen Kurgarten.* Li davon die **10) Kath. Pfarrkirche St. Ludwig**, erb. 1828/30 im klassizistischen *Weinbrenner-Stil.* - Re ab zum *Schlosspl* mit dem **11) Kurhaus**, erb. 1822/26, ebenfalls im *Weinbrenner-Stil.* Im Erdgeschoss die **Spielbank**. - Über den P , *Weinstr Nord* li, *Kirchgasse* re zur **12) Ev. Schlosskirche St. Johannes** (um 1300–1335), Turm 19. Jh., sehr gute Renaissance-Grab-

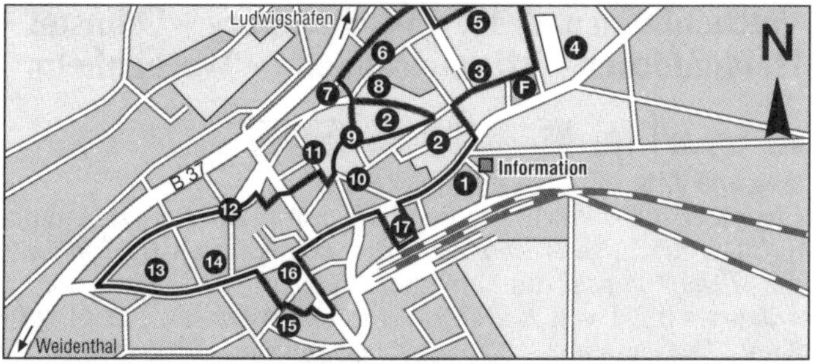

kapelle (1504–08). – Li an der *Pestalozzi-Schule* vorbei, *Eichstr* re, *Gerberstr* li, entlang der *Isenach*. Vorbei am *Gerbhaus* von 1720 zur *Kaiserslauterer Str.* Diese li. – **13) Ältestes Haus der Stadt** (Hs. Nr. 30), erb. 1559, Fachwerkoberbau auf steinernem Untergeschoss. – Str weiter, *Römerstr* ger. – **14) Kulturzentrum Haus Catoir**, Barockbau von 1781, *Stadtbücherei, Heimatmuseum.* – Gegenüber *Strauchelgasse* aufw zur **15) Burgkirche**, err. 1726–29 als Pfarrkirche der reformierten Gemeinde. 1945 ausgebrannt und als Gemeindezentrum in veränderter Form wieder aufgebaut. - Daneben stimmungsvoller kl Platz. - *Marktgasse* abw zum *Obermarkt.* Li ab zum **16) Stadtplatz** mit der Statue des *„Feuervogels"* (1970) von *W. Perron.* – Über den *Römerplatz* und durch die *Mannheimer Str* zum *Bahnhofsplatz* mit dem **17) Wurstmarktbrunnen** (1988) von *W. Graser.* – *Mannheimer Str* zum *Rathaus. Salinenstr* zum

● **Hotel-Restaurant Fronmühle** – Sehr gepflegtes Haus direkt am Kurpark und bei der Saline. Großzügige Komfortzimmer. Lift. Gasträume im Landhausstil. Sonnenterrasse. Liegewiese. Gehobene Küche mit exzellenten Kreationen. Köstliche Gerichte für heiße Sommertage. Gourmet-Menüs. Auch herzhafte pfälzische und gutbürgerliche Speisen. Hausgeb. Kuchen. Eisspezialitäten. Edle Weine. Mittl. u. leicht gehobene Preise. – *Ru (Rest.) = Mo.*

Wachenheim a. d. W. - Wachtenburg - Odinstal - Heidenlöcher - Michaelskapelle - Wachenheim

Weg und Zeit - 13 km - knapp 3 ½ Stdn.

Charakteristik - Prächtiger Rundweg mit mehreren Höhepunkten: Die mächtige *Wachtenburg,* die sehenswerten *Heidenlöcher,* die *Michaelskapelle* mit herrlicher Aussicht.

Anfahrt - B 271 von *Bad Dürkheim* bzw. *Neustadt.* - A 61, AB-Kreuz *Ludwigshafen - Ellerstadt - Gönnheim - Friedelsheim.* *- Lambrecht - Lindenberg - Wachenheimer Tal.*

Parken - P *Wachtenburg* am westl. Ende von *Wachenheim*: Von der Hauptstr/ B 271 *Waldstr* Ri *Lindenberg.*

● **Wachenheim an der Weinstraße** - *Staatl. anerkannter Erholungsort* zwischen Wald und Wein. Mildes Klima mit südl. Vegetation. Berühmte Weinlagen. Wald- und Weinwanderwege, 135 km *markiert.* Historischer Stadtkern mit Adels-, Burgmanns- und Winzerhöfen. *Simultankirche St. Georg* um 1360, Altar, Chordecke und Turmhaube barock, 18. Jh., Langhaus neugotisch, 19. Jh. Das Wahrzeichen der Stadt, die *Wachtenburg,* stammt mit Bergfried und Schildmauer aus dem 13. Jh. Im 15. Jh. Bau einer neuen Ringmauer mit 5 Türmen und einer abfallenden Verbindungsmauer zur Stadtbefestigung. 1689 Zerstörung durch die Franzosen. Ab 1984 in Stadtbesitz, Sanierung gemeinsam mit *Förderkreis.*

● **Wachenheim - Wachtenburg - Odinstal - Heidenlöcher - Michaelskapelle** - gut 1 ½ Stdn - Vom P -Ende Fußweg zum See,
nach 10 m Treppenstufen li aufw mit *Ww* zur *Burg,* bei Kehren
jeweils *Ww* beachten. Von der *Burg* großartiger Blick übers
MA Rebenmeer bis zum *Odenwald.* Mit *[Rotem Dreieck]* Treppen-
stufen re aufw und auf schönem Weg immer leicht ansteigend
bis *Odinstal.* Beim ehem. Weingut re, Waldeintritt. Bald bei gr
MW Kreuzung mit Rastplatz. Mit *[Weiß-Rot]* li abw, kurz danach re.
Vorbei an Quellgebiet, dann br Weg verlassen und li (!) mit
[Weiß-Rot]. Aufw, Kammweg überqueren, 300 m danach li (!)
schmaler Weg abw bis markante Kreuzung. Mit *[Weiß-Rot]*
MW zunächst weiter, nach 100 m re aufw mit *[Rotem Punkt],* wenige
Min bis Haupttor der weiten Anlage *Heidenlöcher* (Kulturdenk-
mal, 347 m), Fliehburg 9./10. Jh. Scharf re mit *[Rotem Punkt]*
zum zweiten Tor, die Anlage wieder verlassen und abw, br Weg
MW überqueren, danach scharf re wieder mit *[Weiß-Rot],* nach 300 m
scharf li, bald bei der *Michaelskapelle* mit Aussichtsplatz.

● **Michaelskapelle - Wald-P - Weinwanderweg - Wachenheim** -
gut 1 ½ Stdn - Mit *[Weiß-Rot]* weiter abw, wenige Min bis Wald-
MW P. 250 m danach Wegwechsel li, *Weinwanderweg* mit *[Grüner
Traube/Weißer Grund]* und *[Rotem Balken]* Ri *Wachenheim.* Aus-
sichtsreiche Wegführung, vorbei am Weindorf *Forst,* das *Marga-*

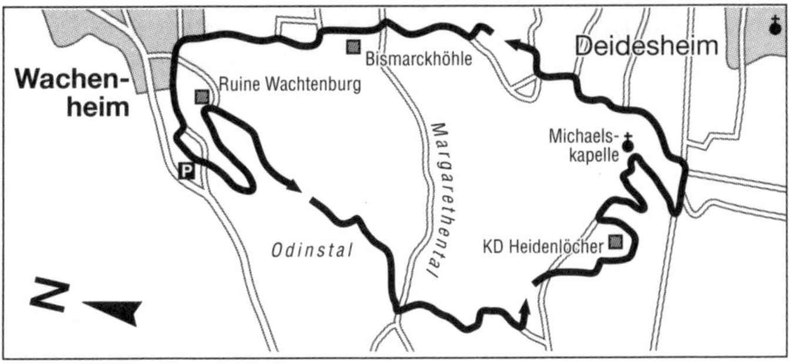

rethental überqueren, Blick zur *Bismarckhöhle* li am Waldrand, Links-Rechtsbogen, Ortseintritt beim *Wasserwerk.* Z. T. *[Gelber* *MW*
Balken]. Riedbrunnenstr, Str Am Hauenstein, Schloßgasse li, bei Haus 35 re, nach 10 m *Waldstr* li, noch wenige Schritte entlang der Straße zum P.

● **Villa rustica Wachenheim** - Der bei der Rebflurbereinigung 1980 entdeckte *römische Gutshof* wurde zu großen Teilen ausgegraben und restauriert. Das dominierende Herrenhaus hat eine Frontlänge von etwa 60 m. Von den vier Wirtschaftsbauten sind drei sichtbar. In der Villa rustica lässt sich das breite Spektrum landwirtschaftlicher Produktion ablesen - vom Getreide- und Flachsanbau über den Weinbau bis hin zur Viehzucht. Ein rekonstruierter Backofen ermöglicht Brotbacken wie in der Antike. Besichtigung jederzeit. Parkmöglichkeit.

● **Kurpfalz-Park Wachenheim** - Der große Wild- und Erlebnispark. Auf 700.000 qm findet man sowohl Wildfreigehege als auch vielfältige Attraktionen und diverse Gastronomie, u. a.: Bergwildpark - großräumiger Wildpark mit den Tälern der weißen, schwarzen und roten Hirsche - Stein-, Sika- und Schwarzwild - Luchsstation - Uhu-Zuchtstation - Wildlehrschau - Waldlehrpfad - Wasserwild- und Forellenteiche - Greifvogel-Freiflugvorführung - Sommerrodelbahn - Bumperboats - Schwanentretboote - Kurpfalz-Express - Schwebesessellift - Spielburg - Rutschen-Paradies.

Deidesheim - Michaelskapelle - Heidenlöcher - Eckkopf - Weißer Stich - Stabenberg - D.

Weg und Zeit - 15 ½ km - 4 Stdn.
Charakteristik - *Der klassische Rundweg* von *Deidesheim* zum *Eckkopf* und *Stabenberg*. Eine außerordentlich abwechslungsreiche Route durch Weinlagen und Wald mit dem Glanzpunkt *Eckkopf*, von dessen Aussichtsturm man einen phantastischen Rundblick genießt.
Anfahrt - B 271 von *Bad Dürkheim-Forst* bzw. *Neustadt.* - Von *Meckenheim, Niederkirchen, Ruppertsberg. - Bahnstation.*
Parken - *Bahnhofstr.*

● **Deidesheim** - *Urlaubsregion*, zusammen mit *Forst, Meckenheim, Niederkirchen* und *Ruppertsberg.* Berühmtes Edelweinanbaugebiet. Durch seine Lage begünstigt, vom Klima verwöhnt, mit vielen schönen alten Sakral- und Profanbauten ausgestattet, zieht es das ganze Jahr über zahlreiche Besucher in seinen Bann. Bei seinen Festen aber quillt es über, z. B. bei der *Geißbockversteigerung* am Pfingstdienstag. Historisch belegt seit etwa 1350, urkundl. seit 1404. Als Entgelt für Weiderechte bringt das jüngste *Lamprechter Ehepaar* jährlich einen kräftigen Geißbock nach *Deidesheim*, der an der *Rathaustreppe* versteigert wird. - Weinbau seit dem 2. Jh. n. Chr., 699 erste urkundliche Erwähnung. 1395 Stadtrecht. Mitte 15. Jh. Bau der *Kath. Pfarrkirche St. Ulrich. Beinhaus,* Ende 15. Jh. *Rathaus* 1532, neu gestaltet 1724, doppelte Freitreppe mit Baldachinüberbau. *Andreasbrunnen* 1851. *Spital* 1494, *Spitalkirche* 1496.

● **Die Heidenlöcher** - *Kulturdenkmal* von hohem informativen Wert. Nur selten ist eine *Fliehburganlage* so klar und eindrucksvoll auszumachen wie hier. Innerhalb eines ovalen Trockenmauerwalls (120 x 150 m) befanden sich ca. 65 Häuser, deren Fundamente z. T. noch gut erkennbar sind.

● **Deidesheim - Michaelskapelle - Heidenlöcher - Eckkopf** - 2 Stdn - Von der *Bahnhofstr* zur *Burggasse, Burggraben* mit *Turm des Deidesheimer Turmschreibers, Weinstr* re, *Kaisergarten* halbli, *Im Grain* mit dem *schönsten Bildstock der Pfalz* von 1431. Nach
MA Wasserrückhaltebecken li, *[Roter Punkt].* Durch Rebgärten in den Wald und aufw zur *Michaels-Kapelle* (1470/1952) mit Aussichtsterrasse. Vorm Steinaltar halbli, nach 3 Min Pfad **(!)** scharf re, später scharf **(!)** li **(!)** ab. Rechtsbogen, toller Blick, *Heidenlöcher* (Kulturdenkmal, 347 m). *Fliehburg* aus der Zeit der Normannen- und Ungarngefahr des 9./10. Jh. *Südtor,* li herum und durch das *Haupttor* li, zu br Weg, diesen li und beibehalten, *[Ww].* Danach
MW mit wechselnden *Markierungen [Weißer Punkt, Weiß-Blaue Striche, Rotes Dreieck]* aufw zum *Eckkopf* (516 m). Vom *Turm* unermesslich weite und grandiose Rundsicht (sonntags Bewir-

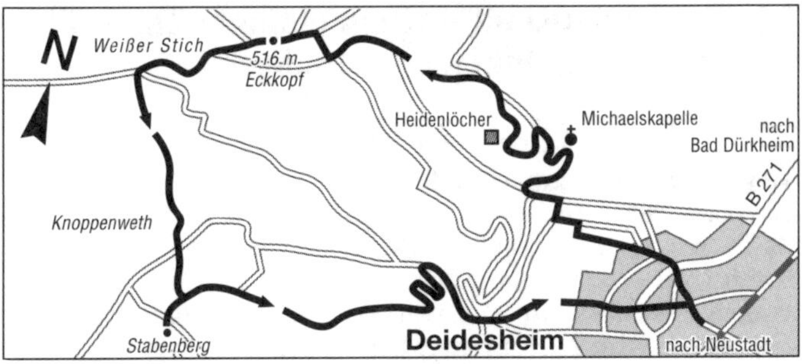

tung).

● **Eckkopf - Weißer Stich - Stabenberg - Deidesheim** - 2 Stdn -
Weiter mit *[Weißem Punkt],* abw, halbli *[Ww],* abw zu br ebe- *MW*
nem Weg, auf diesem zum *Weißen Stich, Wegtafel PWV, Schutz-*
hütte. Li ab, *[Rot-Weiße Striche],* und ger, *Knoppenweth,* ger, bei *MW*
Ruhebank Linksbogen und aufw zum *Stabenberg.* Niedriger
Steinturm mit partieller Aussicht. Letztes Stück zurück, 50 m
nach der Bank versteckter Pfad **(!)** re, *[Roter Punkt], [Ww],* abw. *MW*
(Ohne *Stabenberg* = ¼ Std kürzer.) Br Weg halbli, gr Kreuzung
ger, später Pfad **(!)** halbli **(!)**, nach 4 Min Rechtsbogen und zu br
Weg. Nach ½ Min Pfad halbli, schöner Ausblick. Serpentinen ins
Mühltal. Ab dem P Sträßchen *ohne Markierung* ger nach *Deides-* *OM*
heim. Mühltalstr, Deichelgasse (Feigengasse) ger, *Heumarktstr,*
Marktplatz, Schloßstr und zurück zum Ausgangspunkt.

● **Weitere Wanderwege**

1) *Deidesheim - Waldschenke - ND Grimmeisenbrunnen - Weißer Stich - Eckkopffuß* (bzw. *Eckkopfturm) - Sensental - Heidenlöcher - Michaelskapelle - Wald-*P *Sensental - Deidesheim* - 13 ½ km - gut 3 ½ Stdn. - Der prächtige Weg führt durch das heitere Rebland auf die Höhen der unendlichen Waldregion mit den Glanzpunkten *Eckkopf*, *Heidenlöcher* und *Michaelskapelle.*

2) *"Wanderweg Deutsche Weinstraße"* nach *Wachenheim*, dann über *Wachtenburg* u. *Michaelskapelle* zürück - 11 km - 2 ¾ Stdn.

Mußbach/Neustadt - Gimmeldinger Tal - Silbertal - Gimmeldingen - Mußbach

Weg und Zeit - 16 km - 4 Stdn.
Charakteristik - Reiner Genussweg: Fröhliches Weinland, malerische Winzerdörfer, romantische Täler, viel Wald.
Anfahrt - B 271/*D. Weinstr.* - A 65, Ausf. *Neustadt.*
Parken - Gäste-P im Hof vom *Gasthof Zum Hirsch,* sonst im *Breitenweg.* - Im gr Hof hinter der *Winzerstube.*

● **Mußbach** - Uralter Ort, dessen Existenz bis in die vorchristliche Zeit zurück reicht. Auch die *Römer* siedelten hier. Im 13. Jh. kamen die *Templer,* im 14. Jh. der *Johanniterorden.* Ringmauerteile und Tore der ehem. *Johanniterschaffnei* erhalten, im Park ein *Herrenhaus* 18. Jh. *Kirche* 14. Jh., ab 1705 Simultankirche, heute nur ev. Kirche. *Karl-Theodeor-Schlösschen* 18./19. Jh., im Garten Plastiken von *Conrad Link.* - Berühmte Weinlage: *Eselshaut.*

● **Mußbach - Lobloch/Gimmeldingen - Gimmeldinger Tal - Silbertal - Forsthaus** - 1 ¾ Stdn - Vom *„Hirsch" Breitenweg* ortseinwärts. *An der Eselshaut* ger, schöne alte Winzerhöfe, *Kirche.* Bei der *Winzerstube* die *Kurpfalzstr* halbre, Bahnübergang. Ab
MA hier *[Rotes Dreieck], [Ww].* Ein Demonstrationsweg für die Architektur eines Winzerdorfes. Gabel, *Loblocher Str* halbli, die übergangslos nach *Gimmeldingen* führt. *Kath. Kirche St.Nikolaus. Ehem. Mithräum* 325 n. Chr., Kultstätte des persischen Gottes *Mithra,* von den römischen Soldaten als Sonnengott verehrt. Relief an der Mauer (Nachbildung). *Altbachstr* ger, Weg ger, *Kaisergärtchen* (Dreikaiserjahr 1888). *Peter-Koch-Str* re, *Holzmühlstr* li, *Im Tal* ger. Der folgende herrliche Wegabschnitt im *Gimmeldinger Tal* wird geprägt vom *Mußbach* und den markierten Resten früherer Mühlen: *Talmühle, Neumühle,* nach der *Looganlage* die *Wappenschmiede* - heute *Forsthaus Benjental* - danach *Platsche Mühle, Untere Mühle, Obermühle.* Durch das wohltuende *Silbertal,* später aufw zum P *Forsthaus Silbertal.*

● **Forsthaus - Alte Schanze - Gimmeldingen - Mußbach** -2 ¼ Stdn
MW - Li aufw, *[Weißer Balken mit schwarzem Punkt],* drüben P *Alte Schanze,* parallel zu Str weiter, überqueren, Weg aufw, *Ww [Haardt-Neustadt].* Im Tal *Lindenberg.* Ca. ¾ Std ab *Forsthaus Silbertal* Kreuzung mit *[Weiß-Blau]* (Möglichkeit Wegerweiterung
MW *Weinbiet*). Gut ½ Std später kommt *[Weißer Punkt]* von re. Mit
OM diesem nach wenigen Min li abw. Beim 1. Haus *ohne Markierung* hinein nach *Gimmeldingen. Steinbruchweg* abw, über *Heidenburgstr* und Fahrstr, Grasweg, Weingärten, Querweg re aufw. 2. Abzweig li, *Mußbach. Röhrweidenweg.* Von hier aus ist es nicht mehr weit zu einer fröhlichen Einkehr. Zum *„Hirsch":* *Bleiche* ger, *Ordenswald* li, *Breitenweg* re. Zur *Winzerstube*: Str *Eselshaut* li ab. Beides lohnende Einkehrziele!

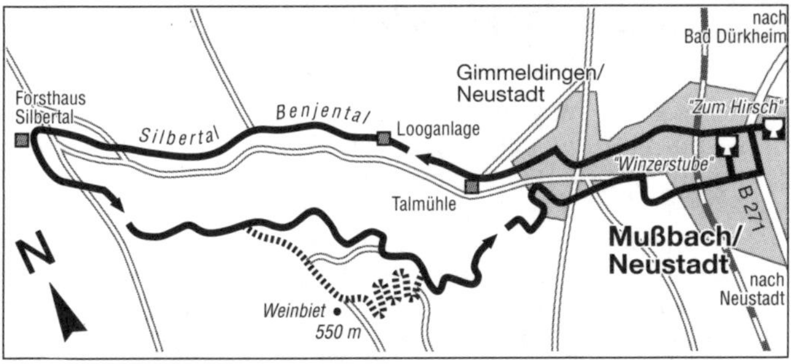

● **Gasthof-Pension Zum Hirsch** - Gemütlicher Gasthof mit behaglichen Gasträumen. Komfortable Fremdenzimmer. Pfälzer Spezialitätenküche. Hausmetzgerei, Schlachtfeste. Deftige Vesper. Köstliche Weine. Niedrige Preise. - *ÖZ: Mo-Fr 14.00-16.30 Mittagspause. - Ru = Do.*

● **Restaurant Winzerstube** - Typische Pfälzer Weinstube. Gemütliche Atmosphäre. Wohlschmeckende regionale Gerichte aus einer gutbürgerlichen Küche. Alle 2 Wochen wechselnde saisonale Speisen. Kräftige Vesper. Schöne Weine. Niedrige Preise. - *Ru = Di, Mi.*

Neustadt a. d. Weinstraße - Hambacher Schloss

● **Neustadt a. d. W.** - Stadtrechte 1275. Die *Stiftskirche* 1368–15. Jh. ist mit ihren beiden ungleichen Türmen das Wahrzeichen der Stadt. Ab 1576 Bau des *Casimirianums,* einer *calvinistischen Hochschule.* 1743/1867 barockes *Jesuitenkolleg,* heute *Rathaus.* Der im 15. Jh. gestaltete Stadtkern, auch mit seinen stattlichen Fackwerkhäusern und schönen Brunnen, ist ein absoluter Glanzpunkt. Empfehlenswert: Die *markierte Bummelstrecke* zu den Sehenswürdigkeiten, u. a. auch zum originellen *Elwetritsch-Brunnen. Heimatmuseum, Eisenbahnmuseum. Kuckucksbähnel* nach *Elmstein* (ca. 14 Tage jährl.).

● **Hambacher Schloss** - Die *Reichsfeste Kestenburg (Kästenburg = Kastanienburg)* wurde im 11. Jh. von den *Saliern* gegr. Um 1100 Schenkung an das *Hochstift Speyer.* - Teile der Ringmauer und des Bergfrieds erhalten. - Neubau u. Ausbau bis 1982. - Am 27. Mai 1832 zogen rund 30000 patriotisch gesinnte Bürger aus Deutschland, Frankreich und Polen „hinauf zum Schloss" und demonstrierten für ihre Freiheit. So wurde es zur *„Wiege der Deutschen Demokratie".* Am 6. Mai 1985 Besuch des *US-Präsidenten Ronald Reagan.*

„Kaltenbrunner Tal" - Hahnenschritt - Kalmit - Felsenmeer - Finstertal - „Kaltenbrunner Tal"

Weg und Zeit - 12 ½ km - 3 ½ Stdn.

Charakteristik - Einer der zahlreichen lohnenden Rundwege von der Wanderroutendrehscheibe *Waldgaststätte „Zum Kaltenbrunner Tal".* Gleichzeitig eine der kürzesten Verbindungen vom Tal zum höchsten Berg der *Vorderpfalz,* der 672 m hohen *Kalmit,* mit ihrer prächtigen Aussicht.

Anfahrt - Von *Neustadt a. d. Weinstraße* B 39 Ri *Kaiserslautern,* kurz nach der Eisenbahnunterführung li ab, *[Ww].*

Parken - Gr Ⓟ vor der *Waldgaststätte „Zum Kaltenbrunner Tal".*

● **Waldgaststätte „Zum Kaltenbrunner Tal"** - Sehr schöne und ruhige Lage mitten im Wald. Behagliche Komfortzimmer. Gemütliche Gasträume. Freiterrasse. Angenehme, familiäre Atmosphäre. Vortreffliche Pfälzer Küche. Auch wohlschmeckende Wild- und Fischgerichte. Spezialität Schweinepfeffer. Tagesessen. Herzhafte Vesper. Untere bis mittlere Preise. - *Ru = Do.*

● **Waldgaststätte „Zum Kaltenbrunner Tal" - Friedrichsruhe - Hahnenschritt - Kalmit** - 1 ¾ Stdn - Von der *Waldgaststätte* br Weg im wenig ausgeprägten hinteren *Kaltenbrunner Tal* aufw,
MA *[Blau-Weiß], Ww.* Nach ¼ Std flacher Rechtsbogen aufw. Weg

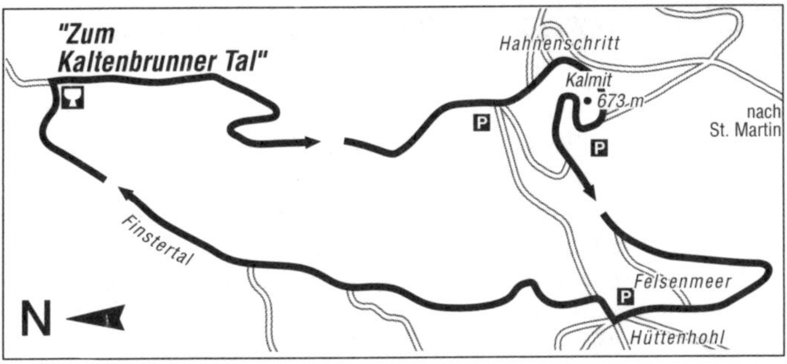

beibehalten. Bei der *Friedrichsruhe* Pfad (!) re, *Ww [Hahnenschritt],* Rechtsbogen aufw. Über br Weg, nach 100 m Spitzkehre li, ständig aufw. Über 2 br Wege, Aussicht. Ebenes Pfadstück, *Hahnenschritt.* Vorbei am P, *[Roter Punkt],* Querstr li, 150 Stufen halbre und ger, Rechtsbogen. Über die Str, ger, dann scharf re, Serpentinen aufw, *Ehrenmal PWV Maikammer/Alsterweiler,* Stufen aufw zum *Kalmit-Haus/Ludwigshafener Hütte, Kalmit-Gipfel* (673 m). Prachtvolle Aussicht, weit über Rebland und *Rheinebene.* *MW*

● **Kalmit - Felsenmeer - Hüttenhohl - Finstertal - Waldgaststätte „Zum Kaltenbrunner Tal"** - 1 ¾ Stdn - *[Weiß-Grün], Ww [Felsenmeer],* vorbei am Sendemast, Stufen abw zum P, überqueren, hinten li abw. Eben hinüber zu Dreiwegegabel, mittl. Weg. Der *gut markierte* Pfad führt durch ein Labyrinth skurriler Felsgestalten. Danach über den br Felsrücken. *Schutzhütte am Hüttenberg.* Scharf re ab, Pfadgabel li abw, *Hüttenhohl* (479 m). Nach dem P Fahrstr li, bei der Schranke scharf re, *[Weißer Punkt],* 150 m, Dreiwegegabel, Pfad (!) li abw, *Ww.* Bogen durch eine Senke, Rechtsbiegung ins *Finstertal,* Einmündung in br Weg. Nach 50 m Pfad halbli abw, br Weg re, über ein Bächlein, Teich, ger durch das hübsche Tal. Wegeinmündungen von li *[Totenkopf, Hellerhütte],* Teiche. Zünftige Einkehr in der *Waldgaststätte.* *MW* *MW*

Haßloch - zwischen Pfälzerwald und Rhein

Anfahrt - A 65, Ausf. *Haßloch* o. *Neustadt a. d. W.* - B 39 *Neustadt a. d .W.* - *Speyer*, Abzweig *Lachen-Speyerdorf* o. *Geinsheim* o. *Prinz-Karl-Hof* (Ri *Holiday-Park*).
Parken - Mehrere P im Zentrum. - Gr P beim *Badepark*, beim *Vogel-Park*, beim *Holiday-Park*.

● **Haßloch** - *Staatlich anerkannte Fremdenverkehrsgemeinde.* Größtes selbstständiges verbandfreies *Einzeldorf* in *Rheinland-Pfalz* mit ca. 19000 Einwohnern. - *Grabhügel* im *Haßlocher Wald* belegen eine prähistorische Besiedlung. 773 erste urkundliche Erwähnung als *„Hasalaha"* (= Siedlung der *Franken* am fließenden Wasser unter Haselbüschen). Später *Reichsdorf*, dann im Besitz von *Kurpfalz* und *Leiningen*. 1815 mit der *Pfalz* zu *Bayern*. - Das Ortsbild wird trotz vieler Neubauten noch stark von schönen *Fachwerkhäusern* des 16.–19. Jh. bestimmt. Alte Hoftore, Wetterschutzdächer, Blumen- und Rebenschmuck verleihen dem Ganzen ein malerisches Gepräge. - *Untere ev. Kirche* 1729. *Obere ev. Pfarrkirche* 1752–54, Saalbau, Kapelle im Turmunterbau 14. Jh., Turm 1700/1902. *Kath. Pfarrkirche St. Gallus* 1759–61, erweitert 1842–43 (Fassade mit Turm). *Ehem. Rathaus*, spätbarock 1784, zweiläufige Freitreppe mit Podesthaube.

● **Heimatmuseum** - Eines der *schönsten Fachwerkhäuser der Pfalz, Gillergasse 11*, wurde von der Gemeinde als Heimatmuseum eingerichtet. Es ist besonders sehenswert, weil man ein ganzes *mittelalterliches Gehöft* (1599, umgebaut 1744) in seiner Originalform erhalten hat.

● **Vogel-Park** - 1955 vom *„Verein für Schutz und Pflege einheimischer und fremdländischer Vögel Haßloch e.V."* angelegt. Hier genießen ca. 350 einheimische und exotische Vögel sowie sonstige Tiere Hege und Pflege. - Eintritt frei. - *ÖZ: ganztägig.*

Hubertushof - Rundweg im Haßlocher Wald

Weg und Zeit - 8 km - 2 Stdn.
Charakteristik - Sehr reizvoller und kurzweiliger Rundweg.
Anfahrt - Wie oben, Str von *Neustadt a. d. W.* - *Speyerdorf.*
Parken - Gr P beim *Gasthaus Hubertushof.*

● **Gasthaus Hubertushof - Kinderspielweg - Vogel-Park - „Pensionisten Clause" - Hubertushof** - Vom *Hubertushof* über die Str zur *Wandertafel „Naherholungsgebiet Haßlocher Wald".*
MA Mit der *[5]* am Waldrand neben einem Bächel entlang. Beim Rastplatz ca. 1 Min re bis zum 2. **(!)** Abzweig li, *„Kinderspielweg".* Nächste Kreuzung ger, auch *[6]. [Blau-Weiß]* kreuzt, *Spielweg* weiter. *Schutzhütte.* Am Spielwegende ger **(!)** bis Ecke *Vogel-*

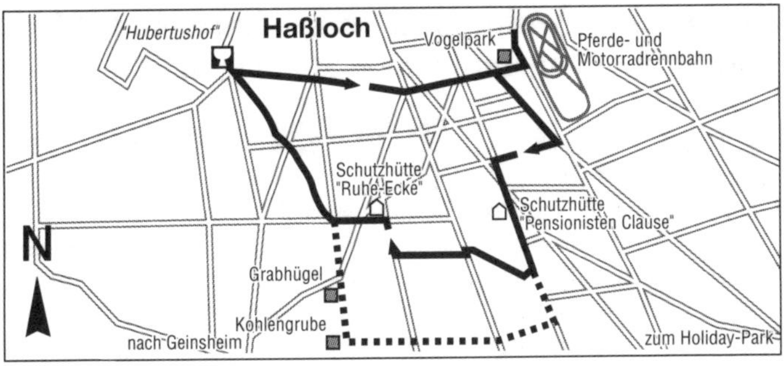

Park. Ger *[5 u. 6]* zur L 529, davor li bis Eingang *Vogel-Park*. Gleicher Weg zurück zur Vogelpark-Ecke (hin und zur. = 12 Min). Li ab, *[6]*. Nach knapp 10 Min breiter grasiger Weg re, *MW*
[6]. Nächste Kreuzung (bei Zaun) li, *[Blau-Weiß]* und *[Rot-Weiß]* kreuzen. *Schutzhütte „Pensionisten Clause"* (1974). Ca. 6 Min danach Pfad (!) re, *[6]*. Rechtsbogen und ger zu sehr breitem Querweg. Li, 15 m (!), dann re *[6]*. Breiter Querweg re, *[6]*. *Schutzhütte „Ruhe-Ecke am Flußgraben", Wooglache*. Li (!) *ohne* *OM*
Markierung bis zur übernächsten Kreuzung (die *[1]* quert). Hier *unmarkierter Pfad* (!) halbre (!). Diesem unbeirrt folgen. Nach ca. 9 Min bei Ruhebänken schräg über die Kreuzung. Pfad wird breiter und führt direkt zum

● **Gasthaus Hubertushof** - Neu renoviertes und stilvoll-rustikal eingerichtetes Haus. Behagliche Komfortzimmer. Gartenterrasse. Biergarten. Wohltuende, gepflegte Atmosphäre. Sehr gelobte gutbürgerliche Küche. Zarte Steaks, Fisch, Lamm, Geflügel u.v.a. Spezialität: Herzhafte Pfälzer Speisen und Wildgerichte. Kräftige Vesper. Mittlere Preise. - *Ru = Di.*

● **Weitere Wanderwege** - *6 markierte Wege* führen durch den *Haßlocher Wald*: [1] = 11,7 km. - [2] = 6,2 km. - [3] = 6,9 km. - [4] = 7 km. - [5] = 4,5 km. - [6] = 5,8 km. - *Waldlehrpfad* = 2,7 km. - *Spielweg* = 1,2 km. - *Trimmpfad* = 2,7 km. - *Mühlenwanderweg* = 23 km - vom *Hubertushof* über *Neu-, Au-, Fron-, Pfalz- u. Obermühle* (*Z = Mühlrad*).

St. Martin - Weinwanderweg - Ehrenmal PWV - Kalmit - (Felsenmeer) - St. Martin

Weg und Zeit - 10 ½ km - 3 Stdn.
Charakteristik - Einer der beliebtesten Rundwege von *St. Martin* aus. Man lernt dabei den so überaus malerischen Wein- und Erholungsort mit seinen vielen historischen Bauten kennen, und man erlebt den vielseitigsten Aufstieg zur aussichtsreichen *Kalmit.* Die Abstiegsroute überrascht mit einem angenehmen Gefälle.
Anfahrt - B 38 *Neustadt a. d. W. - Landau* oder *Deutsche Weinstraße,* Abzweig jeweils in *Maikammer* oder *Edenkoben.* - A 65, Ausf. *Edenkoben.* - Über die *Totenkopfstraße.*
Parken - P beim *Hotel-Restaurant „Winzerhof".* - Öffentl. P in der *Maikammerer Str,* Nähe *„Winzerhof".*
● **St. Martin** - Gründung im 7. und 8. Jh. - *Kath. Pfarrkirche St. Martin,* Turmuntergeschosse romanisch, sonst spätgotisch, ebenso der Chor. Langhaus 1779. *Marienstatue* 1490. *Steinrelief der Grablegung Christi* 1514. *Dalbergisches Grabmal* 16. Jh. Über dem Treppenaufgang der *Hl. Martin* 1728. - Ehem. *Schloss der Hund(t) von Saulheim,* Adelshof 16. Jh. - Ehem. Hof der *Schlichterer von Er(p)fenstein,* Renaissance, 1604. - *Kellerei/ Dalberger Hof* 16. Jh. - Viele beeindruckende *Wohnbauten,* 16.-18. Jh. Zahlreiche *Madonnennischen.* Schöne *Torbogen.* - *Kropsburg,* Anfang 13. Jh., Sitz der *Ersten Barone des Reichs, der Ritter von Dalberg,* 1689 zerstört. Hauptanlage restauriert. - *Weine:* Großlage *Schloß Ludwigshöhe,* Einzellagen *Kirchberg, Baron, Zitadelle.*
● **Hotel-Restaurant „Winzerhof" u. Weingut Schneider** - Sehr beliebtes Haus. Elegante Komfortzimmer. Zwei stilvoll-rustikale Gasträume. Gewölbekeller. Rebenumrankter Innenhof. Weinprobierstube. Ausgezeichnete überregionale und heimische Küche. Köstliche saisonfrische Menüs. Kräftige Vesper. Edle Tropfen aus dem eigenen Weingut, das ca. 90 Weine, 10 Sekte u. 10 Brände anbietet. Mittl. Preise. - *Ru = Mi, Do.*
● **St. Martin - Wanderweg Deutsche Weinstraße - Kalmit** - 2 Stdn - Vom *„Winzerhof" Maikammerer Str* ortseinwärts, *Kirch-*
MA *gasse* aufw, *[Grüne Traube],* auch *[Roter Strich], Kirche St. Martin, Bergstr* re, *Totenkopfstr* re, *Martinuskapelle,* davor *Jahnstr* halbli bis Ende, *Stotzweg* ger. Durch die Rebflur, Blick auf *Hambacher Schloß* und *Kalmit.* Wegedreieck mit Ruhebänken,
MW halbli abw, Bachbrücke. Dahinter Pfad li, *[Weiß-Grüne Balken],* Teich, Ri beibehalten, breiten Weg queren, Wildgatter. In dem erst schmalen, dann schluchtartigen Tälchen aufw, sehr ansprechendes Wegstück. Am *Wbh* (Steinturm) re vorbei und in der skurrilen, zerrupften Trockenschlucht bis Ende. Scharf re hoch, sofort li, breiten Weg ger **(!)** aufw, unterhalb der *Kalmitstr*

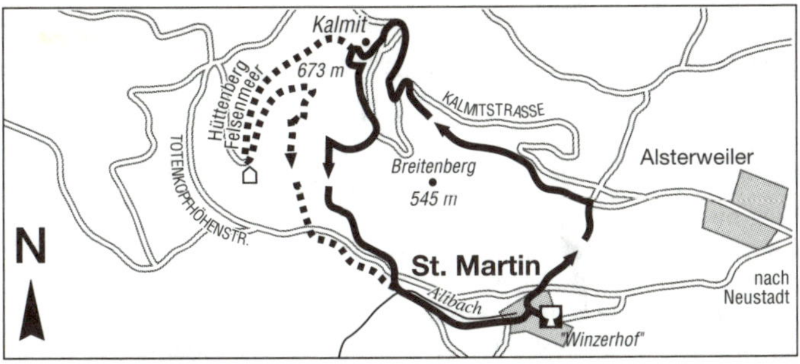

Rechtsbogen. Li zur Str, auf ihr li, nach 1 Min Weg halbre aufw *[Stein-Ww].* Nach 2 Min scharf re. Breiten Weg queren, Erdrinne aufw, dann auf weichen Tannennadeln, schließlich felsdurchsetzt aufw. Überquerung *Kalmitstraße,* Pfad, später Blick zum *Hohe-Loog-Haus,* Überquerung Sträßchen, knapp 3 Min, dann scharf re aufw, Serpentinen und Stufen, vorbei am *Ehrenmal PWV Maikammer/ Alsterweiler* zur *Kalmit* (673 m), *Kalmit-Haus, PWV Ludwigshafen-Mannheim.* Wundervolle, endlos weite Aussicht.

● **Kalmit - St. Martin** - 1 Std - Mit dem *[Roten Punkt]* und *Ww* *MW*
[Breitenberg, St. Martin] abw. Nach 2 Min scharf **(!)** li, *Ww [St. Martin].* Sträßchen überqueren, 2 Min, dann scharf **(!)** re. Abw, *Kalmitstr/* L 515 queren. Nochmals über die *Kalmitstr,* Weg ger, *Ww.* Später ziemlich gleichmäßig abw ins Tal. *Totenkopf-Höhenstr* queren, Pfad abw. Über den *Altbach* zu einem Querweg mit
[Grün-Weiß]. Auf ihm li ab nach *St. Martin.* Von der Ortsmitte *MW*
auf der *Maikammerer Str* wie Herweg zurück zur wohlverdienten Einkehr im *„Winzerhof".*

● **Wegerweiterung** - ½ Std mehr - *Kalmit - [Weiß-Grüne Striche], Ww [Felsenmeer]* - Sendemast - Stufen - P - abw durch ein Labyrinth skurriler Felsgestalten, danach breiter Felsrücken - *Schutzhütte am Hüttenberg* - scharf li - *[Weißer Punkt]* - abw zu *[Grün-Weißen Balken]* - wie oben nach *St. Martin.*

St. Martin – Weinwanderweg – Kropsburg – Hüttenbrunnen – St. Martiner Schutzhütte – An den Fichten – St. Martin

Weg und Zeit – 10 km – 2 ¾ Stdn.

Charakteristik – Die knapp 3 Stdn vergehen wie im Flug, denn der Rundweg bietet sehr viel Abwechslung. Der Wanderer ist noch beeindruckt vom Charme des anmutigen Winzerortes *St. Martin*, da genießt er schon vom *Weinwanderweg* aus den herrlichen Panoramablick über die weite Rebenlandschaft. Die südlich anmutende Vegetation am Rande des *Pfälzerwaldes*, die romantische Idylle im *Edenkobener Tal* oder am *Hüttenbachsee* sind weitere Höhepunkte dieser beschaulichen Wanderung, deren Steigungen leicht zu bewältigen sind.

Anfahrt – Wie Wanderung S. 48.

Parken – Begrenzte öffentliche P im Zentrum von *St. Martin.* Ausreichende P am Ortsrand Ri *Edenkoben.* Großer Gäste- u. Wander-P bei der *Kropsburg* (Anfahrt nur über *Edenkoben*!).

● **Pension-Restaurant Burgschänke an der Kropsburg** – Ein rustikal eingerichtetes Haus in absolut ruhiger, wunderschöner Aussichtslage. Gemütliche, moderne Komfort-Gästezimmer. Wein- und Biergarten. Ungezwungene, gepflegte Atmosphäre. Gutbürgerliche Küche mit leckeren Pfälzer und internationalen Speisen. Spezialität: köstliche Wildgerichte. Hausgemachte Kuchen. Untere bis mittlere Preise. – *Ru = Do.*

● **Der Rundweg** – Vom *St. Martiner Castell Tanzstr* zunächst ger,
MA dann mit *[Grüner Traube]* li. *Emser Str* ger aufw, *Kreuzweg* mit *Ww [Kropsburg]* li aufw (!) u. mit herrlicher Aussicht zur *Kropsburg.* Dort schließen sich die Wanderer aus der *Burgschänke* an. Mit *[Grüner Traube], [Rotem Strich]* auf dem *Weinwanderweg* Ri
MW *Edenkoben.* Nach ca. 15 Min re aufw mit *[Rotem Punkt]* u. *[Rotem Strich], Ww [Friedensdenkmal, Hüttenbrunnen].* Nach kurzer Steigung Gabel re, jetzt nur noch mit *[Rotem Punkt].* Leicht abw durch wunderschönen Edelkastanienwald ins *Edenkobener Tal.* Nach steiler Linkskehre im Tal Str überqueren, weiter am Bach entlang u. parallel zur Str bis zum *Haus am Hüt-*
MW *tenbrunnen.* Direkt am Haus vorbei mit *[Blau-Weiß]* aufw. Nach 20 Min auf halber Höhe scharf re u. weiter aufw bis zur gr Wegegabel an der *St. Martiner Schutzhütte.* In Ankunftsrichtung halb-
MW li weiter mit *[Grün-Weiß].* Auf schmalem Waldweg abw durch den Wald. Das Tal erreicht der Wanderer beim *Sandbrunnen* neben dem *Rasthaus „An den Fichten".* Vorbei am idyllischen *Hüttenbachsee,* über gr *Wander-P Am Wetzbrunnen* u. später parallel zum *Altbach* Ri *St. Martin.* Vor dem Ort, kurz nach einer eingezäunten Pferdekoppel, zweigt ein schmaler Pfad
MW mit *[Rotem Punkt]* re ab, der die Wanderer in ¼ Std leicht aufw

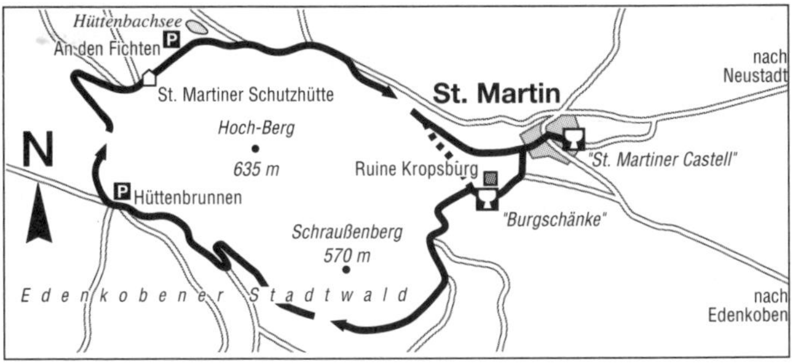

zurück zur *Burgschänke* bringt. Die anderen gehen ger weiter mit *[Grün-Weiß]* u. erreichen in kurzer Zeit über die *Einlaubstr* den Ausgangsort *St. Martin.*

● **Hotel-Restaurant St. Martiner Castell** - Anspruchsvolle, gepflegte Pfälzer Gastlichkeit mit französischem Flair erwartet den Besucher in den behaglichen Komfortzimmern und in den stilvoll eingerichteten Gasträumen. Freiterrasse. Kreative, leichte deutsche Küche. Köstliche internationale Schlemmermenüs. Edle Weine aus dem *Weingut „Altes Schlößchen“*. Kulinarische Weinproben. Mittlere und leicht gehobene Preise. - *Ru = Di (nur Restaurant).*

St. Martin - Kropsburg - Schloss Ludwigshöhe - Weinwanderweg - St. Martin

Weg und Zeit - 9 km - knapp 2 ½ Stdn.
Charakteristik - Ein beschaulicher Rundweg, der von der herrlichen Aussicht über das weite *Pfälzer Rebland* bis weit in die *Rheinebene* und der romantischen Atmosphäre im *Edenkobener Tal* geprägt wird. Ganz besonders beeindruckend ist der beherrschende Blick vom *Friedensdenkmal* (siehe S. 58). Die wenigen Anstiege sind leicht zu bewältigen.
Anfahrt - B 38 von *Neustadt* oder *Landau*, bzw. *Deutsche Weinstr*, Abzweigung in *Maikammer* oder *Edenkoben*. - A 65 *Karlsruhe - Ludwigshafen*, Ausfahrt *Edenkoben*.
Parken - Gäste-P bei der *Weinstube Christmann*, begrenzte öffentliche P vor den *Grafenstuben*. Gr öffentlicher P am Ortseingang von *St. Martin* aus Ri *Edenkoben*.
● **Gasthaus Grafenstuben** - Ein Haus mit gediegen vornehmem Ambiente. In vier stilvoll eingerichteten Gasträumen und im rustikalen Gewölbekeller erwarten den Gast herrliche kulinarische Genüsse aus der erstklassigen Küche, in der auf natürliche Zubereitung marktfrischer Produkte Wert gelegt wird. Großartige Fischvariationen. Herzhafte regionale Leckereien. Erlesene Weine. Mittlere bis gehobene Preise. - *Ru = Mo.*

OM ● **Der Rundweg** - *Edenkobener Str [ohne Markierung]* ger, (nicht der Rechtskurve der Hauptstr folgen!), *Lärchengasse* ger.
MA Querstr (*Tanzstr*) li, nach 30 m *Tanzstr* mit *[Grüner Traube]* wieder li. *Emser Str* ger aufw, *Ww [Kropsburg]*. *Kreuzweg* mit *[Grüner Traube]*, *Ww [Kropsburg]*, li aufw **(!)**. Aus dem Ort hinaus und mit herrlicher Aussicht in langgezogener Rechtskurve unterhalb der *Kropsburg* bis zur Zufahrtsstr zur Burg (Besichtigung der Burg ist nicht möglich, *Burgschänke* siehe S. 50). Mit der *Markierung* li weiter auf dem *Deutschen Weinwanderweg.*
MW Nach ca. 15 Min nach einer Linkskurve mit *[Rotem Strich]* und *[Rotem Punkt]*, *Ww [Friedensdenkmal, Hüttenbrunnen]* re aufw. Nach einer kurzen Steigung Gabel halbli, nach 20 m Gabel halbre. Am Sportplatz vorbei und über gr Wander-P . Weiter leicht abw durch den Wald mit *[Rotem Strich]*. Nach Überqueren der Str erreicht der Wanderer bei der *Siegfriedsschmiede* das
MW romantische *Edenkobener Tal*. Im Tal mit *[Rotem Kreuz]* kurz li,
MW dann gleich wieder mit *[Rotem Strich]* re aufw. Nach ca. 15 Min
MW Querweg li mit *[Rotem Punkt]* abw. An der Talstation der *Rietburgbahn* vorbei zum *Schloss Ludwigshöhe* (siehe S. 56). Auf der Fahrstr abw, gegenüber dem Haupteingang der *Sportschule* mit
MW *[Blau-Gelb]* abw durch den Wald. An der Str re, nach dem Ten-
MW nisgelände mit *[Grüner Traube]* li abw auf asphaltiertem Weg durch das *Triefenbachtal*. Der Wanderer befindet sich jetzt auf

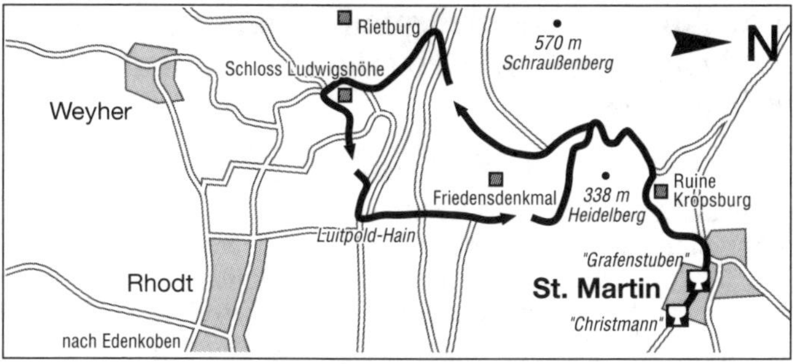

dem *Deutschen Weinwanderweg*, der ihn in ca. 1 Std bequem und mit wunderbarer Aussicht wieder zurück nach *St. Martin* bringt, wobei der letzte Abschnitt mit dem Herweg identisch ist.

● **Landhaus und Weinstube Christmann** - Die gemütliche Weinstube ist der geeignete Ort, um die herrlichen Weine aus dem traditionsreichen Weingut und feine Brände aus eigener Brennerei zu verkosten. Spezialitäten aus der Jungen Pfälzer Küche und typische Winzergerichte runden das Angebot ab. Stilvolle Komfortzimmer im Landhaus. Untere bis mittlere Preise. - *ÖZ = Do ab 18.00 Uhr, So und Feiertag ab 16 Uhr.*

Edenkoben - Weinlehrpfad - Rietburg - Ludwigsturm - Schweizerhaus - Triefenbach - Edenkoben

Weg und Zeit - 15 km - 3 ¾ Stdn.

Charakteristik - Ein prall mit Eindrücken gefüllter Rundweg. Der Auftakt: die Begegnung mit den baulichen Schönheiten von *Edenkoben* und dem außerordentlich instruktiven *Weinlehrpfad*. Der Mittelteil: eine gemütliche *Sesselbahnfahrt* zur *„Pfälzer Aussichtsterrasse"* auf der *Rietburg* und die prächtige Aussicht vom *Ludwigsturm*. Das Schlussstück: der schöne Weg am *Triefenbach*.

Anfahrt - B 38 *Neustadt - Landau.* - An der *Deutschen Weinstraße.* - A 65, Ausfahrt *Edenkoben.* - *Bahnstation.*

Parken - Diverse P bei *Gutshof „Ziegelhütte"*.

● **Edenkoben** - *Staatl. anerkannter Luftkurort.* Mittelpunkt einer bedeutenden Weinregion. Großes, gut markiertes Wanderwegenetz. - Viele schöne *Wohn-* bzw. *Winzerhäuser*, 16.–18. Jh., malerische Torbogen, romantische Gassen, idyllische Winkel. Über 1200-jährige Geschichte (seit 769). *Ev. Pfarrkirche*, 1739/40, Turm 15. Jh.. Zwei Säulenportale. Stuckdecken. Dreiflügelige bebilderte Empore. Reiche Kanzel. *Kath. Kirche St. Ludwig* 1888–90 von *Ferdinand Bernatz*, neugotisch. Stattlicher Turm mit Ecktürmchen und spitzem Helm. Beachtenswerte Ausstattung, u. a. *Zwölf Apostel, Kreuzwegstationen.* - Erste urkundl. Nennung 969. Wechselnde Besitzer: u.a. *Salier, Kloster Lorsch, Hochstift Speyer, Kurpfalz, Bayern.* - Ehem. *Zisterzienserinnenkloster Heilsbruck* 1262, heute Weingut mit dem *histor. Weinkeller* (Holzfässer für 450000 l).

● **Edenkoben - Weinlehrpfad - Rietburg** - 1 ¼ Stdn - Vom *Gutshof Ziegelhütte Luitpoldstr* ortseinwärts. *Rappenstr* li, *Rathenaustr* re, längs des *Triefenbachs, Bismarckstr* halbli, bei der Verengung breite Str re durch Weingärten, gr Platz, Treppen aufw, durch die Anlagen zum *Ludwigsplatz.* Denkmal (1890) für *König Ludwig I. von Bayern, Ev. Pfarrkirche, Rathaus. Weinstr* li, 20 m, *Berggäßchen* halbli, 100 m, Treppe re, *Weinstr* li, in Bogen bis
MA Ortsende, zum Schluss mit *[Rotem Kreuz] Villastr* ger, *Markierungstafel PWV.* Sehr informativer *Weinlehrpfad.* Wunderbare Ausblicke. *Luitpold-Denkmal, Kammertbau.* Alte Weinpresse.
MW Bei Abzweig ger, *[Grüne Traube], Ww. Luitpoldsruhe.* Danach 150 m ger, dann Waldweg li aufw, über die Fahrstr, *Wald-*P *Ludwigshöhe* (320 m). Sportschule. Str ger, *Schloss Ludwigshöhe* (siehe S. 56). Re *Rietburgbahn*, Sesselbahn (ab 1. März sonntags, Ostern bis 1. Nov. tägl.) zur

● **Ruine Rietburg** (550 m) - (zu Fuß gut ½ Std länger) - *Burg* der *Herren von Riet*, 12./13. Jh., ab 1255 Reichsburg, im 17. Jh. zer-

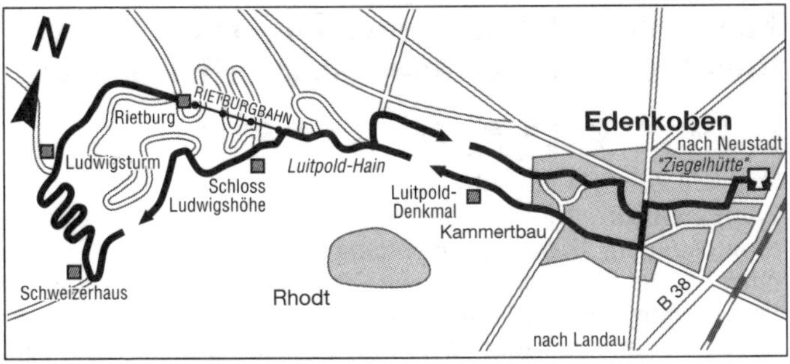

stört. Phantastische Aussicht über das Rebenmeer bis zum *Odenwald* und *Schwarzwald. Drei-Dome-Blick: Worms, Speyer, Straßburg.*

● **Rietburg - Ludwigsturm - Schweizerhaus - Triefenbach - Edenkoben** - 2 ½ Stdn - Von der *Rietburg* ebener Weg Ri 🅿,
dann mit *[Blau-Gelb]* weiter zum *Ludwigsturm.* Sektorenweise *MW*
sehr schöne Rundsicht. In Ankunftsri ger weiter, *ohne Markie-* *OM*
rung, bei Biegung ger, *Ww, [LM 26].* Pfad abw, zweimal über *MA*
breite Wege, Serpentinen, *Schweizerhaus PWV.* Danach li und
mit *[Rotem Strich]* zu einem 🅿. Dort halbli zum *Schloss Lud-* *MW*
wigshöhe. Nun wie Herweg, *[Grüne Traube]*,zur *Luitpoldsruhe.* *MW*
100m danach li abw, *[Grüne Traube]*, vorm *Triefenbach* re *[ohne* *OM*
Markierung], *Weinlehrpfad*, herrlich! Bei der Kelter über den Bach, drüben re nach *Edenkoben. Spitalstr* halbli, nach dem *Ludwigsstift* breite Str re, 150m, Fußweg li, *Metzgergasse* ger, *Weinstr* li und wie Herweg zurück zum

● **Gutshof „Ziegelhütte" - Hotel-Restaurant-Café** - Gut erreichbar. Komfortable Gästezimmer. Elegant-rustikale Gasträume. Freundlicher Service. Gutbürgerliche und gehobene Küche, Fisch, Wild, Vollwert. Pfälzer, internationale und vegetarische Spezialitäten. Eine Vielzahl von Menüvorschlägen. Mittlere Preise. - *Ru (Rest.) = Mo, Di (an Feiertagen oder nach Absprache geöffnet).*

Edenkoben - Edenkobener Tal - Hilschweiher - Rietburg - Schloss Ludwigshöhe - Edenkoben

Weg und Zeit - 13 km - 3 ½ Stdn.

Charakteristik - Interessante und abwechslungsreiche Wanderung: Auf dem *Weinlehrpfad* entlang des *Triefenbachs*, durch das *Edenkobener Tal* bis zum romantischen *Hilschweiher*, vorbei am *Hilschwasserfall* zum Höhepunkt der Wanderung, der *Rietburg.* Abstieg zum klassizistischen *Schloss Ludwigshöhe.* Auf dem oberen *Weinlehrpfad*, sehenswerte alte Weinpressen.

Anfahrt - Wie S. 48.

Parken - Gr öffentl. P Ecke *Luitpoldstr/Weinstr*, ca. 100 m vom *Hotel-Restaurant Pfälzer Hof.*

● **Die Edenkobener Weinlagen** - Großlage *Schloss Ludwigshöhe.* Einzellagen *Bergel, Heiligkreuz, Klostergarten, Heidegarten, Kirchberg, Blücherhöhe, Mühlberg, Kastaniengarten* u.a.m.

● **Edenkoben - Edenkobener Tal - Hilschweiher** - gut 1 Std - Vom *Pfälzer Hof Weinstr* aufw, 50 m, *Klosterstr* li, *Spitalstr* li, Str überqueren, weiter *Spitalstr* bis Ende, *Watzengasse* li, im Kurvenscheitel re mit *Ww [Triefenbachanlage]. Weinlehrpfad* entlang des *Triefenbaches.* Einmündung in Fahrstr, li aufw 150 m, den
MA *Weinlehrpfad* verlassen und re Ri Wald mit Markierung *[Rotes Kreuz].* Schöner Weg durch das *Edenkobener Tal* oberhalb des *Triefenbachs*, vorbei an *Siegfriedschmiede* und *Meyerhof* zum romantischen *Hilschweiher* mit Bootsverleih.

● **Hilschweiher - Rietburg** - knapp 1 Std - Am Ende des Stauweihers li, Holzsteg über den Seezulauf und aufw mit *Markie-*
MW *rung [Weißer Punkt].* Vorbei am *ND Hilschwasserfall*, dann Serpentinenweg, stets *[Weißen Punkt]* beachten **(!)**. Nach 10 Min Einmündung in breiten Weg, scharf re, nach 150 m Pfad li aufw, bald breiter Weg. Nach Linksbogen wieder Serpentinen re aufw
MW bis Einmündung in einen mit *[Rotem Punkt]* markierten Weg. Li ab, noch gut 15 Min bis Damwildgehege. Li abw zur *Rietburg* (544 m) mit ihrer überwältigend schönen Aussicht über das endlose Rebenmeer.

● **Rietburg - Schloss Ludwigshöhe - Edenkoben** - gut 1 ½ Stdn - Hinter der Aussichtsterrasse beginnt der mit *[Rotem Punkt]* markierte Abstieg. Serpentinenweg abw zum *Schloss Ludwigshöhe*, dabei *Rietburgbahn* viermal unterqueren. Vorbei an der *Aussichtskanzel Schöner Punkt.*

● **Schloss Ludwigshöhe** - Großzügiger Bau in italienischem Stil, 1845–52 von *Gärtner* und *Klenze* für *König Ludwig I. von Bayern* als Sommersitz „in seines Königreichs mildestem Teil“ errichtet. Nach Osten zeigende Säulenloggia. „Pompejanische“ Wand- und Deckenmalereien. Bemerkenswertes Mosaik-Parkett. Gemäldesammlung von *Max Slevogt.* (Am 1. Wochenwerktag

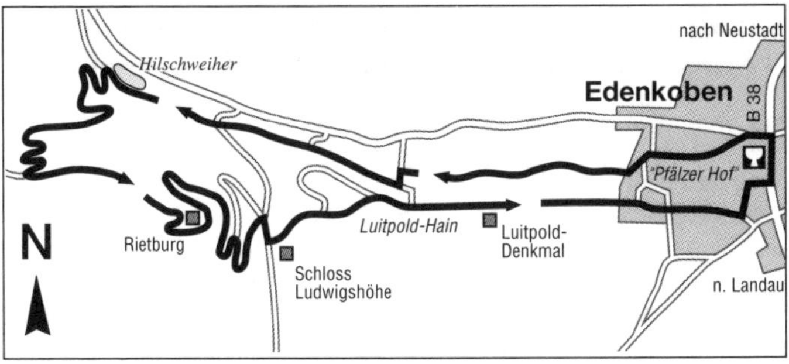

und im Dez. geschl.)
Ab *Schloss Ludwigshöhe* mit *Markierung [Weintraube]* li abw, *MW*
Fußweg entlang der Fahrstr. Unterhalb der *Sportschule* mit
[Weintraube] re abw in den Wald. Bald Einmündung in Fahrstr.
Re, vorbei am *Luitpold-Hain* mit Gedenkstein, ab hier wieder
Weinlehrpfad und *[Rotes Kreuz]* Ri *Edenkoben*, vorbei an alten *MW*
Weinpressen u. dem *Luitpold-Denkmal.* Ortseintritt, *Weinstr*,
Linksbogen, *Postamt, Schafplatz* re, wieder *Weinstr* li zum *OM*

● **Restaurant Hotel Pfälzer Hof** - Traditionsreiches Haus der Gastlichkeit. Zentrale, ruhige Lage. Rustikale und elegante Gasträume. Romantischer Innenhof. Ganz uriger Weinkeller. Angenehme Atmosphäre. Kreative Küche, saison- und marktorientiert. Herzhafte regionale und gehobene klassische Gerichte. Wildspezialitäten aus eigener Jagd. Weinproben mit fachkundiger Weinbesprechung. Mittlere Preise. - *Ru = Do (an Feiertagen geöffnet).*

● **Weitere Wanderwege**

1) Mit *[Rotem Kreuz]* zum *Luitpold-Hain* - mit *[Grüner Traube]* zur *Kropsburg* - mit *[Rotem Punkt]* ins *Edenkobener Tal* bis zum Zusammentreffen mit *[Rotem Kreuz]* - dieses führt nach *Edenkoben* zurück.

2) Mit der Sesselbahn zur *Rietburg* - mit *[Rotem Punkt]* zur *Edenkobener Hütte* - mit *[Blau-Weiß]* zum *Kohlplatz* und mit *[Blau-Gelb]* über den *Ludwigsturm* zur *Rietburg* zurück.

Rhodt u. R. – Schloss Ludwigshöhe – Rietburg – Hilschweiher – Friedensdenkmal – Rhodt

Weg und Zeit – 8 km – 2 ½ Stdn.

Charakteristik – Herrliche Ausblicke von der *Rietburg*, vom *Friedensdenkmal*, aber auch vom *Weinwanderweg* oberhalb der Reben, bizarre Felsen, ein romantisches Tal mit einem idyllischen kleinen Waldsee – Wandererherz, was willst du mehr? Der Aufstieg zur *Rietburg* dauert zu Fuß ca. ½ Std länger.

Anfahrt – A 65, Ausfahrt *Edenkoben.* In *Rhodt* über *Theresienstr* aus dem Ort hinaus zur *„Alten Rebschule“.*

Parken – Gäste-P bei der *„Alten Rebschule“.*

● **Rhodt unter Rietburg** – *Ev. Pfarrkirche* 1720–22, spätgot. Westturm. *Ev. Pfarrhaus* 1750. *Rathaus* 1606/1777. *„Schlössl“* 1780. *Theresienstr*, eine der schönsten und stimmungsvollsten Winzerstraßen überhaupt, Winzerhöfe 16.–19. Jh., prächtige Torbogen. *Wein*: Großlage *Ordensgut*, Einzellagen *Klosterpfad, Schloßberg, Rosengarten.*

● **„Alte Rebschule“** – Speisegaststätte und Pension – Idyllische, ruhige Lage zwischen Reben und Wald. Rustikal-gemütlicher Gastraum. Schöner Innenhof mit südlichem Ambiente, Wein- und Biergarten. Gutbürgerliche Küche. Köstliche Fischgerichte (speziell Forellen). Wild. Vesper. Deftige Pfälzer Spezialitäten, zu denen der heimische Wein großartig passt. Mittlere Preise. – *Ru = Mo.*

● **„Alte Rebschule“ – Schloss Ludwigshöhe – Rietburg – Hilschweiher – Friedensdenkmal** – 5 ½ km – 1 ¾ Stdn – Von der
MA *„Alten Rebschule“* 150 m Ri *Rhodt*, dann li mit *[Grüner Traube].* Vorbei am *Schloss Ludwigshöhe* (s. S. 56) zur Talstation der *Sesselbahn.* Mit dem Sessellift oder zu Fuß mit *[Rotem Punkt]* aufw zur *Ruine Rietburg* (550 m). Burg der *Herren von Riet*, 12./13. Jh., ab 1255 Reichsburg, im 17. Jh. zerstört. Phantastische Aussicht
MW über das *Pfälzer Rebland.* Mit *[Rotem Punkt]* am Wildgehege
MW vorbei, *Ww [Hilschweiher].* Nach ca. 20 m mit *[Weißem Punkt]* scharf re und in langen Serpentinen abw zum *Hilschweiher*, einem kl romantischen See mit Bootsverleih. Am rechten See-
MW ufer entlang mit *[Rotem Kreuz]* ins *Edenkobener Tal.* Achtung: Über den P der *Siegfriedschmiede* li aufw auf verstecktem (!),
MW schmalem Waldweg mit *[Rotem Strich].* Str überqueren und weiter aufw bis zum monumentalen *Friedensdenkmal*, das anlässlich der Reichsgründung 1871 errichtet wurde.

● **Waldgaststätte Friedensdenkmal** – Neu erbaute, wohltuend gepflegte Gaststätte mit gemütlichem Gastraum, Terrasse und urigem Gewölbekeller unter dem Denkmal. Gutbürgerliche Küche mit Schwerpunkt auf Pfälzer Spezialitäten. Eigene Schlachtung, Schlachtfeste. Leckere Wildgerichte und Grillspe-

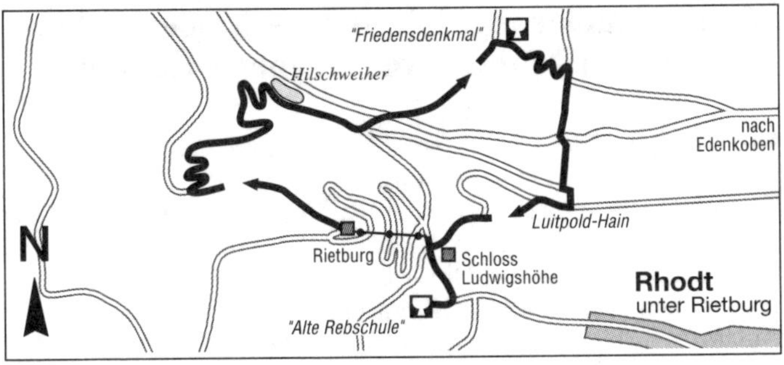

zialitäten. Herzhafte Eintöpfe. Günstige Tagesgerichte. Vesper. Untere bis mittlere Preise. - *Ru = Mo.*

● **Friedensdenkmal - Schloss Ludwigshöhe - „Alte Rebschule“** - 2 ½ km - ¾ Std - Unterhalb des *Denkmals* abw durch den Wald
mit *[20, 21]*. Unten bei *Wanderhütte* auf gepflastertem Weg re MW
mit *[Grüner Traube]*. *Triefenbachtal* durchqueren. Li am Tennis- MW
platz vorbei, auf der Str re Ri *Rietburgbahn* mit *[Blau-Gelb]*. MW
200 m nach der Tennisanlage li aufw durch den Wald zur Sesselbahnstation und von dort wie auf dem Herweg zurück zur *„Alten Rebschule“*.

Mühlenwanderweg: Edesheim - Modenbachtal - Burrweiler Mühle - vor Weyher - Edesheim

Weg und Zeit – 10 km – 2 ½ Stdn.

Charakteristik – Genussreicher Rundweg, geprägt von einer urwüchsigen Bachlandschaft, einem weiten Rebenmeer und einmaligen Ausblicken. Die Mühlen mahlen zwar nicht mehr, sind jedoch baulich alle noch präsent.

Anfahrt – B 38 *Landau*, ca. 8 km Ri *Neustadt*. – A 65, Ausf. *Edenkoben*, B 38. – Von *Siebeldingen* über *Hainfeld*. – *Bahnstation*.

Parken – *Wein-Castell Diehl, Eisenbahnstr* (hinter *VB*).

● **Edesheim** – *Anerkannter Fremdenverkehrs- u. Weinort*. – *Kath. Pfarrkirche St. Peter und Paul* (1742–44/1811/1934). - *Ehem. Wasserburg der Bischöfe von Speyer* (14. Jh./1594/1810/1893). – *Kupperwolfschlösschen* (1747 für den *Philosophen Holbach* erb.).

OM ● **Edesheim - Burrweiler Mühle** – gut 1 Std – Vom „*Wein-Castell*"/*Weingut Diehl* die *Staatsstr* ortseinwärts. *Luitpoldstr* li, mächtige *Schlossgartenmauer*, alte Winzerhöfe.

● **Dorfmühle** – Seit dem 15. Jh. Getreidemühle. Bis vor wenigen Jahren noch in Betrieb. – *ÖZ: Mi, Sa 8.00–12.00 Uhr*. Gleich danach am *Modenbach* re. Längs der Mauer vom *Kupperwolfschlösschen*. *Provisstr* überqueren, am Bach bleiben. Beginn der Reblagen. Schöner Vorblick auf die *Haardtberge*. Bei kl Trafohaus re und sofort wieder li. In Höhe der kl Brücke befest. Weg re ab. Linksbogen und ger, Abzweige ignorieren. *ND*, Anlage mit *ehem. Schwefelbrunnen*.

● **Erlenmühle** (15./16. Jh.) – Heute Weingut mit Weinstube. Wieder am Bach entlang, vorbei am *Edesheimer Schwimmbad*, *Eckelsiedlung*, *Sportplatz*. Später an der Brücke Blick auf die *Hainfelder Kirche*. Im Bogen um die

● **Weisbrod'sche Mühle** – Stattlicher Bau. Bis 1910 in Betrieb. Danach Weingut und eine Zeit lang Hotel.

● **Hainfeld** – Dorfplatz mit *Kath. Pfarrkirche St. Barbara*, gotisch, barockisiert 1718/19. – *Weinstr* 41 (mit Statue) die

● **Ehem Dorfmühle** – Seit 1918 Weingut.

Karl-Stein-Str ger, *Hainfelder Röhrenbrunnen* 1561. Am Bach weiter. Ortsende ger. Aussichtsreicher Wegabschnitt.

● **Mittelmühle** – Ehem. Korn-, Hanf-, Flachs- und Ölmühle. Befest. Weg re **(!)**, 1. Abzweig li, Rückhaltebecken. Brücke.

● **Burrweiler Mühle** (1686) – Paradiesische Lage. Mühlengärtchen mit Fischteich. Herrlich! Gemütliches Weinrestaurant. Vortreffliche Küche. Pfälzer Gerichte. Spezialitäten der Saison. Karpfen, Dampfnudeln, Flammkuchen. Winzerteller. Edle Weine aus eigenem Weingut. Weinprobierstube. Untere u. mittl. Preise. – *ÖZ: Mi–Sa ab 15.00 Uhr, So und Feiertage ab 12.00 Uhr*.

● **Burrweiler Mühle - Edesheim** – knapp 1 ½ Stdn – Letztes Weg-

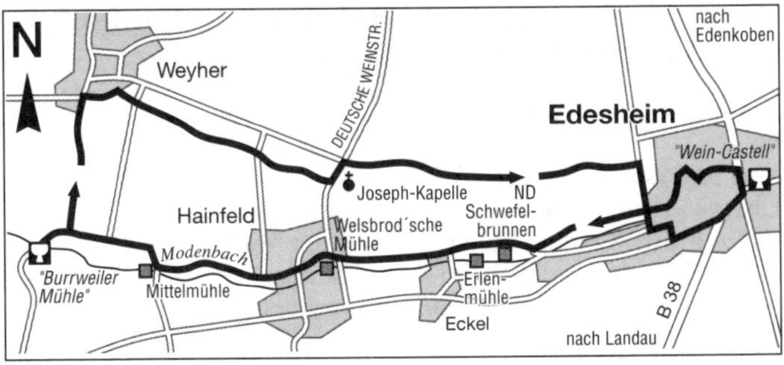

stück zurück u. mit *[Grüner Traube]* bis vor *Weyher.* Beim *Steinkreuz* Grasweg re, bei Hs. 16 re abw und immer **(!)** ger **(!)**. *Mariensäule* (1749). *5-Wunden-Kreuz. Weinstr* überqueren, *St. Joseph-Kp.* (1686). 1 Min li, dann re bis *Edesheim.* Vor *Ev. Kirche* re, *Provisstr, Friedhof, Modenbach, Ludwigstr* li, nach *Kath. Kirche re, Ruprechtstr* li, *Staatsstr* li zum *MA OM*

● **„Wein-Castell" - Restaurant - Gästezimmer - Weingut u. Destillerie Diehl** - Zentrale Lage mit ruhigen Zimmern. Stilvolle Einrichtung. Hochgelobte Regionale Küche, große Fischkarte, Fluss- u. Meeresfische, Krustentiere, Wild, Lamm, Vesper. Flaschenweinverkauf. Weinproben. Mittl. Preise. - *Ru = Mo, Di.*

Weyher – Rietburg – Ludwigsturm – Kohlplatz – Modenbachtal – Mariengrotte – Weyher

Weg und Zeit – 11 ½ km – 3 Stdn.

Charakteristik - Die *Sesselbahn* zur *Rietburg* macht es möglich: Ohne große Kraftanstrengung kann der Wanderer die gemütlichen Wege durch die Weinreben mit den herrlichen Aussichtspunkten am Rande des *Pfälzerwaldes* verbinden. Fußweg zur *Rietburg* ca. ½ Std länger.

Anfahrt – A 65, Ausfahrt *Edenkoben. Deutsche Weinstr*, Abzweigung in *Rhodt*. – Aus dem *Modenbachtal*.

Parken – Öffentl. P beim *Hotel-Restaurant Zum Kronprinzen.*

● **Weyher** – *Anerk. Fremdenverkehrsort*, malerisches Winzerdorf am Rande des *Pfälzerwaldes*, beliebt als Ausgangsort für wunderschöne Wanderungen. – *Sehenswert*: *Kath. Pfarrkirche St. Peter und Paul*, spätgot., z. T. barock umgebaut 1712–16. Ehem. *Rathaus* (1608). Zahlreiche alte Wohnhäuser des 16. bis 19. Jh. *Wein*: Großlage *Ordensgut*, Einzellagen *Michelsberg* und *Heide.*

● **Hotel-Restaurant Zum Kronprinzen** – Neu gestaltetes, in ländlichem Stil eingerichtetes Haus. Gemütliche Atmosphäre. Feine, frische Küche mit ausgesuchten Pfälzer Spezialitäten und sehr schmackhaften Fisch- und Lammgerichten. Auch ideenreich zubereitete vegetarische Speisen. Erlesene Pfälzer Weine. Großzügige Komfortzimmer. Mittl. Preise. – *Ru = Di.*

● **Der Rundweg** – Vom *„Kronprinzen“ Joseph-Meyer-Str* Ri
MA *Rhodt, Oberdorf* mit *[Grüner Traube]* li aufw, *Spring* re. Am Ortsrand li, Ortsende re in die Weinberge. 1. Abzweigung li bis zur Str. Hier li, 1. Abzweigung wieder re. Vorbei am *Schloss Ludwigshöhe* (siehe S. 56) zur Talstation der *Sesselbahn.* Mit dem
MW Sessellift oder zu Fuß mit *[Rotem Punkt]* aufw zur *Ruine Rietburg*, 550 m (siehe S. 54). Von der *Rietburg* ebener Weg zum P, dann mit *[Blau-Gelb]* weiter zum *Ludwigsturm* (605 m). Phanta-

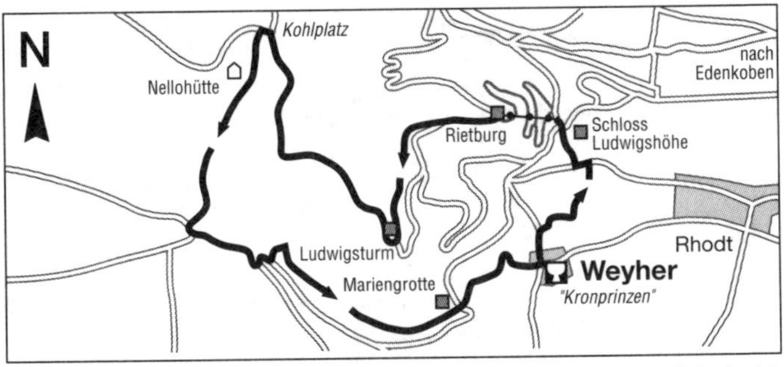

stische Aussicht. Mit *[Blau-Gelb]* re Ri *Nello-Hütte.* Nach 15 Min breiten Weg schräg überqueren, nach weiteren 10 Min nach Steinstufen Gabel halbli leicht abw. Bei der gr Wegegabel *Kohlplatz* mit *[Blau-Weiß]* li steil abw Ri *Nello-Hütte.* An der *MW*
urigen *Hütte* vorbei u. weiter abw. Mehrere Gabelungen (!). Bei gr Wander-P erreicht man das *Modenbachtal.* Str überqueren u. mit *[Gelb-Weiß]* li parallel zur Str. Nach ca. 15 Min Abzweigung *MW*
scharf li mit *[Rotem Punkt]*, *Ww [Weyher].* Str u. Brücke über- *MW*
queren u. auf schmalem Pfad aufw in den Wald. Auf breitem Weg re, nach ca. 20 Min auf schmalem Pfad halbli. Oberhalb von *Weyher* lohnender Abstecher zur *Mariengrotte.* Von hier aus geht es in 2 Richtungen in jeweils 15 Min zurück nach *Weyher* .

Flemlingen - Böchingen - Gleisweiler - St. Anna-Kapelle - Burrweiler - Flemlingen

Weg und Zeit - 8 km - 2 ½ Stdn.
Charakteristik - Diese schöne Wanderung verläuft zur Hälfte durch die liebliche Reblandschaft rund um *Flemlingen* und zur Hälfte durch den südländisch anmutenden Edelkastanienwald unterhalb des *Teufelsberges.* Großartige Aussicht von der *St. Anna-Kapelle.*
Anfahrt - *Deutsche Weinstraße*, Abzweigung in *Burrweiler.*
Parken - Gäste-P im *Weingut Marienhof.*

● **Flemlingen** - Kleines, anmutiges Winzerdorf mit ausgedehnten Weinanbauflächen. Sehenswert die *Kath. Pfarrkirche St. Alban* (1759) mit einer gotischen Madonna (1450) und Altären aus dem 18. Jh. *Wein*: Großlage *Bischofskreuz*, Einzellagen *Herrenbuckel, Vogelsprung, Zechpeter.*

● **Weingut mit Weinstube Marienhof** - Eingebettet in Reben liegt die gemütliche Weinstube mit Freiterrasse dieses bekannten Weingutes. Neben den köstlichen Weinen aus eigenem Anbau hat der Gast die Wahl zwischen typischen Winzergerich-

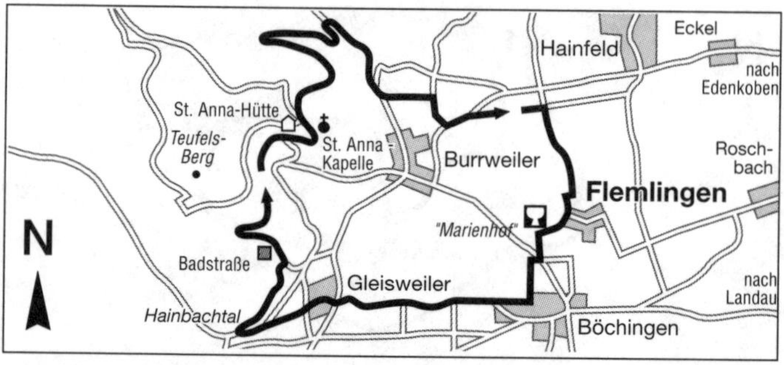

ten, kleinen leckeren Spezialitäten und deftigem Vesper. Lukullische Weinproben. Günstige Preise. – *ÖZ: Ab 17.00, So ab 11.00 Uhr. – Ru = Mo.* – *Weinverkauf* zu normalen Geschäftszeiten.

● **Der Rundweg** – Am Ende der *Bachstr* beim *Marienhof* Weinbergweg li zur Str *Burrweiler – Böchingen.* Str überqueren, nach Bushaltestelle gleich re auf Weinbergweg. 1. Abzweigung li bis nach *Böchingen.* Vorbei am *Friedhof,* Querstr re. Auf der *Kohl-*
MA *gartenstr* ger aus dem Ort hinaus. Mit *[Rot-Weiß]* auf dem Feldweg neben der Str nach *Gleisweiler.* Im Ort gleich li Ri *Waldparkplatz, Hainbachtalstr* bis zum *Gehöft Hainbachtal.* Vor dem
MW Gut re mit *[Grüner Traube].* Am Ortsanfang von *Gleisweiler*
MW neben dem Eingang zur *Privatklinik* li aufw mit *[Rotem Strich, Reh], Ww [Trifelsblickhütte].* Oben *Luitpoldplatz* scharf re. Mit
MW *[Rotem Strich],* später mit *[Blau-Rot]* leicht aufw durch den Wald bis zur *St. Anna-Kapelle* (herrliche Aussicht) u. mit *[Blau-Rot, 12, 13]* bis zur *St. Anna-Schutzhütte.* Weiter halbre leicht abw mit
MW *[Rotem Strich], Ww [Buschmühle].* In mehreren langen Serpenti-
MW nen abw. Unten mit *[Gelb-Weiß]* auf schmalem Pfad re parallel zur Str bis *Burrweiler.* Gleich am Ortsanfang nach dem
OM *Friedhof* 1. Str li *ohne Markierung.* Aus dem Ort hinaus u. ger
MA durch die Weinberge. 1. asphaltierte Str mit *[Grüner Traube, 16]* re bis zur Str *Burrweiler – Hainfeld.* Str überqueren u. li auf
OM Fußweg parallel zur Str *[ohne Markierung].* Nach ca. 200 m asphaltierter Weg halbre, 3. Abzweig re zurück nach *Flemlingen.*

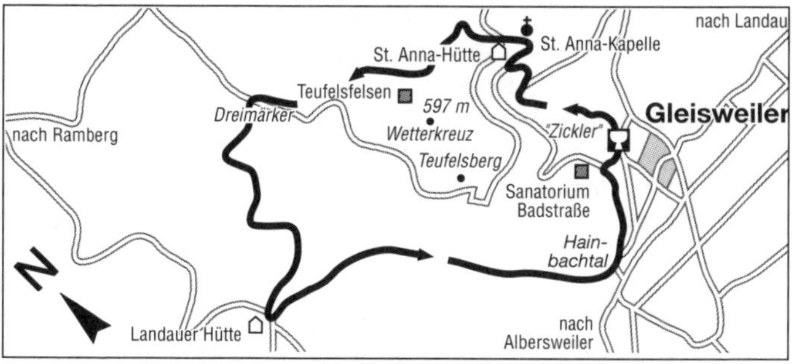

Gleisweiler - St. Anna-Kapelle - Dreimärker - Landauer Hütte - Hainbachtal - Gleisweiler

Weg und Zeit - 10 km - knapp 3 Stdn.
Charakteristik - Der Wanderer kommt durch einen der schönsten Teile des *Pfälzerwaldes* mit südländisch anmutender Vegetation und immer wieder hinreißenden, weiten Ausblicken. Mittlere Anstiege.
Anfahrt - A 65, Ausfahrt *Edenkoben. Deutsche Weinstraße*, Abzweigung zwischen *Burrweiler* und *Frankweiler.*
Parken - Kleiner Gäste-P beim *Gasthaus Pension Zickler.*
● **Gleisweiler** - *Staatlich anerkannter Erholungsort.* Durch seine klimatisch begünstigte Lage wird er als Ort mit dem mildesten Klima *Deutschlands* gerühmt. In den Parkanlagen der *Privatklinik Bad Gleisweiler* gedeihen neben Feigen- u. Mandelbäumen auch zahlreiche exotische Gewächse. *Säulenpavillon* von *Vauban. Kurhaus* (1844). *Kath. Pfarrkirche St. Stephan* (1760–62) mit mächtigem Turm (14. Jh.). Viele hübsche Wohnhäuser aus dem 18. u. 19. Jh. - *Wein*: Großlage *Bischofskreuz*, Einzellage *Hölle.*
● **Gasthaus Pension Zickler** - Zentral und doch ruhig gelegenes Haus mit behaglichen Gästezimmern (Du/WC) und gemütlichen, rustikalen Gasträumen. Gute Küche mit regionalen

Akzenten. Neben bekannten Pfälzer Spezialitäten auch köstliche Wild-, Lamm- und Fischgerichte. Sehr kreative Vollwertspeisen. Mittlere Preise. - *Ru = Di, Mi. Sept./Okt. nur Mi.*

● **Der Rundweg** - Vom *„Zickler" Kirchstr, Bergstr* aufw zum
MA *Brunnen.* Ab hier mit *[Grüner Traube]. Kapellenweg.* Im Hof des
Weingutes St. Annaberg re (!) u. sofort wieder li, befestigter Weg
MW am Waldrand aufw. Herrliche Aussicht. Im Wald li mit *[Blauem*
Strich] aufw. In scharfer Rechtskurve auf halber Höhe kurz ger,
MW nach 10 m mit *[Blau-Rot]* re auf schmalem Pfad aufw zur *St.*
Anna-Kapelle, neugotisch, 1896. Weite Aussicht. Mit *[Blau-Rot]*
MW u. *[12, 13]* zur *St. Anna-Schutzhütte.* Mit *[Weißem Punkt, 15]* ger
weiter aufw. (Alternative: Mit *[Blau]* li über die *Trifelsblickhüt-*
te, knapp 30 Min länger.) Beide Wege treffen sich an der gr
MW Waldkreuzung *Dreimärker.* Jetzt li mit *[Blau-Weiß, Eichhörn-*
chen], zum *Zimmerbrunnen* mit *Landauer Hütte*, einem Knoten-
MW punkt für viele schöne Wanderwege. Li abw mit *[Rot-Weiß],*
Ww [Gleisweiler]. Zunächst steil abw, führt der Weg den Wan-
derer auf breitem Weg durch das *Hainbachtal* zurück in die
MW Reblandschaft. Bei Beginn der Pflasterung halbli mit *[Eichhörn-*
MW *chen, Reh].* Nach dem Gehöft *Hainbachtal* li mit *[Grüner Trau-*
be] auf herrlichem Panoramaweg zurück nach *Gleisweiler.*

Frankweiler - Hainbachtal - Landauer Hütte - Orensfelsen - Ringelsberghütte - Frankweiler

Weg und Zeit - 8 ½ km - 2 ½ Stdn.

Charakteristik - Eine herrliche Mittelgebirgswanderung mit knapp einstündigem Aufstieg. Der Wanderer wird jedoch reichlich für seine Mühen belohnt, wenn er vom *Orensfelsen* aus die wirklich grandiose Aussicht auf *Annweiler* und die benachbarten Burgen genießt.

Anfahrt - A 65, Ausfahrt Edenkoben. *Deutsche Weinstraße* zwischen *Gleisweiler* und *Siebeldingen.*

Parken - Öffentliche P vor dem *Restaurant Robichon.*

● **Frankweiler** - Ein reizvoll gelegenes altes Winzerdorf (erstmals erwähnt 1249). Schöne stattliche Steinhäuser des 18. u. 19. Jh. prägen das Ortsbild. Sehenswert die *Ev. Pfarrkirche,* ehem. *St. Georg* (1788) mit dem mächtigen spätgotischen Turm von 1487 mit Barockhaube. - *Wein*: Großlage *Königsgarten*, Einzellagen *Kalkgrube, Biengarten.*

● **Restaurant Robichon** - Ein stilvolles kleines Restaurant mit Sommerterrasse. In gepflegter Atmosphäre serviert der französische Küchenchef erlesene Spezialitäten aus seiner Heimat. Die fein komponierten Gerichte vom Lamm, Wild, Rind und die kreativen Fischvarianten werden auch den anspruchsvollen

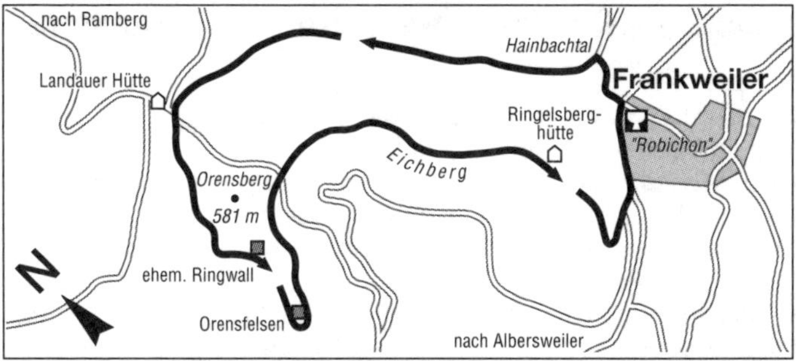

Gourmet zufrieden stellen. Angenehmes Preis-Leistungs-Verhältnis. – *Ru = Mo (Abend) u. Di.*

● **Der Rundweg** – Nach dem Verlassen des *„Robichon" Orensstr*
li, nach Rechtskurve bei Kreuzung *Steigerterhof* li mit *[Grüner* *MA*
Traube]. Gabel halbre, nach 100 m schmaler Wiesenpfad halbre
bis zum Gehöft *Hainbachtal.* Oberhalb des Gehöftes mit *[Rot-* *MW*
Weiß] li durch das *Hainbachtal.* Zuletzt stramm aufw zum *Zim-*
merbrunnen mit *Landauer Hütte.* Vorbei am *Gefallenendenkmal*
und mit *[Schwarzem Punkt auf Weiß]* durch den Wald aufw. Der *MW*
weitere Anstieg bewegt sich längs eines *ehem. keltischen Ring-*
walls. Vom bizarren *Orensfelsen* (582 m) aus bietet sich eine
überwältigende Aussicht, vor allem ins *Queichtal* mit *Annweiler*
und *Trifels* und weit hinein ins Rebland. Weiter ger abw. Bei der
Abzweigung zur *Landauer Hütte* bzw. zum *Naturfreundehaus*
ger weiter, zunächst *[ohne Markierung]*, später mit *[Blau-Weiß,* *MW*
Reh]. Kreuzung bei kl Schutzhütte ger überqueren, nach 100 m
Ww [Ringelsberghütte]. Bei gr Kreuzung unterhalb der *Ringels-*
berghütte re, nach 50 m halbli abw mit *[Blau-Weiß, 11, 12, 13].*
Querweg li weiter abw. Vor *Frankweiler* mit *[Rotem Strich]* li auf *MW*
asphaltierter Str. *Ringelsbergstr* ger, *Orensstr* re und zurück zum
„Robichon".

Ramberg – Rundweg Drei Buchen – R. Ramburg

Weg und Zeit - 12 ½ km – 3 ½ Stdn.
Charakteristik - In der angenehmen Kühle des *Pfälzerwaldes* lässt es sich auch an heißen Sommertagen sehr gut wandern. Der teilweise stramme Aufstieg erstreckt sich über mehr als die Hälfte der Wegstrecke. Zur Belohnung eröffnen sich immer wieder hinreißende Ausblicke auf das liebliche *Dernbacher Tal.* Ganz besonders schön ist die Aussicht von der geschichtsträchtigen *Burgruine Ramburg.* Die Wanderung entspricht dem *Lokalrundwanderweg 24.*
Anfahrt – A 65, Ausfahrt *Landau Nord,* B 10, Ausfahrt *Siebeldingen,* über *Albersweiler, Dernbach.* – Durchs *Modenbachtal.*
Parken – Beim Restaurant *„Zum Bürstenbinder"* und beim *Landgasthof St. Laurentius.*

● **Ramberg** - Der *staatlich anerkannte Erholungsort* ist als beliebter Treffpunkt von Wanderern und Erholungssuchenden sowie als traditionsreiches Bürstenbinderdorf bekannt. Dieses Handwerk wird hier heute noch ausgeübt. Sehenswert das *Bürstenbindermuseum* und die *Kath. Pfarrkirche St. Laurentius,* ein klassizistischer Saalbau (1832/33)von *Leo v. Klenze.* Die *Burgruine Ramburg* oberhalb des Ortes geht auf das 12. Jh. zurück. Die ehemalige *Reichsburg,* von der neben der Schildmauer und Teilen der Ringmauer noch ein Felsenkeller unter dem Burghof erhalten ist, gehörte seit 1540 den *Grafen Löwenstein-Scharfeneck.* Sie wurde in den *Bauernkriegen* und im *30-jährigen Krieg* zerstört. – Ältester Kastanienbaum Deutschlands.

● **Landgasthof St. Laurentius** – In ruhiger Waldrandlage findet der Gast Entspannung in stilvollem Ambiente. Behagliche Komfortzimmer. Gemütliche Weinstube. Elegantes Café. Terrasse. Hervorragende, frische Küche mit saisonalen Akzenten. Lamm aus eigener Zucht, Wild aus den heimischen Wäldern. Feine vegetarische Gerichte. DLG-Güteplakette „Urlaub auf dem Land". Mittlere Preise. – *Ru = Mo.*

MA ● **Der Rundweg** – Von der *Hauptstr Mühlstr* aufw. Mit *[Rotem Punkt, Roter Raute, 20, 24, 31] Am Mühlberg* aufw. Aus dem Ort hinaus auf Wiesenweg. Befestigter Weg re. Jetzt immer auf breitem Weg bleiben, später nur noch mit *[Rotem Punkt]* und *[24].* Oben beim gr Wander-P kurz re, Str überqueren u. scharf li mit
MW *[Schwarzem Punkt auf Weiß],* Ri *Ramburgschenke.* Es geht jetzt immer leicht aufw mit teilweise wunderschöner Aussicht. 100 m nach scharfer Rechtskurve Gabel li. Bis zur *Ramburg* wechselt
MW die Markierung mehrfach: nach der Gabel *[Weißer Punkt],* spä-
MW ter nach langgezogener Linkskurve *[Blau-Grün].* Schließlich
MW nach der Abzweigung zur *Böchinger Hütte [Roter Punkt].* Das weiße Hinweisschild *[Ramburg, Ramburgschenke]* ist auf dieser

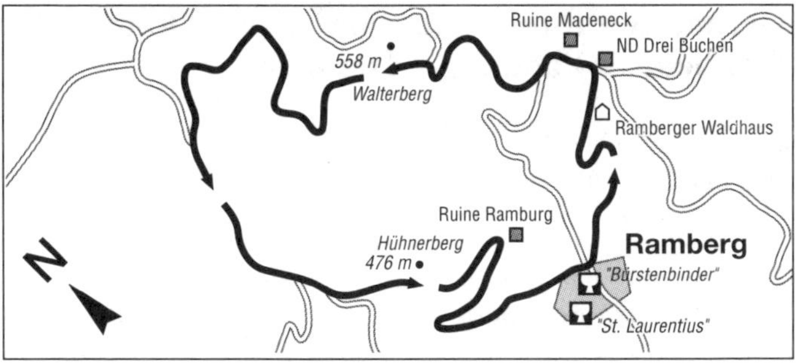

Strecke die beste Orientierung. Nach der herrlichen Aussicht von der *Ramburg* Abstieg neben der Schenke mit *[Rotem Punkt]* u. *[24]* in ca. 30 Min zurück zum Ausgangspunkt.

● **Pension-Restaurant „Zum Bürstenbinder"** - Ein rustikaler Gasthof mit gemütlichen Gasträumen und Gartenterrasse. Angenehme, gepflegte Atmosphäre. Die gehobene Küche richtet sich nach dem saisonalen Angebot. Saftige Steaks, Wild, Lamm, Geflügel, alles sehr gekonnt zubereitet. Regionale Spezialitäten. Erlesene Weine. Großzügige, komfortable Gästeappartements. Mittlere Preise. - *Ru = Mo.*

Dernbach - Ruine Neuscharfeneck - Ramberger Waldhaus - Ramberg - Dernbach

Weg und Zeit - 10 km - 3 Stdn.

Charakteristik - Nach einem ca. einstündigen strammen Aufstieg durch den Wald bis zur *Landauer Hütte* kommt der Wanderer zu einer der größten und imposantesten Burgruinen der *Pfalz*, der *Burg Neuscharfeneck*, die Anfang des 13. Jh. erbaut wurde. Auch der Abstieg nach *Ramberg* und der Rückweg oberhalb des *Dernbacher Tals* hat seine Reize.

Anfahrt - A 65, Ausfahrt *Landau Nord*, B 10, Ausfahrt *Siebeldingen*, über *Albersweiler*. - Von *Annweiler am Trifels*.

Parken - Beim *Gasthaus Schneider* in *Dernbach*.

● **Dernbach** - Das reizvolle kleine Dorf liegt in einem lieblichen Seitental der *Queich* mit Zugang zur *Deutschen Weinstraße*. Eingebettet in die Hügel des südlichen *Pfälzerwaldes*, umgeben von zahlreichen Burgruinen, ist der Ort immer einen Besuch wert - besonders zur Kirschblüte im Frühjahr. Sehenswert die *Kath. Kirche Hl. Dreifaltigkeit* (Ende des 13. Jh.), eine der beachtenswertesten gotischen Kirchen in der *Pfalz*.

● **Restaurant-Gasthaus Schneider** - Traditionsreiches Haus mit großzügigen Komfortzimmern und gemütlichen Gasträumen. Gepflegte, familiäre Atmosphäre. Ausgezeichnete Küche. Köstliche Fisch-, Geflügel-, und Lammgerichte. Herzhafte Pfälzer Spezialitäten, leckere Vesper. Edle Tropfen aus eigenem Weinanbau und eigener Weinbrennerei. Mittlere Preise. - *Ru = Mo, von Nov. bis April auch Di.*

● **Der Rundweg** - Vom *Gasthaus Schneider* Ri *Ramberg* bis zum
MA Ortsende. Vor dem Wander-P re mit *[Rot-Weiß]* aufw. Zunächst
über Wiesen bis zum *Dernbacher Haus*, dann im Wald steil aufw
MW bis zum *Zimmerplatz* mit *Landauer Hütte*. Weiter mit *[Schwarzem Punkt auf Weiß]* Ri *Neuscharfeneck*. Nach ca. 20 Min erreicht der Wanderer die mächtige Burganlage (150 x 60 m) mit ihrem

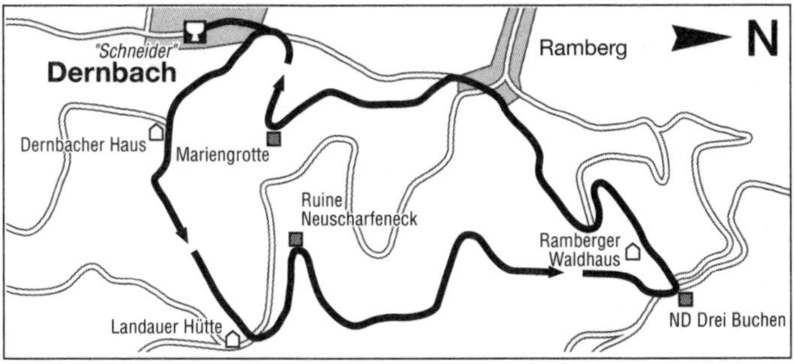

tiefen u. breiten Halsgraben und der riesigen *Schildmauer* (fast 60 m lang u. 12 m stark). Weiter geht es mit der gleichen Markierung Ri *Ramberger Waldhaus, Ww [Drei Buchen]*. Vom Waldparkplatz mit *[Rotem Punkt]* und *[24]* abw durch den Wald, spä- *MW*
ter durch Wiesen bis nach *Ramberg* (siehe S. 68). *Hauptstr* ger, *Marktweg* li aufw mit *Ww [Landauer Hütte]*. Bei Kreuzung ger *MW*
Ri *Begegnungsstätte Neuscharfeneck*. Li am letzten Haus vorbei aufw in den Wald. Nach 300 m 1. Abzweigung re *ohne Markie-* *OM*
rung. Auf herrlichem Panoramaweg geht es weiter mit Blick auf das liebliche *Dernbacher Tal*. Nach der *Mariengrotte* abw bis zur Str. Hier li vorbei am Wander-P u. über die *Hauptstr* zurück zum *Gasthaus Schneider*.

Siebeldingen - Geilweilerhof - St. Johann - Großes Tal - Siebeldingen

Weg und Zeit - 10 ½ km - knapp 3 Stdn.
Charakteristik - Die sonnenüberflutete Weinlandschaft rund um einen der ältesten und schönsten Weinorte und die bizarre Felsen- und Waldlandschaft des *Pfälzerwaldes* setzen die Akzente dieser begeisternden Rundwanderung. Der zwar lange aber durchweg sanfte Anstieg ist leicht zu bewältigen.
Anfahrt - A 65, Ausfahrt *Landau-Nord*, B 10 bis *Siebeldingen*. - B 10 von *Pirmasens*. - Bahnstation *Siebeldingen-Birkweiler*.
Parken - Großer Gäste-P beim *Hotel-Restaurant Sonnenhof*.
● **Siebeldingen** - Der wunderschöne Weinort mit seinen malerischen Winkeln und sehenswerten Fachwerkhäusern liegt, von Rebhügeln umgeben, direkt an der *Deutschen Weinstraße*. Erstmals erwähnt im Jahr 770. Reichsfreiheit 1254. Kam 1410 zur *Kurpfalz*. Sehenswert die *Simultankirche St. Quintin* mit Chorturm (um 1300). *Wein*: Großlage *Königsgarten*, Einzellagen *Mönchspfad, Rosenberg, Im Sonnenschein*.
● **Hotel-Restaurant Sonnenhof** - Gepflegtes Familienhotel in ruhiger Ortsrandlage. Komfortable Gästezimmer. Stilvolle

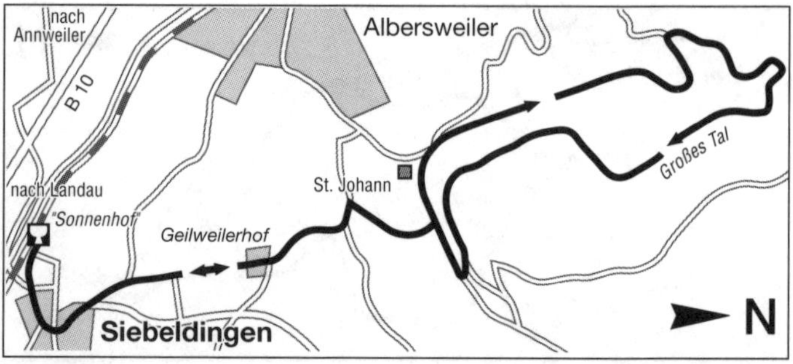

Gasträume, Gartenterrasse, gemütlicher Weinkeller. Hervorragende Küche. Die Auswahl der ideenreich zubereiteten Speisen richtet sich nach Marktangebot und Saison. Zarte Steaks, Fisch, Lamm, Wild, Geflügel. Herzhafte Pfälzer Spezialitäten. Tageskarte. Kalte Gerichte. Wunderbare heimische Weine. Mittlere Preise. - *Ru = Do.*

● **Der Rundweg** - Vom *Sonnenhof* Ri Ortsmitte, *Queichbrücke*
MA überqueren, *Weinstr* li mit *[Grüner Traube]* u. *[Rotem Strich].*
Der Linkskurve Ri Friedhof folgen. *Dagobertstr* Ri *Friedhof* li.
Am *Friedhof* ger vorbei, nach dem letzten Gebäude re leicht
aufw durch die Weinberge. *Geilweilerhof* (Sitz der *Bundesforschungsanstalt für Rebzüchtung*) ger durchqueren u. weiter leicht
aufw durch die Reben. An der Str kurz li, bei Feldkreuz re aufw
MW bis zum Waldrand. Hier mit *[Blau-Weiß]* li am Waldrand entlang abw nach *St. Johann.* Unten Querstr re u. über Wander-P
ger in ein langgezogenes *Bachtal.* Hier immer ger leicht aufw
dem *Ww [Naturfreundehaus]* folgen. Oben auf dem Querweg
mit *[Weißem Punkt]* ist li in ca. 10 Min ein Abstecher zum *Natur-*
MW *freundehaus* möglich. Sonst Querweg mit *[Weißem Punkt]* scharf
re. Auf dem Rückweg in langgezogener Rechtskurve oberhalb
des *Großen Tals* leicht abw. Beim Austritt aus dem Wald scharf
MW re, mit *[Grüner Traube]* am Waldrand entlang. 1. Abzweigung li
und auf gleichem Weg wie anfangs zurück zum Ausgangspunkt.

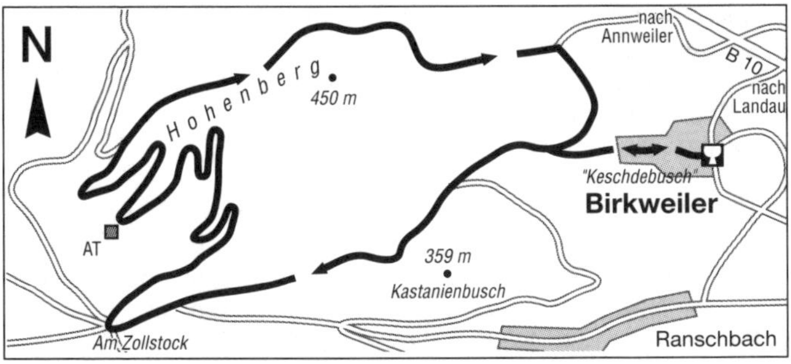

Birkweiler - Rundweg AT Hohenberg

Weg und Zeit - 9 ½ km - 2 ¾ Stdn.

Charakteristik - Ein ganz besonderer Augenschmaus für den Naturfreund. Hügeliges Rebland, hoher Mischwald, eine großartige Rundsicht vom *AT* auf dem *Hohenberg* und das bezaubernde Flair des Winzerdorfes *Birkweiler* machen den Reiz dieser Wanderung aus.

Anfahrt - An der *Deutschen Weinstraße.* - A 65, Ausfahrt *Landau-Nord*, B 10 bis *Birkweiler.* - B 10 von *Pirmasens.* - Bahnstation *Siebeldingen-Birkweiler.*

Parken - Großer Gäste-P gegenüber der *Weinstube „Zum Keschdebusch“.*

● **Birkweiler** - Malerisches Winzerdorf unterhalb des *Hohenbergs*, eingeschmiegt in prächtige Rebhänge. Bereits im 7. Jh. gegründet und 1285 erstmals urkundlich genannt. Charakteristisch sind die typischen alten Winzerhäuser mit ihren hohen Torbogen und deren alte Steinmetzzeichen (16.–18. Jh.). - *Wein*: Großlage *Königsgarten*, Einzellagen *Rosenberg, Kastanienbusch („Keschdebusch“), Mandelberg.* Ältestes *Weinfest* der Region (4. Juliwochenende).

● **Weinstube „Zum Keschdebusch“** - In der gepflegten Pfälzer

Weinstube mit Gartenterrasse und malerischem Innenhof lässt es sich herrlich verweilen und genießen. Gutbürgerliche Küche mit saisonalen Akzenten. Der Schwerpunkt liegt auf herzhaften Pfälzer Gerichten, die ganz besonders gut zum Pfälzer Wein passen. Untere bis mittlere Preise. – *ÖZ: Ab 17 Uhr, So und Fei ab 12 Uhr durchgehend. – Ru = Di.*

● **Der Rundweg** – Vom *„Keschdebusch" Hauptstr* Ri *Kelterhaus*
MA aus dem Ort hinaus. Kurz nach dem Ort bei Gabelung mit *[Grüner Traube]* halbli auf Feldweg, später auf Fahrstr. Nach 200 m
MW nicht der *[Grünen Traube]* nach li folgen, sondern mit *[1]* u. *[2]* auf der Weinbergstr bleiben. Herrliche Aussicht über das hügelige Rebland. Am Waldrand ger in den Wald bis zur gr Wegespinne mit *Schutzhütte „Am Zollstock"*. Hier scharf re mit
MW *[Schwarzem Punkt auf Weiß], Ww [Hohenberg]*. Nach ca. 10 Min scharf li und in Serpentinen aufw bis zum *AT* auf dem *Hohenberg*. Mit der Markierung in langgezogenen Serpentinen abw. Bei der 2. scharfen Linkskehre *(Markierung* geht li als schmaler
OM Pfad weiter) *ohne Markierung* auf breitem Forstweg halbre leicht aufw. Nach 30 Min verlässt der Wanderer wieder den Wald u. hat die bezaubernde Reblandschaft vor Augen. Li abw,
MA 2. Abzweigung auf asphaltierter Str mit *[Grüner Traube]* re u. mit wunderschöner Aussicht in langen Linksbogen abw zur
OM *Hauptstr.* Li *ohne Markierung* zurück zur *Weinstube „Zum Keschdebusch"*.

Leinsweiler – Madenburg – Neukastell – L.

Weg und Zeit – 14 km – gut 3 ¾ Stdn.
Charakteristik – Ein großzügiger und großartiger Rundweg vom weinfrohen *Leinsweiler* zu 2 ehem. *Reichsburgen.* Ein Weg voller Historie und mit sagenhaften Ausblicken.
Anfahrt – An der *Deutschen Weinstraße.* – B 10, Abzweig *Birkweiler.* – B 48, Abzweig nördl. *Klingenmünster.* – Von *Landau.*
Parken – Gr P beim *Hotel-Restaurant-Café „Castell".*

● **Leinsweiler** (250 m) – *Staatl. anerk. Fremdenverkehrsgemeinde,* malerischer *Weinort* im *Birnbachtal* mit vielen schönen *Fachwerkhäusern,* der *Kirche St. Martin* (13./18. Jh.) und dem *Rathaus* (1619).

● **Leinsweiler – Madenburg** – 1 ¼ Stdn – Vom *„Castell" Hauptstr*
MA ortseinwärts, *Rathaus, Trifelsstr* ortsauswärts, *[Grüne Traube].* Vor dem Wander-P Linkskehre aufw, Waldrand re, dann mit herrlichen Ausblicken durch die Reben (Lage *„Sonnenberg"*)
MW hoch zur Kuppe. 50 m (!) Ri *Eschbach* abw, dann re ab, *[Grünes Dreieck],* auch *[Gelber Strich].* Waldeintritt, *NSG.* Forstweg zu befest. Fahrweg. Re aufw, *Ritterstein Prinzenweg* (1889). P *„Madenburg".* Vorm *Pieta-Häuschen* (1828) scharf li zur

● **Ruine Madenburg** – Beschreibung S. 82.

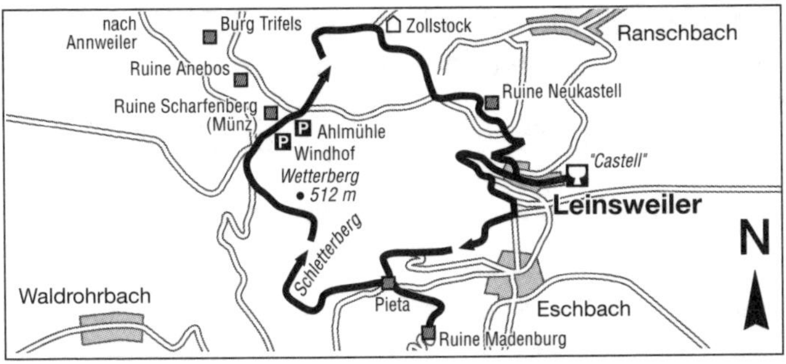

● **Madenburg - Cramer-Pfad - Windhof - „Ahlmühle"** - 1 ¼ Stdn - Zurück zum 🅿. Halbli, *[Schwarzer Punkt auf Weiß]*, *Cramer-Pfad*, danach weiter zum 🅿 *„Windhof"*. - (Evtl. Abstecher zum *Trifels*.) Parallel zur Str zum 🅿 *„Ahlmühle"*. *MW*

● **„Ahlmühle" - Zollstock - Neukastell - Slevogthof - Leinsweiler** - gut 1 ¼ Stdn - Vorm *Ritterstein* li, *[Grünes Dreieck]*. Waldöffnung, einzigartiger Blick auf *Trifels, Anebos* u. *„Münz"*. *Am Zollstock, Schutzhütte, Ritterstein*. Aufw, *„Hexentanzplatz"*. Zweimal li, aufw, zuletzt Pfad u. Treppen zur *MW*

● **Ruine Neukastell** - Ehem. Reichsburg, gegr. im 12. Jh., 1689 endgültig zerstört, kaum Reste. Traumhafte Aussicht, bes. auf die Perlenkette der *Winzerdörfer* von *Landauland*. Fast noch schöner als von der *Madenburg*. - 2 Min zurück u. li abw zum

● **Hofgut Neukastell/Slevogthof** - Ehem. Burg-Wirtschaftshof. 1914–32 Sommersitz des Malers *Max Slevogt*. Neben Gemälden schuf er dort bedeutende Wandmalereien u. Deckenbilder. - Str abw nach *Leinsweiler*. - *Weinstr* re, *Rathaus, Hauptstr* li zum

● **Hotel-Restaurant-Café „Castell"** - 3-Sterne-Haus in schöner Ortsrandlage. Behagliche Komfortzimmer. Lift. Stilvolles Panorama-Restaurant. Gartenterrasse. Gepflegte Atmosphäre. Exzellente kreative Küche. Regionale u. internationale Köstlichkeiten, vom Saumagen bis zum Schlemmermenü. Fischspezialitäten, tägl. frisch. Vesperkarte. Mittl. Preise. - *Ru = Di.*

Annweiler - Schloßäcker - Burg Trifels - Rehberg - Asselstein - Annweiler

Weg und Zeit - 14 km - 3 ¾ Stdn.

Charakteristik - Ein großartiger Rundweg (fast ein „Muss"!), der die ganze Ausstrahlung und Geschichtsträchtigkeit des *Wandergebietes Trifelsland* offenbart. *Glanzpunkt:* die *Burg Trifels. Höhepunkt:* der *Rehberg. Spitzlichter:* die vielen herrlichen Ausblicke. *Faszination:* der *Asselstein* und andere imposante Felstürme.

Anfahrt - B 10 von *Landau* bzw. *Pirmasens.* - B 48 von *Hochspeyer* bzw. *Bad Bergzabern.*

Parken - P *„Markwardanlage"* an der Str Ri *Bindersbach*, gegenüber vom *Gasthaus-Pension „Richard Löwenherz"*.

● **Annweiler am Trifels** - Zweitälteste Stadt der *Pfalz.* 1086 urkundl. genannt. 1219 freie Reichsstadt durch *Kaiser Friedrich II.*-- Stadtmauern des 15. Jh. im 19. Jh. abgebrochen. Große Zerstörungen im Stadtzentrum 1944, darunter die *Ev. Pfarrkirche* (1787/88), 1950/52 neu erbaut, Turm von 1318 erhalten. *Kath. St. Josephskirche* (1866/68). Viele alte *Fachwerkhäuser*, z. B. das *Keysersche Haus* (1634), verleihen dem erhaltenen Teil des histor. Stadtkerns ein malerisches Aussehen. In besonderer atmosphärischer Dichte präsentieren sich *Wasser-* u. *Gerbergasse* an der *Queich* (2 Mühlräder). - Jährl. großes Fest: *„Historischer Straßenmarkt"*.

● **Annweiler - Schloßäcker - Burg Trifels** - 1 Std - Vom P im
MA Wald aufw, *[Weißes Dreieck]*, aussichtsreich zum Plateau *Schloßäcker*, im 12.-14. Jh. Versorgungsäcker der Burg. P. Mit
MW *[11]* unter jähen Felsen hoch zur mächtigen

● **Burg Trifels** - 1081 urkundl. erwähnt, *Reichsburg*, Lieblingsburg der *Salier-* und *Stauferkaiser*, darunter *Friedrich I. Barbarossa.* Aufbewahrungsort der Reichskleinodien (heute dort Nachbildungen), Gefängnis für viele hohe Herren, z. B. den *englischen König Richard Löwenherz.* 1602 teilweise Zerstörung durch Blitzschlag, später als Steinbruch benutzt. Ab 1866, verstärkt ab 1938, wurden die erhaltenen Partien von Palas, Turm und Kapelle restauriert, ausgebaut und z. T. erhöht. - Vom Turm phantastische Rundsicht. - *ÖZ: 9–17 (18) Uhr. Im Dezember geschlossen.*

● **Trifels - Windhof - Rehberg** - 1 ½ Stdn - Abw, *Schloßäcker,*
MW *[Weißes Dreieck]*, oberhalb vom Hotel re. Unterhalb von *Anebos* u. *„Münz"* (Besteigung S. 82) zum P *„Windhof"*. Str überqueren,
MW dann parallel dazu, *[Grünes Dreieck]* ger. Später Pfadabzweig
OM halbli **(!)** aufw, *ohne Markierung* zur *Rehbergquelle* mit *Schutzhütte* (1913 *PWV Ludwigshafen*). Höchstgelegene Quelle des *Pfälzerwaldes* (jährl. Fest an Pfingsten). Mit *[18]* aufw zum *Rehberggipfel* (576 m). Vom Turm (1862) grandiose Rundsicht, u. a.

oben: Burgendreigestirn – Trifels, Anebos und „Münz“
unten: Annweiler am Trifels

oben: Verzauberter Wald an der Südlichen Weinstraße
unten: Slevogthof bei Leinsweiler

oben: Wild- und Wanderpark Südliche Weinstraße bei Silz
unten: Deutsches Weintor in Schweigen-Rechtenbach

oben: Blick auf St. Martin
unten: Wandergruppe beim Rasten oberhalb von Maikammer

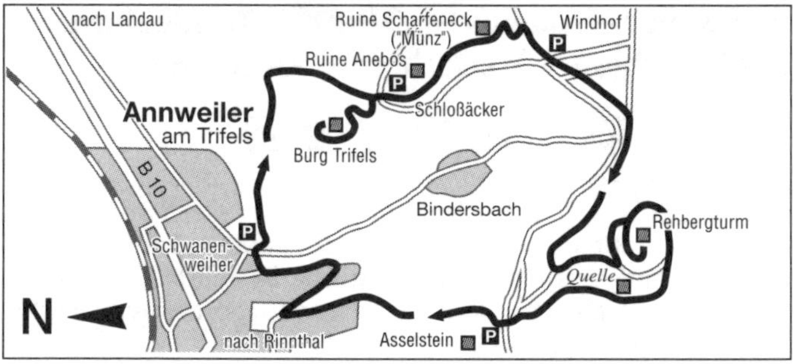

auf *Bindersbach, Trifels, Anebos, „Münz“, Madenburg.*

● **Rehberg – Asselstein – Annweiler** – 1 ¼ Stdn – Letztes Wegstück ca. 6 Min zurück, bei Aussichtsstelle Pfad ger *[18]*, Rechtsbogen (**!**). Mit *[18]* abw zum P *„Rehberg“.* Str überqueren, ger, *[16], Gerstle-Brünnel*, halbli zu Querweg mit *[Weiß-Blauen Strichen].* – Sehr lohnender Abstecher: *Klettererhütte – Asselstein ND*, ein phantastischer Buntsandsteinfels (130 m lang, 44 m hoch), ein Dorado für Kletterer. Umrundung empfehlenswert. – Mit *[Weiß-Blau]* abw, später einmaliger Blick aufs *Burgendreigestirn.* Str re, Linkskehre. In Höhe *Schwanenweiher* re durch den *Park* zum P.

MW

OM

Annweiler – Anebos – „Münz“ – Madenburg – Schletterberg – Wetterberg – Annweiler

Weg und Zeit – 17 km – 4 ½ Stdn.
Charakteristik – Prachtvoller Rundweg über die *Burgen Anebos* und *„Münz“* zur *Madenburg*, einer der ehemals mächtigsten Burgen des Landes, von der noch stattliche Reste Zeugnis der einstigen Größe ablegen. Die Aussicht von dort ist einzigartig. Danach folgt ein geruhsamer Rückweg.
Anfahrt – Wie S. 76.
Parken – Direkt beim *Gasthaus-Pension „Richard Löwenherz“* bzw. gegenüber auf dem gr P *„Markwardanlage“*.

● **Annweiler – Schloßäcker** – gut ½ Std – Vom *Gasthaus „Richard*
MA *Löwenherz“* am P vorbei in den Wald. Mit *[Weißem Dreieck]* aufw, schöne Ausblicke ins *Queichtal.* Plateau *Schloßäcker. Ritterstein: „Markward v. Annweiler versammelte hier 1194 das deutsche Kaiserheer zum 2. Normannenfeldzug.“*

● **Schloßäcker – Anebos – „Münz“ – Windhof** – ¾ Std – Li vom
MW Hotel mit *[RWW 4]* aufw zum Sattel zwischen den imposanten Felsen. Scharf **(!)** re aufw *[4]* zur

● **Burg Anebos** – Im 12. Jh. gegr., im 13. Jh. aufgegeben. Keine Reste, nur Spuren im prächtigen Burgfelsen.
Pfädchen auf dem Bergrücken weiter, vorbei am Halsgraben, *[4]* erscheint. Serpentinen abw Ri Sattel. Re an den fünf mächtigen *Münzfelsen* vorbei. Querpfad scharf li (re = Rückweg), aufw, Aussichtskanzel, danach scharf li zur

● **Burg Scharfenberg, gen. „Münz“** – Im 11. Jh. gegr., 1525 zerstört. Bergfried (um 1200, Buckelquader) bis in 20 m Höhe und Teile der Ringmauer erhalten. – Die *Annweiler Münze* soll hier gearbeitet haben.
Letztes Wegstück zurück, *[4]*, nach 5 Min mit der *[4]* ger **(!)** u. abw zum *Windhof* (370 m). *Ritterstein.* – Rückkehrmöglichkeit: Beim Steinkreuz re abw, *[4]* u. *[Gelber Strich].* – Hierher auch direkt: 20 Min *[Schwarzer Punkt auf Weiß].*

● **Windhof – Cramer-Pfad – Madenburg** – knapp 1 1/4 Stdn – Str
MW überqueren, *[Gelber Strich]*, Fußweg re, dann li und zu einem *Ritterstein.* Re ab, *Cramer-Pfad*, 1904 vom *PWV Landau* und *Ludwigshafen* nach Anregung des *Forstmannes H. Cramer* angelegt. Schöner Weg an den Hängen von *Wetterberg* und *Schletterberg* zum P *„Madenburg“. Pieta-Häuschen* (1828). Halbli, Rechtsbogen, nach 50 m li aufw zur imposanten und weitläufigen

● **Ruine Madenburg** – Evtl. als „Parthenopolis“ im 11. Jh. erbaut, Anfang 13. Jh. kaiserliches Lehen an die *Grafen von Leiningen*, ab Mitte 14. Jh. Ganerbenburg, 1516 Kauf durch den *Bischof von Speyer*, 1525 niedergebrannt, nach Wiederaufbau 1552 abermals ausgebrannt, 1689 endgültig zerstört. Von 1870

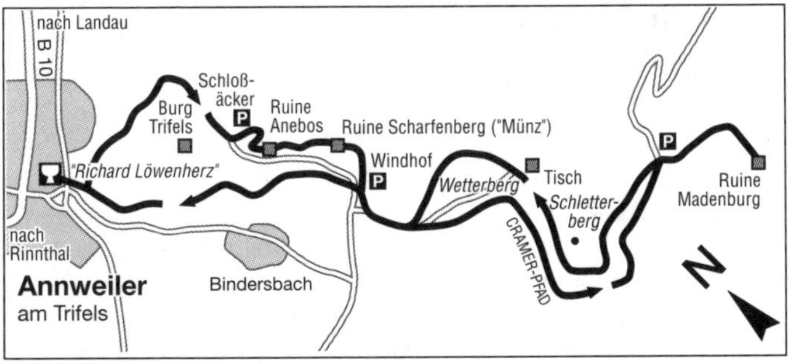

bis heute intensive Restaurierungsmaßnahmen an den erhaltenen Teilen: Schildmauer, Torbogen, Brunnen, Treppentürme u. a. - Eine der berühmtesten Aussichten über *Wasgau, Haardt* und *Rheinebene* bis zum *Schwarzwald* und *Odenwald.* Informativer Blick auf den *Kaiserbach* mit dem *Bachlehrpfad* (s. Seite 94). - *ÖZ: Di–So, Apr.–Okt. 10–20 Uhr, Nov.–März 12–16 Uhr.*

● **Madenburg - Schletterberg - Wetterberg - Windhof - Annweiler** - 1 ¾ Stdn - Zurück zum P. Jetzt mit *LM [3]* re am *Ritterstein* *MW*
Forstweg aufw. Schöner, ruhiger Weg, bequeme Steigung auf der Westseite vom *Schletterberg.* Wegespinne *Am Tisch*, alte *Geraide-Gerichtsstätte.* Grasiger Weg ger (!), Durchblick auf *Landau* und *Neukastell.* Linksbogen zur *Wetterberg-Nordseite.* Durchblick auf *„Münz"* und *Trifels.* Abw zum *Ritterstein Cramer-Pfad* und mit *[Gelbem Strich]* wie Herweg zum *Windhof.* Li am *MW*
Steinkreuz vorbei abw, auch *[4]*, auf abwechslungsreichem Weg direkt zum

● **Gasthaus-Hotel „Richard Löwenherz"** - Ruhige Lage am Orts- und Waldrand bei der schönen *Markward-Kuranlage.* Moderne Gästezimmer. Behagliche Gasträume. Großer Biergarten. Wohltuende Atmosphäre. Reichhaltige Speisekarte, u. a. Wild, köstliche Fischgerichte, Pfälzer Spezialitäten. Gepflegte Weine und Biere. Mittlere Preise. - *Ru = Mi.*

Annweiler - Krappenfels - Gräfenhausen - Am Adelberg - Annweiler

Weg und Zeit - 9 ½ km - 2 ¾ Stdn.
Charakteristik - Auch die der vielbesuchten *Burg Trifels* gegenüber liegende Seite von *Annweiler* bietet mehrere wunderschöne Rundwanderwege. Nach knapp 1 Std Aufstieg wird der Wanderer mit dem phantastischen Blick vom *Krappenfels* auf *Annweiler* und die Burgen der Umgebung belohnt. Danach geht es erholsam durch schattigen Wald abw ins schön gelegene *Gräfenhausen.* Der Rückweg über bunte Wiesen mit der herrlichen Sicht auf das Panorama der von Burgen gekrönten Hügel ist von besonderem Reiz.
Anfahrt - Wie Wanderung S. 76.
Parken - Begrenzte Parkmöglichkeiten bei der *Weinstube „Zur Alten Gerberei"* in der historischen Altstadt von *Annweiler* (siehe S. 76). Es empfiehlt sich, bei dem in der Nähe liegenden *Bahnhof* zu parken und hier auch die Wanderung zu beginnen.
● **Restaurant-Weinstube „Zur Alten Gerberei"** - Bis 1915 Gerberhaus. Urgemütliche Weinstube mit romantischer Terrasse direkt an der *Queich.* Abwechslungsreiche, kreative Küche. Feine Gerichte von Fischen, Krebsen, Lamm und Wild. Ideenreiche vegetarische Speisen. Verschiedene Flammkuchen. Herzhafte Pfälzer Spezialitäten. Alles frisch und köstlich zubereitet. Herrliche Weine. Mittlere Preise. - *Ru = Mo.*
● **Der Rundweg** - Ausgangspunkt der Wanderung ist der Bahnhof von *Annweiler.* Wer seinen Pkw vor der *„Alten Gerberei"* parkt, erreicht den Ausgangspunkt über die *Hauptstr.* Vor der Post B 10 überqueren. Gegenüber der *Kirche* in der *Bahnhofstr*
MA schmale Gasse (*Turnerweg*) mit *[Blauem Strich]* aufw. Über die Brücke u. re parallel zu den Bahngleisen weiter. Nach ca. 400 m li mit *[Blauem Strich]* u. *[Blau-Weiß]* in Serpentinen aufw zum *Jugendheim des Pfälzer Turnerbundes.* Am *Sportplatz* u. re am *Heim* vorbei. Gleich hinter dem *Heim* kurz aufw in den Wald. Nach ca. 10 Min Gabel halbre, *Ww [Krappenfels, Holderquelle].* (An dieser Stelle zweigt li der Weg auf den *Kleinen Adelberg,* 484 m, mit Schutzhütte und prächtiger Aussicht ab.) Ri *Krappenfels* folgt jetzt ein längerer Aufstieg durch den Wald. Nach 5 Min an der Gabel halbre. Der Anstieg ist nicht allzu steil. Am *Krappenfels* erwartet den Wanderer ein traumhafter Ausblick. *Annweiler* liegt ihm zu Füßen, darüber erhebt sich romantisch die
OM *Burg Trifels.* Vom *Krappenfels* geht es *ohne Markierung* auf br Forstweg halbre abw durch den Wald. In einer langgezogenen Rechtskurve erreicht der Wanderer auf diesem Weg das idyllische Dorf *Gräfenhausen.* Beim Ortsanfang am Sportplatz *Zur Holderquelle* re, *Krummgasse* halbre. Achtung: Nach 100 m *Hohl-*

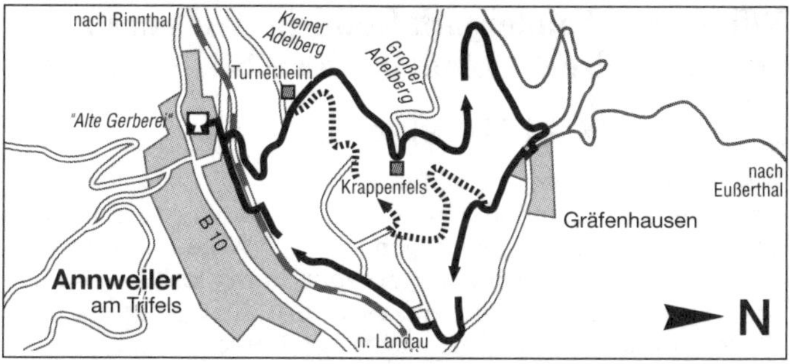

gasse mit *[Gelb]* re aufw, nach 20 m li aus dem Ort hinaus. Jetzt *MA*
beginnt der Rückweg, für den sich zwei Möglichkeiten anbieten (siehe unten, alternativer Rückweg). 10 Min nach dem Ort *Gräfenhausen* an der Gabel ger u. auf Wiesenweg leicht abw bis zur Str. Kurz re und gleich hinter dem Holzschuppen parallel zur Str auf Feldweg mit *[Gelb]*, *Ww [Annweiler]*. Nach ca. 3 Min
Gabel li *ohne Markierung*. Nach einer Rechtskurve führt dieser *OM*
Weg oberhalb der Bahngleise und der B 10 mit sehr schöner Aussicht in ca. 35 Min zurück zum Ausgangspunkt beim Bahnhof von *Annweiler*.

● **Alternativer Rückweg** – An der 1. Gabel nach dem Dorf *Gräfenhausen* re *ohne Markierung* leicht aufw zum Wald. Nach 10 Min wird in scharfer Linkskehre der *Obere Hasenbach* überquert. Weiter in langgezogenem Rechtsbogen durch den Wald. Nach dem Austritt aus dem Wald scharf re, nach 100 m li und über Felder bis zum Waldrand. Hier li abw, vorbei an den Häusern *„Am Adelberg"* und durch den Wald zurück zum *Heim des Pfälzer Turnerbundes*. Von hier aus wie auf dem Herweg abw nach *Annweiler*. Die Gesamtwegstrecke bleibt gleich.

● **Alternative Wegführung** – Vom *Krappenfels* mit *[Blauem Strich]* u. *[8]* zur *Holderquelle*. Ca. ½ Std nach der *Schutzhütte* an der Quelle mit *[Weißem Punkt]* scharf re Ri *Eußerthal*. Vor dem Ort re mit *[Gelb]* nach *Gräfenhausen*. Von dort Rückweg wie oben beschrieben. Der Weg verlängert sich um gut 1 Std.

Wild- und Wanderpark Südliche Weinstraße - Schweinsfelsen - Lindelbrunn - Silz - Wildpark

Weg und Zeit - 12 km - 3 ¼ Stdn.

Charakteristik - Einmal ganz davon abgesehen, dass man im *Wild- und Wanderpark* bei Begehung aller Wege 2–3 Stdn wandern und einschließlich der Tierbeobachtung leicht einen halben Tag verbringen kann, gibt es vom P aus mehrere schöne Wanderrouten, darunter die nachfolgend beschriebene.

Anfahrt - *Landau - Eschbach - Klingenmünster - Silz.* - B 427 *Bad Bergzabern - Birkenhördt* - Abzweig Ri *Vorderweidenthal* - Abzweig Ri *Silz.* - B 10 *Pirmasens - Hinterweidenthal*, Abzweig B 427 *Dahn - Busenberg* - Abzweig *Vorderweidenthal-Silz.*

- *Hauenstein - Völkersweiler* bzw. *Annweiler - Völkersweiler - Gossersweiler-Stein - Silz.*

Parken - Gr P vor dem *Park*, an der Str südl. von *Silz.*

● **Wildpark - Schweinsfelsen** - gut ½ Std - Vom Parkeingang
MA südwestl., am Ende des P Forstweg halbre. *Ww [Lindelbrunn, 7]* in Bogen am Parkrand aufw zu Wegedreieck. Scharf li, *[Schweinsfelsen, 7]*, nach 100 m Gabel re, *Ww*, nach 50 m Gabel
MW ger *[Grüner Strich]*, nach 20 m Serpentinenpfad **(!)** aufw zum *Schweinsfelsen.* Aufstiegsleiter. Toller Rundblick über die Felsenlandschaft des *Wasgau* bis zum *Asselstein* und *Trifels.* - Rückkehrmöglichkeit über Wegedreieck und mit *Ww [Silz].*

● **Schweinsfelsen - Lindelbrunn - Burg** - 1 Std - Am Felsaufbau entlang zu Querweg. Halbre, später Linksbogen zum *Kellerfels* mit Felsentor. Ebenen Weg beibehalten, *[6]*, bis Wegespinne.
MW *[Blaues Kreuz]* scharf re, prächtiger Vorblick auf die *Burgruine Lindelbrunn*, abw zum Wander-P, Str zum *Cramerhaus.* Zur *Burg* s. S. 138.

● **Burg - Eckertstal - Silz - Wildpark** - gut 1 ½ Stdn - *Burgweg*
MW abw, *Cramerhaus*, Str zurück zum P. *[Gelb-Rot]*, Pfad **(!)**, halbli abw **(!)**, br Querweg re, *gut markiert* zum *Eckertstal.* Kl Badesee, später *Silzersee* (angestaut). Hinterm Sportplatz li nach *Silz* (bzw. re zum *Wildpark*). Hauptstr ger, *Haselhofstr* re, Weg re ab
MW *[22, Ww Wildpark]*, und ger, *Schutzhütte*, mit der *[22]* zu einem P. Re über die Brücke, li zum *Wildpark* und zur

● **Wildpark-Gaststätte** - Waldgaststätte am *Wild- und Wanderpark.* Gemütlich-rustikale Gasträume. Große Freiterrasse. Ungezwungene Atmosphäre. Gutbürgerliche, durchgehend warme Küche. Steaks, Fisch, Geflügel. Wildspezialitäten. Saisonale Tageskarte. Herzhafte Vesper. Hausgebackener Kuchen. Bier vom Fass. Weine der Südlichen Weinstraße. Untere bis mittl. Preise. - *Ru = Mo (nur im Winter).*

● **Parköffnung** - Tägl. ab 9 Uhr, vom 16.11.–14.3. ab 11 Uhr.

Silz - Münchweiler - Ruine Landeck - Klingbachhof - Karlsplatz - Katzeneiche - Silz

Weg und Zeit - 14 km - gut 3 ½ Stdn.
Charakteristik - Sehr abwechslungsreich. Meist schattige Waldwege. Drei-Sterne-Aussicht von der *Ruine Landeck.*
Anfahrt - A 65 bis Ausfahrt *Rohrbach–Klingenmünster* - L 493 bis *Silz.* - B 48 *Kaiserslautern - Annweiler* bis Abzweig *Klingenmünster*, weiter nach *Silz.*
Parken - Großer Gäste-Ⓟ beim *Gasthaus Linde.*

● **Silz - Münchweiler - Ruine Landeck** - 1 ½ Stdn - Vom *Linde*-
MA Ⓟ in östl. Ri aus dem Ort. Bis *Landeck* mit *[Gelb-Rot]* durchgängig markiert. Schöner Weg entlang *Klingbach*, nach 15 Min Unterführung L 493, bei *Wasgauhalle* in den Ort *Münchweiler.* Linksbogen, Brücke über *Klingbach*, *Hauptstr* re, *Schulstr* ger und aufw aus dem Ort. Nach 250 m Rechts-/Linksbogen, kräftiger Anstieg, Rechtsbogen, danach nur noch geringer Anstieg, immer *[Gelb-Rot]* bis zur

● **Burg Landeck** - *Reichsburg der Stauferzeit*, Ende des 12. Jh. zum Schutz der *Abtei Klingenmünster* errichtet. Starke Schildmauer, mächtiger Bergfried, beide mit Buckelquadern verkleidet. 1237 erstmals urkundl. erwähnt. 1689 zerstört. Siehe auch Seite 92.

● **Ruine Landeck** (304 m)- **Klingbachhof - Karlsplatz** - 1 Std - Von der Burg scharf re abw, wenige Meter Autostr, dann re kräftig abw mit *[Gelb-Rot].* Nach gut 10 Min bei Weingut die L 493
MW überqueren, nach 50 m bei *Klingbachhof* re, Markierung *[Weißer Balken mit Schwarzem Punkt].* Nach weiteren 50 m li aufw, anfangs kräftig, dann leichter ansteigend, bis *Karlsplatz*, Rastplatz mit *Schutzhütte.*

MW ● **Karlsplatz - Katzeneiche - Silz** - gut 1 Std - Mit *[Weiß-Blau]* ger weiter leicht ansteigend. Nach wenigen Min beim *Holdersbild* Gabel und Kreuzung ger. Nach gut 30 Min Gehzeit bei der
OM

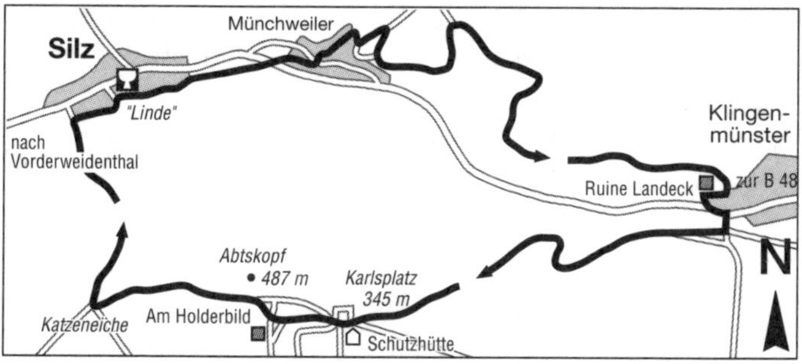

Katzeneiche, schöner Wegstein, Rastplatz. Ab hier *ohne Markie-* OM
rung re abw, *Ww [Silz 30 Min]*. Kräftiger Abstieg mit großartiger Aussicht. Der Weg führt direkt in den Ort, *Haselhofstr* abw, Str *Im Sulzfeld* re, *Schulstr* li, *Mühlweg* re, noch wenige Schritte zum

● **Gasthaus-Metzgerei „Zur Linde“** - Zentrale Ortslage mit ruhigen, komfortablen Fremdenzimmern. Rustikale Gasträume. Behagliche Atmosphäre. Gutbürgerliche Küche. Reichhaltige Speisekarte. Bekannt gute Pfälzer Spezialitäten. Eigene Metzgerei, nur Fleisch aus der Region. Kräftige Vesper. Schöne Weine. Mittlere Preise. - *Ru = Di.*

Impflingen - Mörzheim - Appenhofen - Impflingen

Weg und Zeit - 12 km - 3 Stdn.

Charakteristik - Auf meist befestigten Landwirtschaftswegen durch leicht hügeliges Gelände, vorbei an bestellten Äckern und einem Meer aus Pfälzer Reben.

Anfahrt - A 65 von *Karlsruhe* bzw. *Ludwigshafen*, Ausfahrt *Inslingen.* - B 38 von *Bad Bergzabern* bzw. *Landau.* - Busverbindung vom *Bahnhof Landau.*

Parken - Gäste-P beim *„Alten Ochsen“* und in Seitenstraßen.

● **Impflingen** - Erstmals erwähnt 1135, Urkunde des *Klosters Weißenburg.* Im *Spanischen Erbfolgekrieg* während der Belagerung von *Landau* durch die *Österreicher* ist *Impflingen* Hauptquartier des späteren *deutschen Kaisers Joseph I.* - Sehenswert: Zahlreiche schöne Fachwerkhäuser, *Rathaus, Kirche, Pfarrhaus.*

● **Impflingen - Mörzheim - Appenhofen „Untermühle“** - knapp
2 Stdn - Vom *„Alten Ochsen“* Hauptstr südlich, *Obergasse* re, bei OM
Haus Nr. 23 Rechtsbogen, nach 50m li, auf Radweg am Wassergraben entlang. 7 Min nach letztem Haus Gabel re aufw, Kuppe, abw bis Str, Grasweg li zwischen Str und Reben, nach 300 m Str überqueren, in Landwirtschaftsweg re. *Landschaftsschutzgebiet*, abw bis Talsohle *„Heidenteich“*, Rechtsbogen, nach Baum-

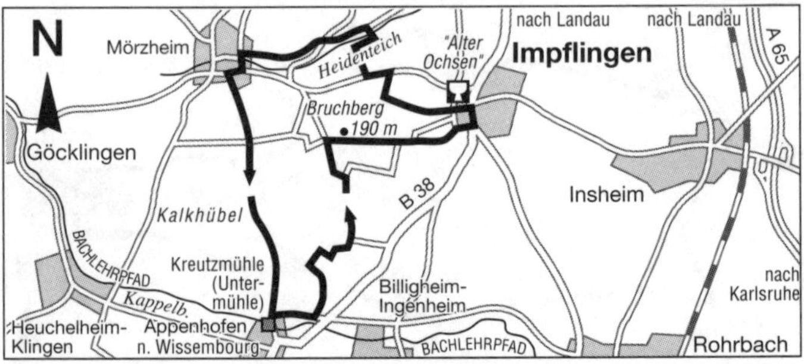

gruppe Abzweig li, dann Rechts-/Linksbogen, aufw, Einmündung li, ger weiter. Vorbei an *Grillplatz* mit *Schutzhütte.* Gabel re, Linksbogen und weiter direkt in den Ort *Mörzheim. Brühlstr* li, *Arzheimer-Tal-Str* re, *Appenhofer Str* li, Ortsausgang, Wirtschaftsweg leicht aufw. Konsequent ger durchs Rebenmeer. Am höchsten Punkt des *Kalkhübel Aussichtsturm*, danach abw, bald in *Appenhofen.* Linksbogen, Kreuzung ger, Weg *Zur Kirche. Bachlehrpfad* (s. S. 94). Vorbei an *Kapelle*, *Bachlehrpfad* ger weiter bis *„Untermühle" Appenhofen (Kreutzmühle).*

● **„Untermühle" Appenhofen - Impflingen** - gut 1 Std - Weiter bis B 38, bei Rastplatz li, Wirtschaftsweg. Vorbei an *Schützenhaus/Schießanlage*, Gabel re aufw. Bei 2 gr Nussbäumen re, nach 100 m Linksbogen, erneut re, dann wieder li aufw. Gabel ger, über Kuppe, abw, Brücke über Graben. Danach Linksbogen, Abzweig ger, danach bei Baum-/Buschgruppe re aufw. Kurz vor Kuppe Kreuzung re, dann nur noch ger aufs Ziel zugehend. Kurz vor dem Ort li, vorm ersten Haus re, vorbei an Reitplatz, in Str *Im Schafgarten* einmündend, *Hauptstr* li.

● **Wirtshaus Zum Alten Ochsen** - Haus mit langer Tradition. Moderne Gästezimmer. Geschichtsträchtiger, stimmungsvoller Gastraum mit schwerer Holzbalkendecke. Schöner Innenhof. Die kreative Küche bietet eine vielfältige Auswahl und wird auch gehobenen Ansprüchen gerecht. Der Chef verwertet nur frische Produkte. Mittl. Preise. - *Ru = Mo und Do Mittag.*

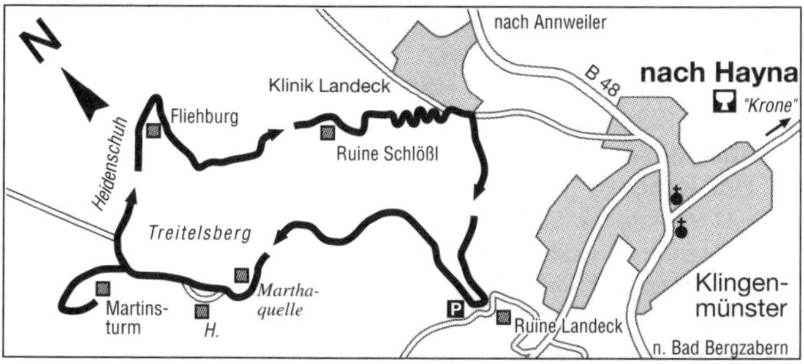

3-Burgen-Weg: Landeck/Heidenschuh/Schlössl – ein Wandervorschlag der „Krone“ in Hayna

Weg und Zeit - 9 km - 2 ¼ Stdn.
Charakteristik - Drei anschauliche Beispiele des früh- und hochmittelalterl. Burgenbaus auf dem *Treitelsberg.*
Anfahrt - *Deutsche Weinstr,* Abzweig *Landesklinik Klingenmünster.* - Von *Hayna*: *Erlenbach - Billigheim - Ingenheim - Heuchelheim.* - Nach *Hayna*: A 65, Ausf. *Kandel-Nord.*
Parken - P *Burg Landeck.* - P *„Krone“* in *Herxheim-Hayna.*

● **Hayna** - Das malerische Bild der Hauptstr wird bestimmt von den vielen *Fachwerkhäusern* des 18. Jh. - *Kath. Pfarrkirche St. Nikolaus* (1820/1862), Ausstattung meist Mitte 18. Jh. - Weiter Infos: *Robert Schlindwein, „Krone“.*

● **Silence-Hotel Restaurant „Zur Krone“** - Ein Schmuckstück in der *Pfalz,* der *deutschen Toskana.* Ein prädestiniertes Einkehrziel - auch für Wanderer. Man hat die Möglichkeit zu wählen zwischen der eher rustikalen *„Pfälzer Stube“* und dem stilvollen *„Gourmet-Restaurant“* und zwischen gutbürgerlich-gehobenen Gerichten, auch Pfälzer Spezialitäten, und raffinierten Feinschmecker-Kompositionen. Alles kreiert unter der Ägide des höchst dekorierten *Küchenmeisters Karl-Emil Kuntz.*

● **Burg Landeck** - *Staufische Reichsburg* um 1180 zum Schutze des *Klosters Klingenmünster.* Nachfolgeburg des *„Schlössls".* 1689 endgültig zerstört. Imposante *Schildmauer.* Mächtiger *Bergfried* (23 m) aus Buckelquadern. Herrlicher Ausblick. - Siehe auch S. 88.

MA ● **Der Rundweg** - Vom P *Burg Landeck* mit *[Weißem Dreieck]*
zur *Marthaquelle* und weiter zur Jagdhütte. Aufw, gr Wegega-
MW bel, li aufw, *Ww,* zum 10 m hohen *Martinsturm* (1886) auf dem
Treitelskopf (503 m). Sektorenweise gute Aussicht. Gleicher
MW Weg zurück zur Gabel. Li ab bis zur *Markierung [Grüne Tanne], August-Becker-Weg.* Mit ihr halbre entlang des Bergs und Felsenwalls.

● **Heidenschuh** (457 m) - *Karolingische Fliehburg* des 9. u. 10. Jh., deren 90 bzw. 60 m lange Doppelmauern den Bergsporn abriegelten. - Trockenmauern, Torbauten u. Gräben erhalten. - Nach prächtigem *AP* auf Felskanzel abw zum

● **Schlössl** (354 m) - Auch *„Waldschlössl"* oder *„Walastede".* *Salische Turmburg* des 11. Jh., romanisch mit mächtigem zentralem Wohnturm (Vorgängerturm aus Holz). Anstelle einer Wehranlage um 900. 1168 zerstört. Bedeutende Teile erhalten. -
MW Abw zur *Landesklinik* (230 m) und mit *[Schwarzem Punkt auf Weißem Balken]* aufw zum P.

Kandel - Bienwald - Naturfreundehaus - Gestüt Langenberg - Kandel

Weg und Zeit - 10 km - 2 ½ Stdn.
Charakteristik - Ebene, oft schnurgerade und doch abwechslungsreiche Wege durch schönen Niederungswald.
Anfahrt - A 65, Ausfahrt *Kandel-Mitte.*
Parken - Gäste-P im Hof des *Hotels zur Pfalz.* Weitere Parkmöglichkeiten in der *Juststr* oder *Marktstr.*

● **Kandel** - Die *Bienwaldstadt,* reizvolles Fachwerkstädtchen. Erste Erwähnung 1150. Keltische Funde im *Bienwald,* römische in *Kandel.* Zahlreiche gut erhaltene Anwesen aus dem 17./18. Jh. *Rokoko-Rathaus.* Spätgotischer Turm der *St. Georgskirche* aus dem 16. Jh. *Bienwaldmuseum.*

● **Kandel - Bienwald - Naturfreundehaus - Gestüt Langenberg** - knapp 1 ½ Stdn - Vom *Hotel zur Pfalz* die *Bahnhofstr* abw, *Rheinstr* überqueren, Bahnlinie überqueren, *Jahnstr* re, vorbei an Parkanlage mit *Schwanenweiher* und *Bienwaldstadion. Badallee* li,
MA nach 50 m re. Hier beginnt der mit *[1]* und *[Rotem Strich]* markierte *Bienwald-Rundwanderweg.* Fast schnurgerader Waldweg, einige Wege überqueren, dann als *Waldlehrpfad* direkt auf das

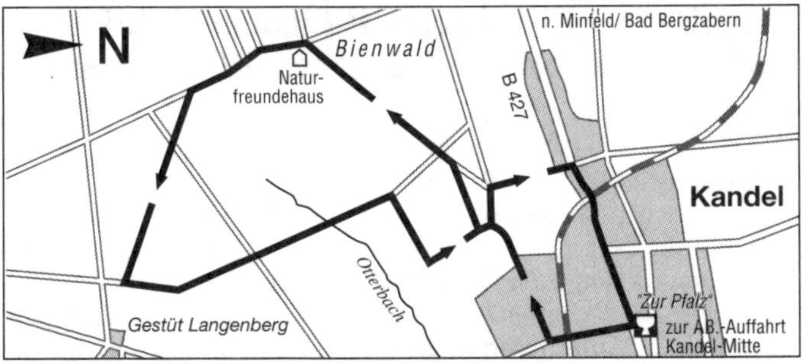

Naturfreundehaus hinführend. Kreuzung li, auf br befestigtem Weg. Kurz aus dem Wald. Nach Wiedereintritt vorbei an li im Wald stehenden Häuschen, 150 m danach **(!)** br Weg verlassen und li, gleich danach Gabel halbre und mit *[Rotem Strich]* ger.

● **Langenberg - Kandel** - gut 1 Std - Auf Querweg li, entlang der Gestütskoppeln, ab hier mit *[Roter Raute]* auf Zugangsweg *MW*
zum grenzüberschreitenden *Drei-Zabern-Weg* (*Rheinzabern - Bergzabern - Saverne/F*). Leichter Linksbogen, danach wieder langes Stück ger. Aus dem Wald, Brücke mit Stellfalle über den *Otterbach*, ger weiter, Waldeintritt. Vorbei an einem Rastplatz, über die Steinbrücke. Direkt danach re mit *[Roter Raute]* bis *Badallee* li. Vorbei am Rundweg-Anfang, Fahrstr li, S-Kurve, Rechtsbogen in den Ort, *Saarstr* re, *Bahnlinie* überqueren, *OM*
Hauptstr mit zahlreichen sehenswerten Fachwerkhäusern bis *Bahnhofstr* aufw, dann sind es nur noch wenige Schritte bis zum

● **Hotel zur Pfalz** - Seit 1860 in Familienbesitz. „Das Haus gepflegter Gastlichkeit an der Pforte zur weinfrohen Pfalz". Zentrale Lage mit ruhigen, komfortablen Gästezimmern. Gemütliche, rustikal-stilvolle Gasträume. Freundliche Atmosphäre. Gutbürgerliche und gehobene Küche für jeden Gaumen, auch Fisch, Wild, Diät, Vesper. Auserlesene Weine. Mittleres Preisniveau. - *ÖZ: mittags 12–14 Uhr, abends ab 17 Uhr. - Ru = Mo bis 17 Uhr.*

Ingenheim - Klingbach - Billigheim - Kaiserbach - Appenhofen - Klingbach - Ingenheim

Weg und Zeit - 10 km - 2 ½ Stdn.

Charakteristik - Ein Rundweg von einmaligem Reiz, ein Landschafts- und Naturerlebnis besonderer Art: Das wilde, urtümliche Teilstück am *Klingbach* und der gepflegte Abschnitt des *Bachlehrpfads Kaiserbach* mit den informativen Lehrtafeln, beide mit einer komprimiert artenreichen Flora und Fauna in einer wunderschönen Landschaft.

Anfahrt - An der B 38 *Landau - Bad Bergzabern.* - A 65, Ausf. *Rohrbach.* - Von *Klingenmünster.* - Von *Eschbach.*

Parken - Mehrere P beidseits der *Hauptstr* in *Ingenheim,* nahe beim *Landhotel Restaurant Pfälzer Hof.*

● **Ingenheim** - *Ev. Pfarrkirche* (1822/23), klassizistischer Saalbau von *Friedrich S. Schwarze.* - *Kath. Pfarrkirche St. Bartholomäus* (1899/1900), neugotische Hallenkirche von *Wilhelm Schulte I., Neustadt.*

● **Billigheim** - *Ev. Pfarrkirche, ehem. St. Martin,* spätgotisch. Bemerkenswerte *Wandmalereien* aus der Erbauungszeit. *Turm*: Unterbau romanisch, 13. Jh., sonst 16. Jh., Barockhaube. - *Obertor* (1468, Stadtbefestigung). - *Fachwerkhäuser* (16.–19. Jh.).

● **Bachlehrpfad Kaiserbach** - 9 ½ km - 1990/91 angelegt von der *VG Landau-Land,* Gemeinden u. Verbänden. Beginn: Am *Kaiserbach* östl. der B 48. Ende: *Pfalzgrafenmühle.* Ein großartiger Weg! Prächtige Vegetation. 7 Mühlen. Unzählige *Infotafeln* über Pflanzen- und Tierwelt, Ökologie, Kultur. - *Auskunft*: i im *Rathaus Leinsweiler* (S. 74).

● **Der Rundweg** - Vom *„Pfälzer Hof"* die *Hauptstr* ortseinwärts,
OM *Ev. Kirche, Klingbach,* dahinter re. Li versetzt über gr Platz, an dessen Ende grasiger Weg zurück zum Bach und daran entlang. Vorblick auf *Billigheim,* Rückblick auf die *Madenburg.* Üppige Bachvegetation. Bei nächster Brücke Bogen (Graswegspuren) um die *ehem. Ölmühle* (bis 1926) und wieder zum Bach. Hüben und drüben Pferdekoppeln. Re der Kirchturm von *Mühlhofen.* Reitplatz, Brücke, *ehem. Untermühle* (schönes Fachwerkhaus). Grasweg li an der Mühle vorbei, zurück zum Bach. „Verwunschener" Pfad, Holzsteg über Seitenbach. Fahrstr li (mit Fußweg) bis *Billigheim. Mozartstr* re bis *Wurzlerhof.* Davor Fußweg li, *Rohrbacher Str* überqueren, ger, *Ww [Pfalzgrafenmühle].* Vor der Mühle (1650 erwähnt, 1968 aufgegeben) beginnt
MA der *Bachlehrpfad Kaiserbach* (Abschnitt *Kappelbach*). Symbol *[Stilisierter Baum u. Bachlinien].* Am Ortsrand von *Billigheim* br Fußweg vor Brücke re, nach 150 m li, Str überqueren. Prächtige Birken-Doppelreihe. Herrlicher Blick über Felder u. Reblagen zu den Erhebungen der *Südl. Weinstraße.* Laufend Informatio-

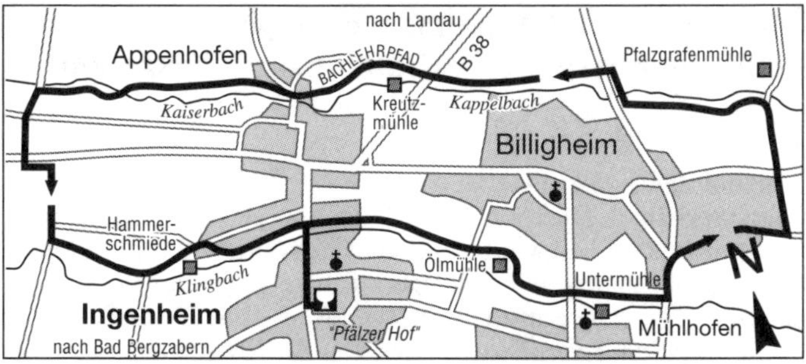

nen durch die zahlreichen *Tafeln*. Mehrere Rastplätze. B 38 überqueren. *Kreutzmühle* (*Untermühle Appenhofen*, erb. 1605 von *Graf Christoph v. Gemmingen*, 1935 aufgegeben, Wohnsitz der Fam. *Kreutz*). Direkt dahinter halbli abw. *Appenhofen - Simultankirche St. Johann Baptist* (um 1400). Brücke (*Kaiser-bachstr* li = Rückkehrmöglichkeit). Rechtsbogen, dann scharf **(!)** li ab zum Bach. Drüben die *Bischoffmühle* (*Obermühle Appen-hofen*, 1586 erwähnt, 1755 *Müller Bischoff*, heute eine der modernsten Getreidemühlen der *Pfalz*). Danach gr Waldrebenbereich. Dann Blick zum *Slevogthof*, darüber *Ruine Neukastell*. Bachsteg li. Später befest. Weg li **(!)**, *Lehrpfad* verlassen **(!)**. *Unmarkiert* aufw, L *OM*
493 überqueren, dahinter befest. Weg li, nächster befest. Weg durch Reblagen re abw. Letzter **(!)** Weg vorm *Klingbach* (Ortsrand *Klingen*) li. Er führt allmählich wieder zum Bach. Drüben das *Freibad*. Befest. Weg re nach *Ingenheim*. Re unten *Hammerschmiede* (in Betrieb, Bes. meist Di) u. *Mühle*. *Vogesenstr* überqueren, Fußweg, *Klingbach*. Brücke re, *Hauptstr* zum

● **Landhotel Restaurant Pfälzer Hof** - Moderne Komfortzimmer. Gemütliche Gasträume. Schöner Innenhof. Angenehm-freundliche Atmosphäre. Aufmerksame Betreuung. Gutbürgerliche u. gehobene Küche, kreativ pfälzisch und überregional, auch Fisch, Wild, vegetarisch. Immer frische Produkte vom Markt. Mittlere Preise. - *Ru = Mi, Do bis 18 Uhr.*

Oberhofen - Gleiszellen - Karlsplatz - Liebfrauenberg - Oberhofen bzw. Gleiszellen

Weg und Zeit - 15 km - knapp 4 Stdn.

Charakteristik - Durch herrliche Weinberge und schöne Ortschaften mit sehenswerten alten Fachwerkhäusern. Sanfter Anstieg auf schattigen Waldwegen. Ein genussvoller Weg.

Anfahrt - *Oberhofen* und *Gleiszellen* jeweils B 48 *Deutsche Weinstraße* von *Bad Bergzabern.* - A 65 von *Karlsruhe* bzw. *Ludwigshafen*, Ausfahrt *Kandel-Mitte -Winden - Bad Bergzabern.*

Parken - In *Oberhofen* gr P beim *Dorfplatz* gegenüber *Gaststätte „Zum Wels“.* In *Gleiszellen* Gäste-P beim *Winzerhaus* der *Fam. Bauer* oder entlang der *Winzergasse.*

● **Pleisweiler-Oberhofen** - An der *Deutschen Weinstraße* gelegener Doppelort. Schönes Ortsbild. Fachwerkhäuser. In *Pleisweiler Kirche St. Simon und Judas* (1755–57). *Turm* 12./13. Jh. - *Weine*: Großlage *Kloster Liebfrauenberg*, Einzellage *Schloßberg.*

● **Gleiszellen-Gleishorbach** - Auf einer Terrasse oberhalb der *Weinstraße.* Sehenswertes Fachwerk, 16.–19. Jh. *Kirche St. Dionysius* von 1746/48. - Bekannte *Weinlagen*: *Kirchberg* u. *Frühmess.*

● **Oberhofen - Gleishorbach - Gleiszellen - Karlsplatz** - 1 ½ Stdn
MA - Vom P beim *Dorfplatz* mit *[Grünem Dreieck]* nördl., *Nonnensuselstr* li, nach 200 m *Deutsche Weinstr* überqueren und re aufw,
MW Wirtschaftsweg. Linksbogen. Nach 200 m re abw, jetzt mit *[Grüner Traube].* Nach 50 m scharf re, dann li abw. *Gleishorbach, Schlemmergasse, Hauptstr* re, *Lettengasse* li, Ortsausgang re aufw Ri *Gleiszellen.* Vor 1. Haus li aufw bis *Kirche St. Dionysius.* Str re, *Gernweg, Bergstr* li. - Für Wanderer vom *Winzerhaus Bauer*: *Winzergasse* aufw, *Bergstr.* - Jetzt gemeinsam: Markierung
MW *[Weiß-Blauer Strich]. Bergstr* bis Ende, Kreuzung ger, Waldeintritt. Im Rechtsbogen vorbei an *Wbh* und weiter mit *[Weiß-Blau]* bis *Karlsplatz.* Rastplatz, *Schutzhütte PWV.*

● **Karlsplatz - Liebfrauenberg - Pleisweiler - Oberhofen** - knapp
MW 2 ½ Stdn - Nach *Schutzhütte* Wegspinne halbli *[Weißer Strich mit Schwarzem Punkt].* 45 Min schöner Weg bis Zaun vor Schießstand, Gabel li abw, Einmündung Fahrstr, gleich wieder Wald-
OM weg li, bei *Marienlinde* ger aufw, Gabel li, *[ohne Markierung]*, Einmündung Str li, durch Portal *Kloster Liebfrauenberg.* Klosterhof ger weiter Ri Wäldchen, Vor *Villa Pistoria* li, Links-/Rechtsbogen abw. Bald mit dem von re kommenden *Weinpfad* ger
MA abw, Markierung *[Weintraube].* Nach 100 m li in Weinberge, vorbei an *Schutzhütte*, Rechtsbogen, Abzweig li nach *Pleisweiler. Wappenschmiedestr* li, nach 100 m Fußweg re, *Schloßbergstr* li, Rechtsbogen aufw. Nach letztem Haus scharf li aufw, 20 Min am Waldrand entlang. Bei *Schutzhütte* re, Rechtsbogen, 200 m danach trennen sich die Wege: nach *Oberhofen* auf bekanntem

Weg zurück, nach *Gleiszellen* weiter wie beschrieben. *MW*

● **Gaststätte „Zum Wels"** - Zentrale Lage. Ländlicher Gastraum, schattiger Innenhof. Spezialität: Fangfrische Fischgerichte verschiedenster Zubereitungsart. Auch Fleischspeisen. Winzervesper. Weine aus Ortslagen. Mittl. Preise. - *ÖZ: Do u. Fr ab 16 Uhr, Sa, So und Feiertage ab 11.30 Uhr durchgehend.*

● **Speisegaststätte „Winzerhaus" Bauer** - In der *Winzergasse* schön gelegen. Gaststube im Pfälzer Stil. Innenhof. Gartenterrasse. Regionale Küche. Pfälzer Spezialitäten. Eigenes Wild. Auf Wunsch Dampfnudeln. Vesper. Eigene Weine, u. a. Muskateller u. Dornfelder. Untere bis mittlere Preise. - *Ru = Di.*

Bad Bergzabern - Reisdorf - Birkenhördter Linde - Bad Bergzabern

Weg und Zeit - 16 ½ km - knapp 4 ½ Stdn.
Charakteristik - Schöne und erholsame Wanderung, größtenteils Waldwege mit nur geringen Höhenunterschieden, durchgängig sehr gut markiert.
Anfahrt - A 65 bis Ausfahrt *Kandel-Mitte* - B 427 bis *Bad Bergzabern, Kurtalstr.* - *Deutsche Weinstraße* von *Siebeldingen* über *Klingenmünster* bzw. *Schweigen.* - B 48 von *Annweiler.* - B 38 von *Landau.* - Zuganschluss von *Landau* bzw. *Karlsruhe* über *Winden.*
Parken - Von der *Kurtalstr*/B 427 in die *Kneippstr*, dort nach 50 m li gr P.

● **Bad Bergzabern** - *Staatsbad, Kneippheilbad, heilklimatischer Kurort, Thermalbad, Naturreiskuren.* In einer Höhe von 200 bis 300 m zwischen Wald und Reben gelegen, ist es ein Tor zum *Pfälzerwald* und zum *Elsass.* - 1180 *Wasserburg* der *Grafen von Zweibrücken.* - 1286 Stadtrecht. - Stadtbefestigung, 13.-16. Jh. Erhalten der *Dicke Turm* und der *Storchenturm.* - *Ehem. Schloss*, nach der Zerstörung der *Wasserburg* 1525 ab 1527 neu errichtet, 1676 samt der Stadt von den Franzosen niedergebrannt, 1720–25 wieder aufgebaut. Mit seiner barocken Freitreppe und den runden Ecktürmen Wahrzeichen der Stadt. Behördensitz. - *Ev. Marktkirche*, vom gotischen Ursprung ist kaum etwas erhalten, Neubauten im 19./20. Jh. *Turm*, Unterbau romanisch, Teil der Stadtmauer, jetziger Oberbau mit Haube von 1772. - *Ev. Bergkirche*, 1720–30 als lutherische Schlosskirche erbaut. - *Kath. Pfarrkirche St. Martin* (1879–80) neugotisch. - *Gasthaus zum Engel*, Ende 16. Jh., schönstes Renaissance-Haus der *Pfalz*, Renovierungen 1982/83 und 1989. - *Rathaus* (1705). - Schöne Bauten aus dem 17. und 18. Jh.

● **Bad Bergzabern - Reisdorf** - 2 Stdn - Vom P an der *Kneipp-*
MA *str* wenige Meter zur gr Hinweistafel des *PWV* und mit *[Rot-Gelbem Strich]* re aufw. Nach 200 m Gabel re, *Philosophenweg*, vorbei am *Schwanensee* bis zum *Gedenkstein* des *Arztes Jacob Theodor*, gen. *Tabernae montanus* (16. Jh.). Gabel li aufw, bei *Klinik* Gabel li. Waldeintritt, Weg oberhalb des Wasserlaufs, immer *[Rot-Gelb]* markiert. Vorbei an *Gedenkstein* und Feuchtgebiet, *Wbh,* Kreuzung mit *Ww [Reisdorf]*. Gleich abw, Weg überqueren, kurzer kräftiger Anstieg. Forststr überqueren, bei Waldrand li aufw, *Wbh*. Achtung! Kurz vor Fahrstr *Ww [Reisdorf über Kuhtriftpfad]* li aufw **(!)**. Nach 10 Min Pfadende, Str überqueren, breiten Weg li, nach 20 m Gabel li, schmaler Pfad. Bald Einmündung in br Weg, re, nach wenigen Schritten li, *[Rot-Gelb]* markierter Pfad. Am Ortsbeginn *Reisdorf* im Zickzack abw und nur noch ein paar Meter bis zum

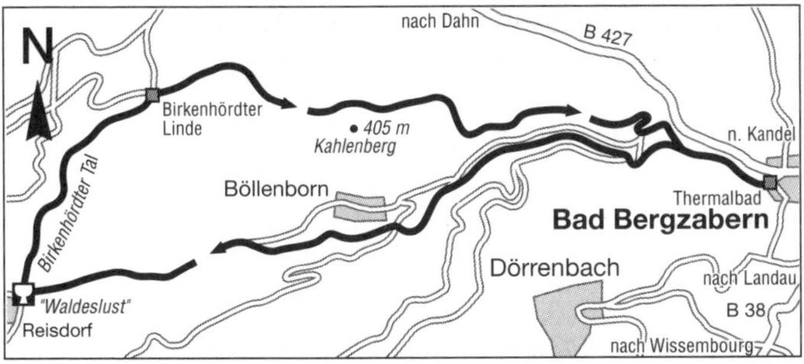

● **Gasthof-Pension Waldeslust** - Schöne Waldrandlage. Moderne Komfortzimmer. Der Gastraum im Landhausstil bietet behagliches Ambiente. Großes Nebenzimmer. Gartenterrasse. Reichhaltiges Speise- und Getränkeangebot der unteren und mittl. Preislage, u. a. auch Wild, Fisch, Lamm, Geflügel. Kinder- u. Seniorenteller. Vesperkarte. Offene Weine, Fassbier. Bekannte Spezialität: Beeren- u. Obstweine. - *Ru = Do.* - *Gäste-*P.

● **Reisdorf - Birkenhördter Linde - Bad Bergzabern** - knapp 2 ½ Stdn - Weiter in nördl. Ri durch das *Birkenhördter Tal* mit *[Gelb-Grünem Strich]*, breiter Waldweg, permanent sanfter Anstieg. Nach ½ Std am Rastplatz *Birkenhördter Linde*. Weiter bis zum Ziel mit *[Roter Raute]* auf dem *„Drei-Zabern-Weg"* (*Rheinzabern - Bergzabern - Saverne/F*). Halbre eben weiter, dann wenig ansteigend bis zur Kuppe. Achtung, der gut markierte *[Rote Raute]*-Weg verläuft teils auf breitem Waldweg, dann wieder auf schmalem Pfad. Abw bis zur Kreuzung am Fuß des *Kahlenbergs* und zur *Schutzhütte Steinköpfel*, Kreuzung re eben weiter. Nach 10 Min Gabel re, ausgangs Wegbogen li aufw **(!)**, Wegeinmündung re. Nach weiteren 15 Min den br Weg verlassen und mit der *[Roten Raute]* re im Zickzack abw zur L 492 u. durch den Park zurück zum P.

MW *MW*

● **Weiterer Wanderweg** - Ab *Reisdorf/Waldeslust* zur *Burg Berwartstein* (S. 138), mit *[Blau-Gelbem Strich]*. Rückweg mit *[Roter Raute]* über *Birkenhördter Linde* (15 km, 4 Stdn).

Dörrenbach - Oberotterbach - Burgruine Guttenberg - Stäffelsberg - Dörrenbach

Weg und Zeit - 14 km - gut 3 ½ Stdn.
Charakteristik - Wunderschöne, vielseitige Wanderung auf gut markierten Wegen durch Weinberge und auf schattigen Pfaden zu einzigartigen Aussichtspunkten.
Anfahrt - A 65, Ausf. *Kandel-Mitte*, B 427 *Bad Bergzabern, Deutsche Weinstraße* südl., Abzweig *Dörrenbach.*
Parken - P in der *Hauptstr*, Nähe *Post.*

● **Dörrenbach** - Das *„Dornröschen der Pfalz"*. Malerischer *Weinort* mit prachtvollen *Fachwerkhäusern*, z. T. 16./17. Jh. Einzigartiges *Fachwerk-Rathaus* der Renaissance von 1590. *Simultankirche St. Martin*, 16. Jh., Turm um 1300. Trutziger *Wehrfriedhof*, 14.-16. Jh., mit Ringmauer und 4 Ecktürmen, einmalig in der *Pfalz.*

● **Oberotterbach** - An der *Deutschen Weinstraße* gelegen. *Protestantisches Pfarrhaus* von 1732, eines der Ahnhäuser der *englischen* und *spanischen Krone. Ev. Pfarrkirche, ehem. St. Georg,* Schiff 1537/1726 (Umbau), Chorturm um 1300. *Kath. Pfarrkirche St. Georg*, 1930 von *Boßlet.*

● **Dörrenbach - Oberotterbach/Schützenhaus** - gut 1 Std - Von der *Altdeutschen Weinstube* die *Hauptstr* aufw bis *Wehrkirche,*
MA *Übergasse* li, *[Gelber Strich]*, Waldstück, *Sportpl,* dann Rebhänge mit schöner Aussicht. Abw zum *Winzental*, Wegeinmündung li, nach 30 m re, Holzsteg über Bachlauf, zweimaliger Rechts-/Links-Wechsel in kurzem Abstand, bald direkt auf *Oberotterbach* zugehend. Ortseintritt, *Lenkerweg* abw bis Ende, Querstr
OM *ohne Markierung* li zur *Weinstraße* mit dem

● **Gasthaus Zur Weinlaube** - Gemütlich-rustikale Gasträume. Innenhof. Angenehme, familiäre Atmosphäre. Gutbürgerliche Küche mit herzhaften Pfälzer Spezialitäten. Auch Fisch, Wild, Geflügel. Kleine Schlemmereien. Kartoffelpuffer. Flammkuchen. Vesper. Untere u. mittlere Preise. - *ÖZ: Ab 11 Uhr durchgehend. - Ru = Mo.*

● **Oberotterbach - Otterbachtal - Ruine Guttenberg** - knapp
MA 1 ½ Stdn - *Weinstr* 20 m südl., dann mit *[Gelb-Grün] Oberdorfstr* bis Ortsende. *Otterbachtal* stets leicht aufw. Nach deutlichem Linksbogen noch ¼ Std bis zu Wegeknoten unterhalb der *Burg.* Nun noch wenige Min Anstieg zur

● **Burg Guttenberg** (503 m) - Ehem. *Reichsburg*, gegr. im 12. Jh. Im Bauernkrieg 1525 zerstört. Erhalten: das Tor zur Unterburg, Teile der Ringmauer u. Reste des Bergfrieds. Rundsicht.

● **Ruine Guttenberg - Drei Eichen - Stäffelsbergturm - Dörrenbach** - gut 1 Std - Zurück zum Hauptweg, re, Dreiergabel, mitt-
MW lerer Weg, *[Weißer Balken mit Schwarzem Punkt]* zum Wald-P
MW *Drei Eichen.* Überqueren, nach 20 Min Gabel re, *[Weißes Drei-*

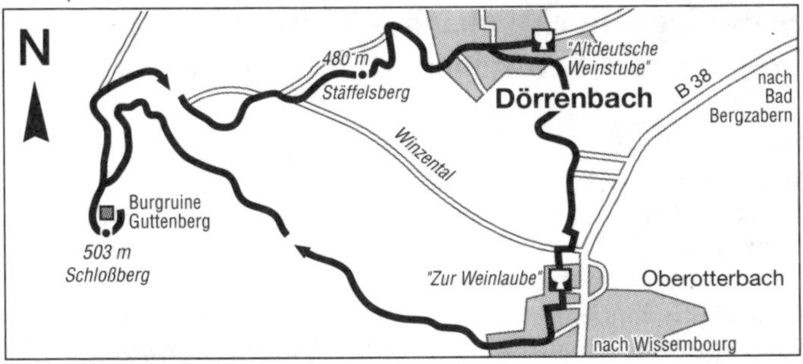

eck], nach 50 m Pfad li aufw, *Ww.* In Serpentinen bis Kuppe, Waldeintritt li, wenige Min zum *Stäffelsberg.* Vom Turm unvergesslicher Rundblick. Mit gleicher *Markierung* abw, wenige Min bis Kreuzung *Am Bild.* Vor *Wbh* re abw, *Ww [Dörrenbach]*, 15 Min zum Ort, *Hauptstr* abw. *OM*

● **Altdeutsche Weinstube** - Ein rustikal eingerichtetes urgemütliches Haus, in dem man die gutbürgerliche bis gehobene Küche und die erlesenen Weine so richtig genießen kann. Auch Fisch-, Wild- u. regionale Spezialitäten. Kräftige Vesper. Im Sommer schwelgt man in dem herrlichen, romantischen Innenhof. Mittlere Preise. - *Ru = Mo, Di.*

Schweigen-Rechtenbach - Weiler (F) - Wegscheid - Schweigen-Rechtenbach

Weg und Zeit - 11 ½ km - 3 Stdn.

Charakteristik - Abwechslungsreicher Rundweg, teilweise auf französischem Gebiet. Durch schöne Rebhänge mit phantastischen Ausblicken und auf schattigen Waldwegen.

Anfahrt - B 38/*Deutsche Weinstraße* von *Bad Bergzabern.* - A 65 von *Karlsruhe,* Abfahrt *Kandel-Mitte - Minfeld - Steinfeld.*

Parken - Gr Gäste-P beim *Hotel Schweigener Hof.* Beim *Alten Zollberg* Parken entlang der *Hauptstr.*

● **Schweigen-Rechtenbach** - Anerkannter Fremdenverkehrsort, südlichster Ort der *Deutschen Weinstraße.* 688 bzw. 802 urkundl erwähnt. Schöne Fachwerkhäuser. Wahrzeichen ist das 1936 errichtete *Deutsche Weintor.* Das nordwestlich gelegene Waldgebiet, der *Mundatwald,* als Trinkwasserreservoir von *Wissembourg (F),* von 1949 bis 1990 unter französischer Verwaltung .

● **Schweigen-Rechtenbach - Weiler (F)** - gut 1 Std - Vom
MA *Schweigener Hof* in die *Hauptstr,* mit *[Gelbem Punkt]* bis *Kirche.* Vom *Alten Zollberg Hauptstr* aufw, ebenfalls bis *Kirche.* Weiter mit *[Gelbem Punkt] Pauliner Str* aufw, Gabel re mit *Ww [Weinlehrpfad].* Beim letzten Haus Gabel li aufw, dem *Ww* folgen bis Rastplatz *„Am Sonnenberg".* Links der *Hütte* weiter, Grenze überschreiten, durch Rebhänge. Linksbogen, Abzweig re, vorbei an Resten des *Château de St. Paul.* Bald Rechtsbogen Ri Wald, nach 100 m li am Waldrand abw, Waldeintritt. Nach 15 Min li in einem Hohlweg abw entlang der Grenze. Vorbei an Grenzsteinen bis zur Wegespinne am Ortsrand von *Weiler (F).*

● **Weiler (F) - Langental - Wegscheid - Schweigen** - knapp 2 Stdn - Weiter, erst ger, dann re abw entlang des Grenzverlaufs. Brücke über den *Heiligenbach,* li bis zum Hinweis *„Carrefour Langenberg"* (225 m). Forststr re, bald li aufw, Pfad mit Mar-
MW kierung *[Gelbes Dreieck].* Nach 50 m scharf li aufw, Rechtsbogen, Weg überqueren, knapp einstündiger sanfter Anstieg. Nach ¾ Std markanter Rechtsbogen, bei Wegeinmündung li, nächste Einmündung ger, noch wenige Schritte zur *Wegscheid* (377 m),
MW *Schutzhütte.* Re weiter, *[Weißer Strich mit Schwarzem Punkt],* erst eben, dann leicht abw. Hohlweg, Gabel re aufw, *Ww [Weintor].* Bald wieder an Grenzsteinen entlang, Rechtsbogen abw, Waldaustritt bei Rastplatz. Re weiter, nach wenigen Schritten li abw, Kreuzung ger, nach 50 m re, *Weinlehrpfad* bis Rastplatz *Sonnenberg* und zurück bis *Kirche.* Zum *Alten Zollberg Hauptstr* re abw, zum *Schweigener Hof Hauptstr* geradeaus.

● **Hotel Schweigener Hof** - Nähe *Weintor.* Modernes Haus, komfortable Gästezimmer. Die Gasträume bieten gepflegte Behaglichkeit. Nebenzimmer, Saal, Tagungsräume, Terrasse.

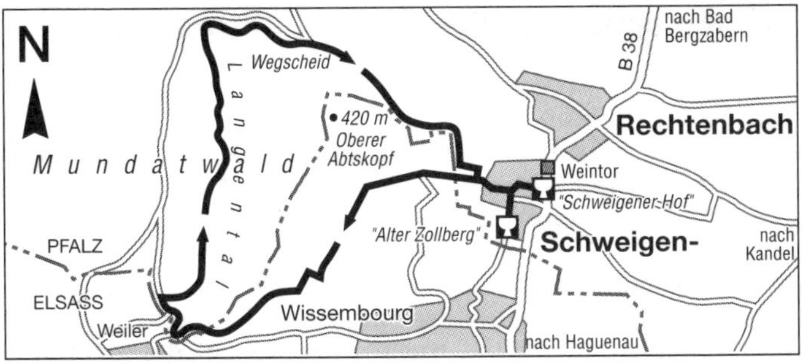

Große Speisekarte. Breites Angebot vom Pfälzer Vesper bis zum anspruchsvollen Menü. Der Chef kocht selbst. Hausgemachte Fleisch- und Wurstwaren. Diät. Vegetar. Kost. Reiches Getränkeangebot. Mittl. Preise. – *Kein Ru.*

● **Weinstube Zum Alten Zollberg u. Weingut** – Ruhige Ortsrandlage. Zünftige Pfälzer Weinstube mit familiärer Atmosphäre, gepflegt und gemütlich. Schöne Gartenterrasse mit großartiger Aussicht. Große Vesperkarte. Kleine warme Gerichte, u. a. Rippchen, Leberknödel, Saumagen, Fleischknöpfe. Winzersteak. Rumpsteak. Sehr gute eigene Weine und Schnäpse. – *ÖZ: Do–Sa ab 17 Uhr, So und Fei ab 11 Uhr.*

Wissembourg/Weißenburg – Stadtrundgang

Dauer – 1 ½ – 2 Stdn.
Anfahrt – B 38 *Landau–Bad Bergzabern. – Dahn - Niederschlettenbach–Bobenthal–Weiler.* – A 65, Ausfahrt *Kandel Mitte–Minfeld–Steinfeld.* – Bahn von *Landau* oder *Winden.*
Parken – Gr P beim *Hotel-Restaurant „Au Moulin de la Walk".*

● **Weißenburg** – Am Fuße der *Nordvogesen* und des *südl. Pfälzerwaldes* liegt inmitten einer anmutigen Landschaft, geprägt von weiten Wäldern und fruchtbaren Reben, das schmucke historische Kleinod *Weißenburg.* Ein von der Geschichte geformtes malerisches Städtchen an der *Lauter*, das an vielen Stellen noch echte mittelalterliche Impressionen vermittelt.

● **Aus der Geschichte** – An der Stelle eines ehem. *Römerkastells* gründeten *Benediktinermönche* im 7. Jh. eine *Abtei.* Im 9. Jh. *Reichsabtei.* Hier schrieb der Mönch *Otfried v. Weißenburg* um 870 das *„Evangelienbuch"*, eine der bedeutendsten althochdeutschen Dichtungen, in der er zum ersten Mal den Endreim verwandte. 1178 erste Erwähnung der Siedlung. Stadtbefestigung. 1354 als *Freie Reichsstadt* beim *Zehnstädtebund (Dekapolis).* 1648 zu *Frankreich.* 1870 *Schlacht bei Weißenburg (Morsbronn).* 1871–1918 unter deutscher Hoheit.

● **Hotel-Restaurant „Au Moulin de la Walk"/ „Zur Walkmühle"** – Gepflegtes Haus in sehr ruhiger Lage an der *Lauter.* Auf den Grundmauern einer alten Mühle errichtet. Elegante Komfortzimmer. Stilvolle Gasträume. Gartenterrasse. Feine, gehobene Küche. Mit aller Raffinesse zubereitete Köstlichkeiten. Auch Lamm, Ente, Wild, Wachteln. Vorzügliche Fischvariationen. Gekonnt komponierte Menüs. Saisonale Einzelgerichte. Mittl. u. leicht gehobene Preise. – *Ru = So ab 15, Mo, Fr bis 18 Uhr.*

● **Der Rundgang** – Von der *„Walkmühle"* vor zur *Lauterbrücke.* Re ab, vorbei am gr P . Nach dem *Schwimmbad* li abw. Stimmungsvoller Weg an *Lauter* (Nebenarm) u. *Stadtmauer.* Vor dem Zusammenfluss mit dem 2. Nebenarm der *Lauter* Steg li. Durch eine Lücke der Stadtmauer zum **1) Schartenturm** der ehem. Klosterbefestigung (11. Jh.). – Davor re, *Rue Stanislas* zum **2) Maison Stanislas**, hufeisenförmige Anlage von 1700, Residenz des exilierten *Polenkönigs Stanislas Leszczinsky* von 1719–25, dessen Tochter *Maria* den *König Ludwig XV.* heiratete. Heute *Altenheim.* – Daneben **3) Komturei des Deutschordens**, gegr. im 13. Jh., zerstört in der Französischen Revolution. – *Rue de l'Ordre Teutonique* re. Durch (!) das Hs. Nr. 24 li, *Schlupfgass* zum **4) „Schlupf"** *o.* **Weißenburgs „Klein-Venedig".** Schöner Blick auf romantische Partien der *Lauter.* – Ger weiter, *Rue de la Passerelle*, Querstr/*Rue de la République* re. Mehrere malerische Fachwerkhäuser. Wieder über die *Lauter* zum *Marché aux Choux/Kohlmarkt. Impasse des Capucins* li. Quer über den

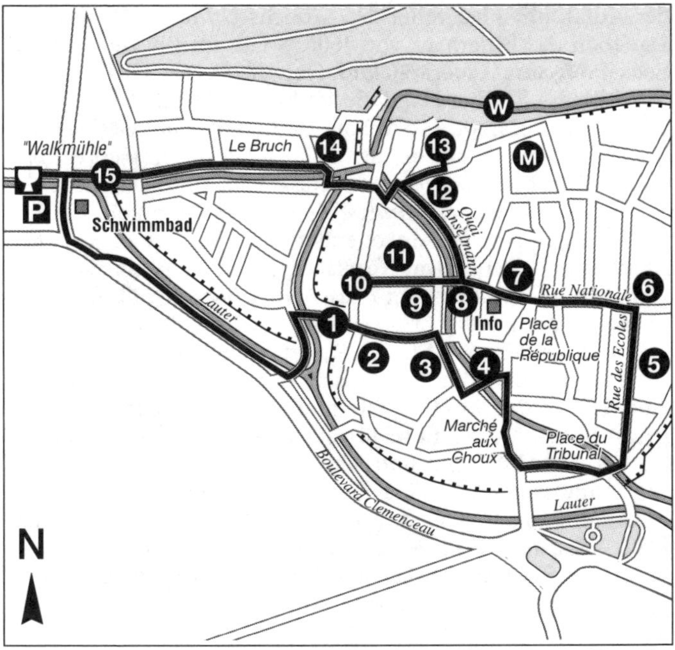

Place du Tribunal. Lauterbrücke. Li ehem. Waschhaus. *Rue des Ecoles* ger. Re **5) Les Dominicains**, bis 1522 Kirche, seit 1980 Kulturzentrum. - In der *Rue Nationale* das **6) Haus Holzapfel**, Bürgerhof (1506), 1793-1855 Posthalterei. - Durch die *Rue Nationale,* die Hauptgeschäftsstr mit ihren hübschen Seitengassen, zum *Place de la République* mit dem **7) Hôtel de Ville/Rathaus** mit Dreiecksgiebel u. Uhrturm, erb. 1741–52 von *Joseph Massol. - Rue du Marché aux Poissons/Fischmarkt* zum **8) Maison du Sel/Salzhaus**, erb. 1450 als Spital, später Salzmagazin, Schlachthaus u. Lazarett. Imposantes Dach! - Über die *Lauter.* Prächtiger Blick auf das Gebäudeensemble. *Av. Sous-Préfecture* ger. Li die **9) Grange aux Dîmes/Zehntscheuer**, ehem. Speicher der Abtei, mit Flachrelief des Mönchs *Otfried v. Weißenburg.* Daneben das **Ritterhaus** von 1606. - Ger im Blickfeld die **10) Sous-Préfecture/Unterpräfektur** (seit 1825), bis 1784 Dekanei des Stiftes. - Rechter Hand die **11) Ehem. Abteikirche St Pierre-et-St Paul**, erb. Ende 13., Anfang 14. Jh. unter *Abt Edelin*, frühe Gotik. Roman. *Westturm,* um 1075. Achteckiger *Vierungsturm* mit 4 Türmchen. *Chorfenster* u. *Rosette* im südl. Querhaus, 13. Jh. *Wandmalereien. Hl. Grab*, 1490 stark verstümmelt. Prächtiger *Kreuzgang,* 14. Jh., unvollendet. - Zurück zur *Lauter. Quai Anselmann* li. **12) Maison Vogelsberger** mit Renaissance-Portal von 1540. - Dahinter re am *Place Martin Bucer* die **13) Ev.-Luth. Kirche St. Jean**, *Turm* 13. Jh., *Langhaus* 1504–13. Von der Kanzel rief *Martin Bucer* 1522 zur Reformation auf. - Von der Kirche zurück, über die *Lauter,* dahinter re. Ehem. *Waschhaus.* Über 2 *Lauterbrücken* (Nebenarm u. Hauptarm) zum *Bruchviertel/Le Bruch.* An der Ecke **14) Maison de „l'Ami Fritz"**, ehem. Gerberhaus (1550) mit herrlichem Renaissance-Erker. - Sehr stimmungsvoller Weg längs der *Lauter.* Uralte Häuser, 13.–17. Jh. An der *Lauter* bleiben, vorbei am **15) Husgenossenturm**, um 1420. – *Rue de la Walk* ger, zurück zur *„Walkmühle".*

● **Weitere Sehenswürdigkeiten - M) Stadtgeschichtliches Museum Westercamp** in einem ehem. Winzerhaus (1599) mit reichem Schnitz-Fachwerk. - **W) Stadtwall,** 13. Jh., verändert 1746–48.

● **Touristenbähnchen** (beim [i]) - Kommentierte Rundfahrt, 45 Min.

Climbach - Kapellenruine - Luchsenkopfhang - Col du Pigeonnier - Dicke Tanne - Climbach

Weg und Zeit - 10 km - 2 ½ Stdn.
Charakteristik - Abwechslungsreiche Wanderung zum schönen got. *Kapellenbogen* und zum beliebten Wanderziel *Col du Pigeonnier* nebst *Scherhol.* Reizvoller Rückweg. Lohnende Einkehr.
Anfahrt – An der D 3 zwischen *Weißenburg* u. *Lembach.*
Parken - Gäste-[P] *Hotel-Restaurant „Au Cheval Blanc".*
● **Hotel-Restaurant „Au Cheval Blanc"** - Schmuckes Haus mit Fachwerkoberbau. Ruhige u. bequeme Komfortzimmer. Gasträume im regionalen Stil. Angenehme, familiäre Atmosphäre. Kreative, in Gastronomieführern empfohlene Küche. Der Chef kocht selbst. Dabei verwendet er nur frische Produkte. U. a. Lamm, Wild, Geflügel, köstliche Fischvariationen, Elsässer Spezialitäten. Mittl. Preise. - *Ru = Di abends, Mi.*
● **Der Rundweg** - Gegenüber vom *„Cheval Blanc"* die *Rue de*
MA *Soultz*/D 51 ortsauswärts. 1. Abzweig li, *[Gelber Strich], Ww [Porche de la Chapelle].* Schönes Landschaftsbild. Vorbei an gr Steinkreuz zum Wald. Abstecher re, 4 Min zum prächtigen

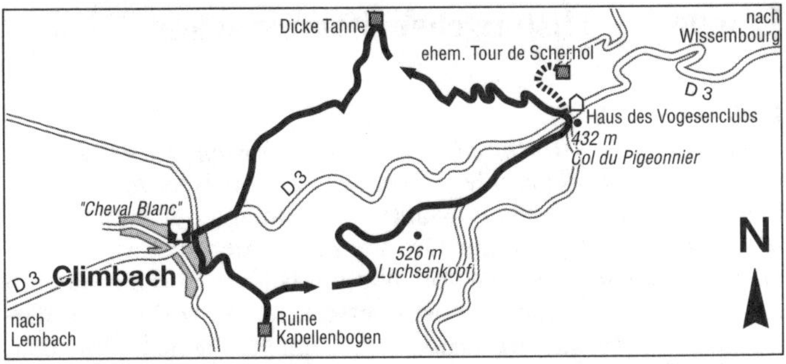

Kapellenbogen (12. Jh.) mit daneben liegendem *Brunnen* u. Spiel-
platz: *„Climbronn, Ruines de l'Ermitage"* (380 m). Zurück, nach
dem *Wbh* re, *[Gelber Strich]*. Flacher Hohlweg, stetig aufw. Br
Querweg li, eben ger, dann in weitem Bogen um den Hang des
Luchsenkopfs herum. In Ri Sendemast weiter. Li hinten erkennt
man *Krappenfels, Loewenstein, Hohenburg* und *Wegelnburg*. Ein-
mündung in befest. Weg. Ger, vor den Straßenstützmauern li
und vor der *Schutzhütte* über die D 3. *Col du Pigeonnier* (432 m)
mit dem *Haus des Vogesenclubs/Refuge du Pigeonnier Club Vos-
gien (ÖZ: So u. frz. Feiertage). – Abstecher* (25 Min mehr) zur
La Scherhol (506 m, ehem. *Tour de Scherhol/Observationsturm*
1895, zerstört 1940). *Schutzhütte Refuge de la Scherhol* 1903, reno-
viert 1988/89. – Vom 🅿 unterhalb der Hütte mit *[Gelb-Weiß-* *MW*
Gelb] Stufen u. Weg abw, *Sentier Robert Redslob*, vorbei an *Wbh*
mit *Brunnen*. Danach Pfad (!) scharf (!) li, Serpentinen abw, br
Weg 15m re, li Pfädchen halbli. Serpentinen abw, br Weg kurz re,
li über den Steg. Pfädchen in Lichtung aufw, dann re zu br Weg.
Ger, Wegekreuzung/*Carrefour Dicke Tanne* (260 m). Mit *[Grünem* *MW*
Kreuz] li ab. Neben einem schmalen Bachlauf leicht aufw. Vor
einer Lichtung re u. oberhalb des Bächleins weiter. Später Über-
querung, Pfädchen aufw, ebener Weg zu breitem Querweg. Li
ab, vorm *Friedhof* re, *Climbach, „Cheval Blanc"*.

Lembach - Historischer Stadtrundgang

Dauer - 1-1 ½ Stdn.
Anfahrt - *Dahn - Bruchweiler - Bärenbach - Rumbach - Schönau.* - D 3 von *Weißenburg* oder *Bitche.* - D 27 von *Woerth.*
Parken - P beim *Rathaus*. Markierte P entlang der Straßen.

● **Lembach** - Malerischer Ort am Zusammenfluss von *Heimbach* und *Sauer*, umgeben von Wiesen, Feldern und bewaldeten Bergen. Hier nehmen viele wunderschöne und vorbildlich markierte Wanderwege ihren Ausgang. Dazu gesellt sich eine hochklassige Gastronomie, die keine Wünsche offen lässt.

● **Aus der Geschichte** - Vorchristliche Besiedlung um 4000 v. Chr. Spuren *keltischer* und *römischer* Präsenz - Erste urkundl. Nennung 754 als *„Lonenbocho"*. - 1409 wird das Dorf *Lembach* zu einem *fleckensteinischen Allod.* Die *Herren v. Fleckenstein* bestimmen in der Folgezeit das religiöse und wirtschaftliche Leben des Dorfes. - 1543 Einführung der Reformation. - Um 1675–80 wird der *Flecken* (auf dem rechten Ufer der *Sauer*) Opfer der Flammen, die *Burg Fleckenstein* zerstört. - 1836 hat *Lembach* 2125 Einw. Im 2. Weltkrieg starke Kriegsschäden.

● **Der Rundgang** - In komprimierter Form, analog des ausführlichen Büchleins der *Gemeinde Lembach* von *Charles Schlosser*, erhältlich im *Rathaus* u. *Verkehrsamt* i. - **1) Rathaus**, erb. 1957 am Platz des 1940 stark beschädigten Vorgängerbaus. Sandsteinarkaden. Erker. Holzhauer-Skulptur von *Hetzel.* - Über die *Sauer* in den ältesten Ortsteil *Flecken* zu **2) Haus aus dem 18. Jh.**, *Postamt* mit Sandsteinsockel und prächtigem Fachwerkoberbau. - *Rue du Château* re zum sog. Schulplatz. In der linken Ecke **3) Ehem. Scheune**. - **4) Ev. Kirche.** *Glockenturm* (13./14. Jh.), wahrscheinlich Teil der Befestigung. Got. *Chor* (16. Jh.), barockes *Schiff* (1755), *Kanzel* aus Sandstein, sie stellt den „Baum der Erkenntnis" dar. - **5) Fleckensteinisches Schloss**, erb. 17./18. Jh. Es diente lange Jahre als ev. Pfarrhaus. - Am Ende der langen Baumallee die **6) Fleckmühle**. Gebäude aus dem 18. u. 19. Jh. An der Nordseite die alte wassergetriebene *Sägemühle.* Daneben das neue Werk *Ehrstein* von 1986. - Vorbei an der Westseite des Schlosses. Bei Hs. Nr. 12 li, nächste Str re, *Brunnen* (1922), Linksbogen, Rechtsbogen. Auf der linken Seite **7) Typisches „Fleckenhaus"** (18. Jh.), mehrgeschossig, sehr schöner Fachwerkoberbau. - Ger weiter, *Chemin du Moulin/Muehlwaj* li zur **8) Niedermühle o. Neumühle,** wohl 17. Jh., noch heute in Betrieb, jetzige Gebäude 18.–20. Jh. - Über die *Sauer* zur *Rue de Woerth.* Halbli zur **9) Ev.-Luth. Kirche,** 1924, Kriegsschäden 1945, renoviert 1948. - Zurück, *Rue de Woerth* re, *Rue de Wissembourg* re zu **10) Postwechselstation „Weißes Rössel"**, eines der bemerkenswertesten Gebäude in *Lembach*, (s. S. 110). - Gegenüber **11) Postwechselstation „Zum Goldenen Lamm"**, erb.

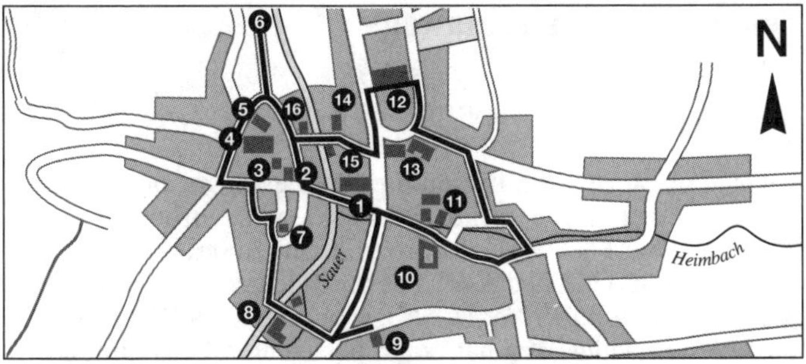

1802 von *Georges Schiellein*, Bruder des *Rösselwirts*. - Str vorbei am *Hôtel „Heimbach"* ortsauswärts weiter. Am Rechtsbogen ger (!). Vor der *Waschpritsche* über den *Heimbach* u. scharf li am Bach entlang. *Rue de la Haute-Vienne/Hennegass* re aufw, *Schlappegass* li, nächste Str/*Rue de Wingen* re aufw. Linker Hand die **12) Kath. Jakobuskirche**, erb. 1905-07 aus Sandstein in neugot. Stil. Bedeutende *Kirchenfenster* von *René Kuder*. 45 m hoher *Turm*. - Treppe abw, *Rue de Bitche* li. **13) „Zum Grünen Baum"**, schönes Fachwerkgebäude, s. S.112. - *Rue de l'Eglise/ Kirchegassel* re. **14) Haus Schweickart**, erb. 1722. - Weiter zu **15) Waschpritsche an der Sauer** (gegen 1900). - Ein Stück weiter liegt re das **16) Bürgerhaus** von 1759 mit Walmdach.

Lembach - Panoramawege

Anfahrt und Parken - Wie S. 108. - Gäste-P *„Auberge du Cheval Blanc"*.

● **Panoramawege** - Sie führen den Spaziergänger oder Wanderer durch malerische Straßen und Gassen, vorbei an vielen sehenswerten Fachwerkhäusern, hinauf zu markanten Aussichtspunkten. Unterwegs wird er durch lehrreiche *Landschaftstafeln* des *Naturparks der Nordvogesen* über alles Wissenswerte informiert. - Jeder Weg hat einen besonderen Schwerpunkt: 1) Geologie - 2) Benutzung des Lebensraums und Entwicklung des Dorfes - 3) Landschaft und Natur - 4) Bodenbenutzung. - Alle vier Wege sind einzeln begehbar. Man kann sie aber auch zu einer attraktiven Schleife um *Lembach* miteinander verbinden. - Die detaillierten Wegbeschreibungen sind in dem ausgezeichneten Büchlein *„Lembach"* (s. S. 108) festgehalten. - Ausgangspunkt ist jeweils das *Rathaus*, von dem die *„Auberge du Cheval Blanc"* nur wenige Schritte entfernt liegt.

● **„Auberge du Cheval Blanc"** - Das *Gasthaus „Zum Weißen Rössel"* gehört durch seine Proportionen und Architektur zu den bedeutendsten Gebäuden von *Lembach*. Bereits im 18. Jh. war es Wirtshaus und Postwechselstation. Sein jetziges Aussehen verdankt es den Erweiterungsbauten von 1809 durch *Ludwig Schiellein*. - Heute zählt das Haus, behutsam geleitet von *Familie Mischler*, zu den renommiertesten in ganz Frankreich. Die berühmte Küche - „traditionelle" u. „nouvelle" - vermag auch den verwöhntesten Feinschmecker zu begeistern. Der Fisch steht dabei ganzjährig an erster Stelle. Er wird frisch von den besten frz. Fischerhäfen angeliefert. „A la carte" findet man große klassische Gerichte und viele meisterhafte Kreationen, jeweils nach dem Marktangebot bereichert. Dazu werden in den behaglichen, historisch geprägten Gasträumen erlesene Weine serviert. Gehobenes Preisniveau. - *Ru = Mo, Di.*

● **Panoramaweg „Uberraechel"** - 1 ¼ Stdn - *[Braune Markierung]. - Schloßgasse - Fleckensteiner Straße - AP „Uberraechel"* (240 m) - rechtes Ufer der *Sauer* - *Bitscher Straße.*

● **Panoramaweg „Gries" und „Steinacker"** - 1 ¼ Stdn - *[Grüne Markierung]. - Bitscher Straße - Rue des Chalets - AP „Griesweg"* (290 m) - Landstr - *Wingener Weg - AP „Steinacker"* (240 m, am *Wbh,* 1922) - *Alter Kirchhof - Schlappengasse - Bitz - Augasse.*

● **Panoramaweg „Galgenfeld" und „Willerhoeh"** - 1 Std - *[Gelbe Markierung]. - Weißenburger Str - Scheber/Rue de la Montagne - AP „Galgenfeld"(250m) - AP „Willerhoeh"(260m) - Sulzerweg - Breitwies.*

● **Panoramaweg „Rebberg"** - 1 ¼ Stdn - *[Blaue Markierung]. - Fleckenstraße - Niedermühle - Woerther Straße* - Steg beim *Fußballplatz - Mattstaller Straße - Herrenspitz - Baechelacker - AP „Rehberg"* (225 m) - *Rathaus.*

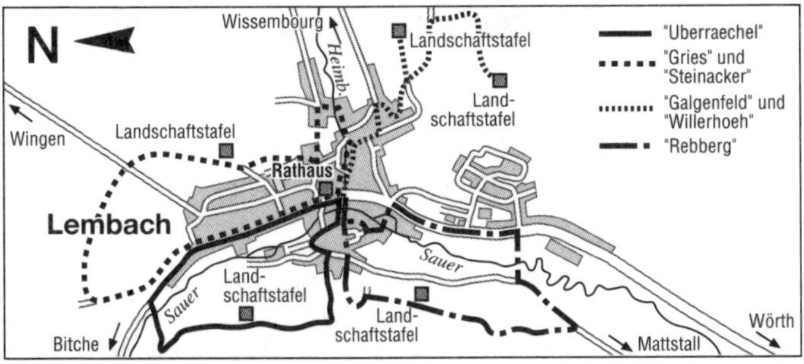

Lembach - Maginot-Linie

Anfahrt u. Parken - Ab Ortsmitte *Lembach* 2 km südl. Ri *Woerth*, dann D 65 li ab zu gr P vor dem *Werk Four-à-Chaux*.

● **Das Werk Four-à-Chaux/Kalkofen** - Das *Werk* der *Maginot-Linie* gehörte zum befestigten Sektor der *Nordvogesen*, als eines von zwei großen Werken. - 1930–35 Bauzeit. - 1938 erste Belegung. - 1939 Mobilmachung. - Mai 1940 Artillerieeinsätze gegen feindliche Patrouillen. - 19. 6. 1940 massives Bombardement durch 27 Stukas. - 25. 6. 1940 Waffenstillstand. - 1. 7. 1940 Die Besatzung ergibt sich mit allen kriegerischen Ehren. - 1951–53 intensive Arbeiten zur Wiederinstandsetzung. - 1983 Freigabe für die Öffentlichkeit durch den *Verkehrsverein Lembach*.

● **Sehenswertes** - Die Dimensionen des Werks sowie die Raffinesse von Technik und Organisation sind überaus eindrucksvoll. Besichtigt werden neben einem riesigen Gangsystem u. a.: ausfahrbarer Geschützstand mit ausgeklügeltem Hebelmechanismus - Befehlsstand - Funkzentrale - Elektr. Zentrale - Maschinenraum - Frischluftzufuhranlage - Mannschaftsschlafräume - Küche - Waffenmuseum.

Führungen - Mitte März–30.4. u. 1.10.–15.11: 10, 14 u. 15 Uhr. - 1.5.–30.6.: 10, 14, 15, 16 Uhr. - 1.7.–30.9.: 10, 11, 14, 15, 16, 17 Uhr.

Lembach - Schuhfelsen - Wingen - Lembach

Weg und Zeit - 12 km - 3 Stdn.
Charakteristik - Ein wunderschöner Weg, auf dem man wie selten sonst „Natur pur“ erlebt, schöne Ausblicke genießt und zudem Zeugnissen der historischen Vergangenheit *Lembachs* begegnet.
Anfahrt u. Parken - Wie S. 108. Außerdem 🅿 beim *Restaurant A l'Arbre Vert/“Zum Grünen Baum“* oder nahebei.

● **Der Rundweg** - Vom *„Arbre Vert“* die *Rue de Bitche/Nejgass*
MA ortsauswärts, *[Gelb-Weiß-Gelb]*. Am Ortsende befest. Weg aufw, Waldeintritt, re das *Chalet* des *Vogesenclubs*. Rechsbogen aufw, kurz darauf im Linksbogen **(!)** Pfädchen **(!)** aufw, auch *[Rotes Kreuz]*. Breiten Querweg li aufw, Linksbogen, dann re ab. Hübscher Weg durch prächtige Buchenbestände am Hang aufw zum Bergsattel. *Erinnerungstafel „Sentier Hirschinger - Silber“* mit einem schönen Gedicht über den *Vogesenpfad Lembach-Schuhfelssattel*. - Abstecher nach li mit *[Rotem Kreuz]*, Aussichtsweg zum *Schuhfelsen* mit eingehauenen Schuhspuren im Gebiet eines *Oppidums* (ehem. befestigte Siedlung) am *Griesberg* (Münzfunde, Steinkistengräber, Statuen, Spuren eines Tempels u. v. a.). Gleicher Weg zurück. - Vom Sattel mit *[Gelb-Weiß-Gelb]* am Hang des *Riegelsbergs* aufw zu breitem Querweg. - Abstecher (80 m) li zum *Kelwenstall „Etable celtique“*, 430 m, ein weiteres Indiz für eine *gallo-römische Siedlung*. - Vom breiten Querweg sofort wieder re ab *[Gelb-Weiß-Gelb]*, *Ww [Wingen]*. Pfad genüsslich abw. Später Einmündung in br Weg, 40 m, dann Pfad re, vor einem Graben re abw. Hohlweg abw. Ortsrand *Wingen*. Li, *Wbh*, Rechtsbogen, *Rue des Rochers*, *Rue du Nord*, mehrere *Brunnen*, Fachwerkhäuser. *Rue Principale* li bis Ortsende. Noch über die Kuppe,
MW dann mit *[Blauem Kreuz]* verwachsenes Pfädchen re abw in eine Senke. Über den *Heimbach*. Grasweg ger aufw zum Wald. Fahrstr re aufw, an der Linkskehre ger **(!)**, *Ww [Lembach]*. Sitzgruppe. Weg begrenzt von Lärchen, Birken u. prächtigem Heidekraut. Herrlicher Grasweg durch Jungwald. Achtung! Inmitten des Weges re **(!)**, (*[Rotes Kreuz]* ger). „Verwunschenes“ Pfädchen mit eng zusammen stehenden Bäumen durch eine ungestörte Natur. Pfädchen konsequent beibehalten. Später Einmündung in breiten Weg. Auf diesem über den *Heimbach* und nach *Lembach*. Bei Hs. Nr. 10 Straßengabel ger **(!)** aufw, ger durch die *Rue des Savetiers/Schlappegass* und die *Rue de Wingen* zum

● **Restaurant A l'Arbre Vert/“Zum Grünen Baum“** - Schönes Fachwerkgebäude mit zwei Brunnen, das nach und nach umgebaut und vergrößert wurde. Der älteste Teil wurde 1772 durch den damaligen Bürgermeister *Philipp Metz* errichtet. Erweiterungen 1783, 1833 u. Ende 19. Jh. Mehr über das heutige *Restaurant* auf S. 113.

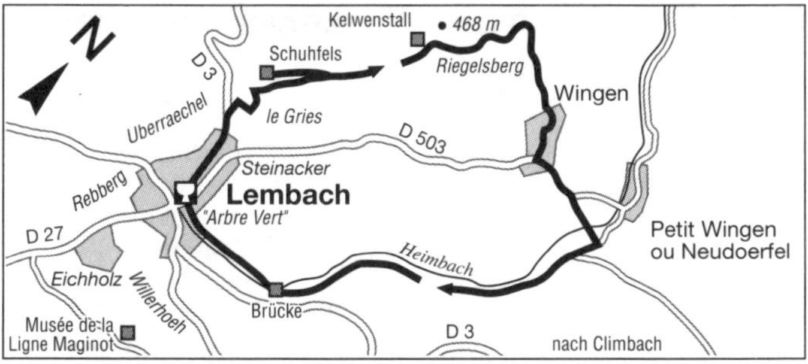

Lembach - Col du Hohmarkstein - Lembach

Weg und Zeit - 9 ½ km - 2 ½ Stdn.
Charakteristik - Prächtiges Wegstück an der *Sauer*, stetiger Anstieg zum *Col du Hohmarkstein*, genüsslicher Rückweg.

● **Restaurant A l'Arbre Vert/“Zum Grünen Baum“** - Sympathisches Elsässer Gasthaus. Gemütliche Räume. Familiäre Atmosphäre. Gelobte, gutbürgerliche Küche mit klassischen Speisen u. Elsässer Gerichten. Spezialität „Ente à l'Orange“. Auch Fisch, Wild, Lamm, Steaks. Kleine Vorspeisen u. Suppen. Vesper. Fassbier. Schöne Weine. Mittl. Preise. - *Ru = Mi, Do.* *MA*

● **Der Rundweg** (ohne Skizze) - Vom *„Arbre Vert“* mit *[Rotem Dreieck]* ortsauswärts. 150 m nach Ortsende Steg über die *Sauer*, dahinter re. Hübscher Weg, parallel zum eher stillen, romantischen Bach mit den üppig bewachsenen Wiesen u. Feuchtgebie- *MW*
ten. *Tannenbruck* (201 m) re, hinter der D 925 li, *[Blaues Kreuz]*, br Weg aufw. Über dem Tal der *Thalenberg*. Später Rechtsabzweig **(!)**, stramm aufw, dann noch einmal Rechtsabzweig zum *MW*
Wegestern *Col du Hohmarkstein* (370 m). Nun mit *[Blauem Punkt]* genussvoll durch den stillen Wald. Weiter unten schöner Blick über *Noethental* u. *Sauertal* auf den *Kraehberg*. Hoch über dem *Sauertal* weiter und abw nach *Lembach*.

Gimbelhof/ Lembach - Vierburgenwanderung

Weg und Zeit - 7 ½ km - 3 Stdn (mit Burgbegehungen).
Charakteristik - Einer der attraktivsten Wege in den *Nordvogesen*, geprägt von der Begegnung mit der Geschichte und bereichert mit phantastischen Ausblicken von den Burgen.
Anfahrt - *Dahn - Bruchweiler - Bärenbach - Rumbach - Schönau - Hirschtal* - am Ende des *Fleckensteiner Weihers* li aufw, *Ww [Gimbelhof]*. - Von *Weißenburg* o. *Haguenau* über *Lembach*. - Von *Bitche*.
Parken - Gr Ⓟ beim *Hôtel-Restaurant du Gimbelhof*.

● **"Gimbelhof"** - Wohl das bekannteste (Wander-) Gasthaus in den *Nordvogesen*, in herrlich ruhiger Lage, umgeben von tiefen Wäldern, überragt von mächtigen Burgruinen. Behagliche Komfortzimmer. Stilvoll-rustikale Räume. Terrasse und Biergarten. Wohltuende Atmosphäre. Vortreffliche Küche. Elsässer Spezialitäten aus eigener Schlachtung. Auch Fisch, Wild, Lamm, Geflügel. Günstiges Tages-Menü. Vesper. Bier vom Fass. Schöne Weine. Untere u.mittl. Preise. - *Ru = Mo, Di.*

MA ● **Der Rundweg** - Vom *„Gimbelhof"* mit *[Rot-Weiß-Rot]* Ri Wald. 120 m nach Waldeintritt Abzweig halbli. Er führt zur Fahrstr. Daneben aufw zum Ⓟ und weiter zur

● **Burg Fleckenstein** (338 m) - Eine der kühnsten Felsenburgen in den *Vogesen*. Sie wurde im 11./12. Jh. vom mächtigen *Geschlecht der Fleckensteiner* auf einem 43 m hohen, nur 6–8 m breiten Felsen erbaut. Gesamtlänge 92 m. Eindrucksvoll sind die in die Felsen gehauenen Kammern, darunter der „Rittersaal" mit Mittelsäule. Der mächtige spätgot. Viereckturm wurde im 15. Jh. angebaut. Auf der oberen Plattform sieht man Reste des *Palas*. Schöner Blick, u. a. auf das *Sauertal*. *Burgmuseum*. - 1129 erste urkundl. Nennung. 1276 Belagerung durch *Kaiser Rudolf v. Habsburg*, 1315 durch die *Straßburger*. 1689 Zerstörung unter *Ludwig XIV.* 1958 kommt das *„Monument Historique"* unter die Obhut des *Verkehrsvereins Lembach*.

Von der Burg über den Ⓟ zurück. Nach dem *Forsthaus* li, Wald-
MW eintritt. Mit *[Rotem Strich]* ger u. Rechtsbogen o.mit *[Rotem Dreieck]* gleich re über den prächtigen, aber mit der nötigen Vorsicht zu begehenden *„Felsenpfad"* aufw zum *Col Hohenbourg*
MW (475 m). 2. Weg re, *[Rot-Weiß-Rot]*, zu breitem Weg, 25 m re, dann Pfad halbli.

● **Burg Loewenstein** (520 m) - Eine reine Felsenburg. 1. Nennung im 12. Jh. mit *Ritter Wolfram v. Loewenstein*. 1283 Übergabe an *Kaiser Rudolf v. Habsburg*. Um 1380 Raubritternest. 1386 zerstört, danach Vorwerk der *Hohenbourg*. Die Burg wird auch *„Lindenschmitt"* genannt, nach dem listigen gleichnamigen Raubritter. - Haupt- u. Vorburg sind durch einen Felsspalt getrennt. - Toller Blick auf Berge der *Vogesen* u. des *Pfälzerwalds*, auf

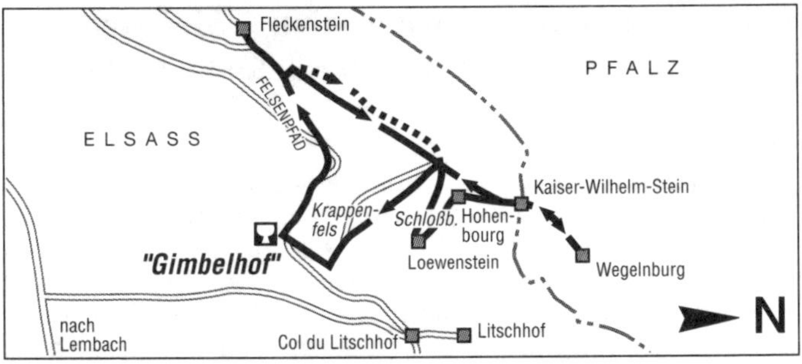

Gimbelhof, Litschhof u. *Wegelnburg.* Mit *[Rot-Weiß-Rot]* zur

● **Hohenbourg** (553 m) - Erb. 13. Jh. von dem Geschlecht der *Puller v. Hohenburg,* aus dem der bedeutende Minnesänger *Konrad Puller v. Hohenburg* stammte. 1482 Eigentum der *Herren v. Sickingen.* Von *Franz v. Sickingen* verstärkt. 1523 zerstört. Später im Renaissancestil schlossartig neu aufgebaut. Endgültige Zerstörung 1680. Schönes Renaissance-Portal und mächtige Mauerwerksreste erhalten. - Traumhaft schöne Rundsicht. Prächtige, bebilderte *Orientierungstafel* aus edlem Gestein (*INTERRE-Programm der EU* für den *PAMINA-Raum).*Mit *[Rot-Weiß-Rot]* zum
Maidenbrunnen (501 m). Mit *[Rotem Strich]* zur *Schutzhütte* am *MW*
Kaiser-Wilhelm-Stein u. mit *[Rot-Gelb]* zur *MW*

● **Wegelnburg** (572 m) - Beschreibung auf S. 126.

Zurück zum *Maidenbrunnen.* Mit *[Rotem Strich]* halbre, *Ww* *MW*
[Col Hohenbourg direct]. Später Gabel halbre abw zum *Col.* 3.
Linksabzweig (Pfad!) abw, *[Roter Punkt].* Unten re. *MW*

● **Großer Abenteuerspielplatz „Grenzenlose Ritterzeit"** mit mittelalterl. Skulpturen. Gestaltet 1995 im Rahmen des *„PAMINA-Projekts"*, grenzübergreifend zwischen den beiden Ferienregionen *„Sauertal" (Elsass)* und *„Dahner Felsenland" (Pfalz).* Das Projekt dient der touristischen Aufwertung der Burgen im Bereich *Lembach–Dahn.* (*PAMINA* umfasst die *Südpfalz*, den *mittleren Oberrhein* und das *nördliche Elsass*). Vom *Spielplatz* sind es nur noch wenige Schritte zum *„Gimbelhof"*.

Niedersteinbach - Wasigenstein - Maimont - Zollstock - Ziegeunerfelsen - Niedersteinbach

Weg und Zeit - 13 ½ km - 3 ¾ Stdn - Höhendifferenz ca. 300 m.
Charakteristik - Ein großartiger Rundweg aus dem *Steinbachtal* zur prächtigen *Burgruine Wasigenstein* und weiter aufw zum Gipfelrücken des *Maimont* mit der *keltischen Opferschale* und dem *Keltenwall.* Von dort hinüber zum *Friedenskreuz*, von wo aus man eine wunderschöne Aussicht genießt. Danach an einem wuchtigen Felsenkamm entlang, abw zum Wegestern *Zollstock/Florenberger Hals* und weiter über den *Col du Maimont* zum *Zigeunerfelsen*, der ebenfalls einen herrlichen Ausblick bietet. Waldweg zurück nach *Niedersteinbach.*
Anfahrt - Von *Dahn* über *Schönau* und *Hirschthal* zum *Fleckensteiner Weiher*, dahinter D 3 re ab. - D 3 von *Weißenburg* über *Lembach* oder von *Bitche* über *Obersteinbach.*
Parken - Gr P beim *Hôtel-Restaurant Au Cheval Blanc.*

● **Niedersteinbach** - Malerischer Ferienort mit zahlreichen hübschen Häusern, besonders liebevoll mit Blumen geschmückt, und gepflegten Gärten. Mehrere *Trinkwasserbrunnen.* Ausgangspunkt vieler attraktiver Wanderwege.

● **Hôtel-Restaurant Au Cheval Blanc** - Angenehmes Haus mit regionaltypischem Äußeren. Gemütliche Komfortzimmer. Stilvoll-rustikale Räume. Große Gartenterrasse. Solar beheiztes Schwimmbad. Herzliche, familiäre Atmosphäre. Die kreative Elsässer Küche bietet eine reiche Palette klassischer, regionaler, saisonaler und internationaler Gerichte, von kleinen Köstlichkeiten bis hin zum raffinierten Feinschmecker-Menü. Bier vom Fass. Schöne Weine. Mittl. Preise. - *Ru (nur Rest.) = Do.*

● **Niedersteinbach - Wasigenstein - Col du Maimont** - 1 ¼ Stdn - Vom *„Cheval Blanc" Rue Principale* ortsauswärts. Am Ortsende
MA re, *[Rotes Kreuz], Ww [Wasigenstein].* Rechtsbogen aufw, Blick aufs *Hotel.* Linksbogen, Wiese, Waldeintritt. Breiten Weg halbre (!) aufw. Nach 200 m Pfädchen (!) li ab. Hanglängs stetig aufw. Hangwechsel. Aufw zu breitem Weg, li ab zur Fahrstr. Diese re
MW abw, schöner Blick auf *Wengelsbach.* Halbli abw, *[Roter Strich].*

● **Burg Wasigenstein** (340 m) - Erb. 13. Jh. Doppelburg. *Groß-* u. *Klein-Wasigenstein* (alte u. neue Burg) auf zwei durch eine Schlucht getrennte Felsklippen, zerstört 1769. Schauplatz vom *Nibelungenepos* des *Waltharilliedes*: Kampf *Walthers v. Aquitanien* (mit *Hildgunt*) gegen *Hagen* u. den *Burgunderkönig Gunther.* Erhalten: In Felsen gehauene Treppen u. Gemächer sowie Ringmau-
MW ern. - Mit *[Rot-Weiß-Rot]* aufw zum *Col du Maimont* (390 m).

● **Col du Maimont - Maimont - Zollstock - Col du Maimont** - 1 ½ Stdn - 20 m ger, dann Pfad li, angenehm aufw zum Gipfelrücken des *Maimont* (513 m). Seltene *keltische Opferschale. Frz.*

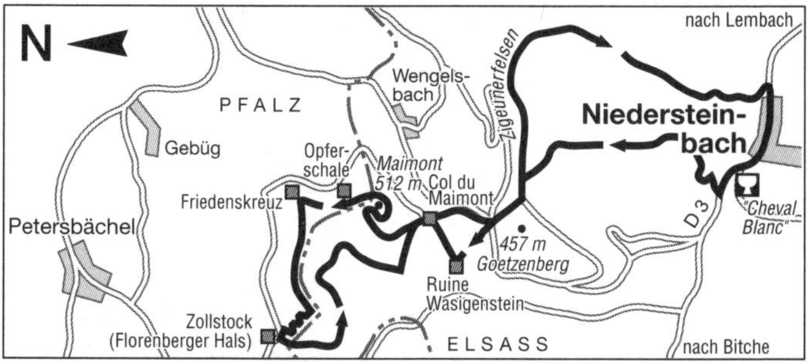

Gedenktafel. Abw, stattliche Überreste eines *kelt. Ringwalls*, Sattel mit *Wolfsgrube* (li). Gabel halbli, *[Rot-Gelb], Ww*, zum *Frie-* MW *denskreuz* auf einem Felskoloss. Sehr schöner Blick auf *Fischbach* u. die Berge. Auf dem felsigen Bergkamm weiter, dann unterhalb der markanten Felsformationen und schließlich in Serpentinen abw zum Wegestern *Zollstock/Florenberger Hals* (350 m). Li ab, *[Roter Punkt], Ww [Zigeunerfels].* Nach ca. MW 20 Min Durchblick zum *Wasigenstein. Col du Maimont* (390 m).

● **Col du Maimont - Zigeunerfels - Niedersteinbach** - 1 Std - Ger, *[Roter Punkt], Ww,* Hangweg zum schön geformten *Klingelfels.* Fahrstr aufw (Herweg). Bei Rechtsbogen mit *[Rotem Strich]* MW kurz ger, im Wald li, *Ww.* Pfad (!) aufw zum prachtvollen *Zigeunerfelsen* (456 m). Von oben herrliche Aussicht, vor allem ins *Steinbachtal.* Weiter Ri *Col de Hichtenbach.* Wegabzweig re, *[Rotes* MW *Dreieck], Ww.* Abw, br Weg 20 m li, Pfädchen re, abw nach *Niedersteinbach. Rue Principale* re, zurück zum *„Cheval Blanc".*

● **Wegvariationen** - 1) Wer nicht so lange wandern möchte, kann nach dem Besuch der *Burg Wasigenstein* vom *Col du Maimont* direkt über den *Zigeunerfelsen* zurückkehren. Gehzeit 2 ¼ Stdn. - 2) Man kann nach der Überschreitung des *Maimont* bei der *Wolfsgrube* statt zum *Friedenskreuz* an der Gabel abw zur *Burg Blumenstein* gehen (um 1260 gegründet, 1525 zerstört, s. auch S. 124). Den Rückweg nimmt man dann entweder über den *Col du Maimont* oder über den *Wengelsbacher Hals.*

Rendezvous zwischen Elsass und Pfalz

Die *Nordvogesen* und der *Wasgau* bilden eine der schönsten Kulturlandschaften Europas. Sie wird geprägt von endlos weiten Wäldern, markanten Bergen, lieblichen Tälern und mächtigen, herrlich geformten Felsen, die gleich riesigen Pilzen, Türmen oder Burgen in den Himmel ragen. Irgendwo dazwischen liegt die *Grüne Grenze*: Auf der elsässischen Seite der 72000 Hektar große *„Parc Naturel Régional des Vosges du Nord"*, auf der Pfälzer Seite das *Dahner Felsenland*, südlicher Teil des *„Naturparks Pfälzerwald"*. Unzählige Wanderwege durchziehen diese Region. „Grenzenlos" wandert man von einer kühnen *Burg* zur andern und verspürt dabei den Atem der Geschichte, einer engen deutsch-französischen Verflechtung während eines fast 1000-jährigen Zeitraums.
Sowohl der *„Naturpark Nordvogesen"* als auch der *„Naturpark Pfälzerwald"* sind von der UNESCO zum internationalen *Biosphärenreservat* mit Weltgeltung erklärt worden.

Niedersteinbach - Col de Hichtenbach - Froensbourg - Steinbachtal - Niedersteinbach

Weg und Zeit - 9 km - 2 ½ Stdn.
Charakteristik - Sehr abwechslungsreicher Rundweg von *Niedersteinbach* durch den Wald aufwärts zum *Col de Hichtenbach* und im Bogen hanglängs zur romantischen *Froensbourg,* einem ehem. Raubritternest. Rückweg durch das *Steinbachtal.*
Anfahrt - Wie S. 116. - **Parken** - Öffentl. P unweit vom
● **Hôtel-Restaurant Hoefler** - Schönes altes Fachwerkhaus. Behagliche Gästezimmer mit Dusche. Gemütliche Gasträume. Gartenterrasse. Ungezwungene, gepflegte Atmosphäre. Gutbürgerliche Küche mit regionalen Akzenten. Elsässer Spezialitäten. Neben Rumpsteak, Wild u. Geflügel auch Schnecken u. Froschschenkel. Flammkuchen aus dem Holzofen u. Pizzen (Sa u. So). Menüs. Tageskarte. Vesper. Selbstgemachte Pasteten. Hausgebackene Kuchen. Fassbier. Elsässer Weine. Untere u. mittl. Preise. - *Ru = Mo. Jahresurlaub 1. - 3. Januarwoche.*
MA ● **Der Rundweg** - *Rue Principale* östl., *[Rotes Dreieck].* Hinter Haus Nr. 48 li, nach 60 m Pfad re aufw. Waldeintritt, aufw. Breiten Querweg 30 m li, Pfad halbre aufw. Breiten Querweg re, *[Roter Strich].* Linksbogen. Leicht abw zum *Col de Hichtenbach/Hichten-*
MW *bacher Hals* (357 m) mit *Schutzhütte.* Pfad (!) re ab, *[Roter Strich], Ww.* Felsiges Wegstück. Lichtung mit Ausblick. Einmündung in breiten Weg. Ger, bald darauf Pfad re abw. Hanglängs mit felsigen Einlagen. Später schöner Vorblick auf die Burgfelsen. Etwas

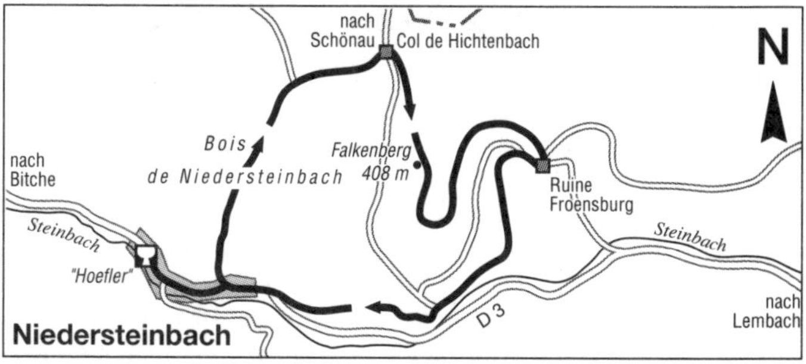

heikle Passage (abgerutschter Weg) abw zu breitem Querweg. Li ab, nach 100m Pfad re abw und hinüber zur

● **Froensbourg** (310 m) - Erb. im 13. Jh., urkundl. genannt 1269. Im 14. Jh. u. a. im Besitz von *Reinhard v. Sickingen*, der den kaiserlichen Landfrieden bricht. Deshalb Zerstörung der Burg 1355 durch die Truppen von *Johann v. Lichtenberg.* Wiederaufbau 1389. 100 Jahre später im Besitz der *Fleckensteiner.* Sie dient hauptsächlich der Überwachung der Straße *Weißenburg-Lothringen.* Schleifung 1677. - Die Burg liegt auf 2 Felsen. Anstelle des jetzigen Stegs zwischen Vor- u. Hauptburg gab es eine Hebebrücke. Erhalten sind eine got. Tür von 1481 und einige Mauerreste. Daneben die für reine Felsenburgen charakteristischen ausgehauenen Felsenkammern.

● **Der Weiterweg** - Mit der *[Gelben Raute]* am westl. Burgfuß *MW* abw, vorbei am 2. Burgeingang, unten Pfad re. Nach 30m Pfädchen **(!)** li abw. Einmündung in breiten Weg. Ger, später Rechtsbogen ins *Steinbachtal.* Reiche Vegetation. Oberhalb des Baches weiter. Br Querweg li, *Spielpl. mit Schutzhütte.* 30 m **(!)** nach *Ww* Wiesenwegspuren **(!)** re hoch zum Wald. Am jenseitigen Waldrand Graspfad li. In Wiesenmitte Graspfad re zwischen einzelnen Bäumen aufw, nach 70 m Graspfad li. Waldeintritt. Flacher Hohlweg, dann Grasweg. Abw, D 3 re, *Niedersteinbach. Rue Principale* zurück zum *Hôtel-Restaurant Hoefler.*

Obersteinbach – Burg Lutzelhardt – Bayr. Windstein – Florenberger Hals – Arnsbourg – O.

Weg und Zeit – 11 ½ km – 3 ¼ Stdn.

Charakteristik – Von *Obersteinbach* wandert man zunächst gemütlich durchs obere *Steinbachtal* zur *prächtigen Burgruine Lutzelhardt.* Dann steigt man hoch zum *AP Bayrischer Windstein* auf einem massigen Felskoloss. Von dort geht es hinüber zum *Florenberger Hals* und abwärts ins *Langenbachtal* mit seinen idyllischen Weihern. Ein Besuch der kleinen *Arnsbourg* rundet dieses herrliche Wandererlebnis ab.

Anfahrt – Wie S.116. – Die D3 verbindet *Ober-* mit *Niedersteinbach.*

Parken – Gr Gäste-P beim *Hôtel-Restaurant Chez Anthon.*

● **Obersteinbach** – Malerischer, beschaulicher Urlaubsort im *Steinbachtal*, überragt von der *Arnsbourg* und dem kühn geformten *Wachtfels.* Ein besonderer Anziehungspunkt ist das

●**Haus der Burgen/Maison des châteaux forts** – Sehr informative ständige Ausstellung über die *Burgen der Nordvogesen*, über Burgenbau u. Wehreinrichtungen, z. T. mit Diavorführungen. Auch der Feinschmeckertempel *„Chez Anthon"* hat viel zum hohen Bekanntheitsgrad des Ortes beigetragen.

● **Hôtel-Restaurant Chez Anthon** – Sehr gepflegtes Haus mit langer Tradition. Hübsche Komfortzimmer. Stilvolle Gasträume. Gartenterrasse. Wohltuende Atmosphäre. Kreative, gehobene Küche mit einem breiten Spektrum erlesener Gerichte. Traditionelle und feine elsässische Speisen. Wochenmarkt-Küche. Delikate Fisch-Kreationen. Regionale u. saisonale Menüs. Feinschmecker- u. Kinder-Menüs. Tageskarte. Große Auswahl an offenen u. Flaschenweinen. Mittl. u. gehobenes Preisniveau. – *Ru = Di, Mi.*

● **Der Rundweg** – Vom *„Chez Anthon" Rue Principale* ortsaus-
MA wärts (westl.), *[Gelber Strich]*, *Ww*, vorbei am *Burgenmuseum. Rue du Liesthal* halbre. Sandiger Waldweg durchs hübsche *Steinbachtal.* Vorm *Forsthaus* re, später li ab u. ger. Aufw, Wegkreuzung li aufw, *Ww*, zur

● **Burg Lutzelhardt** (331 m) – Eine typische Felsenburg, erb. im 12. Jh. von den *Herzögen v. Lothringen.* Danach wechselnde Besitzer. Zerstört im Dreißigjährigen Krieg. In Art und Aufbau ähnelt sie in gewisser Weise der *Burg Fleckenstein.* Erhalten sind Teile der Ringmauer, der Unterburg mit Felsengemächern, des viereckigen Bergfrieds u. des kleinen Palas. Herrlicher Blick über das Dreiländereck *Südwestpfalz–Ostlothringen–Nordelsass.*
MW – Zurück zur Wegkreuzung. Ger, *[Gelbes Andreaskreuz].* Wald-
MW austritt. Breiter Weg ger, mit *[Blau-Weißen Strichen]* am Waldrand entlang. Im Blickfeld *Windstein* u. *Grenzturm.* Vorbei an einem idyllischen Weiher (li), danach im Wald aufw, zum

Schluss in Serpentinen zum Felsenkoloss
● **Bayrischer Windstein** (366 m) - Mittels Leiter ersteigbar. Wundervoller Blick auf *Nordvogesen* und *Lutzelhardt.* Der weit ausladende Felsentisch wird von einer Mittelsäule getragen. Weiter zu breitem ebenen Weg. Vorbei an stattlichen Buchen hinüber zum Wegestern *Florenberger Hals* (350 m). 3 *Rotpunktwege* gehen re ab. Auf dem mittleren (Pfad) abw, *Ww [Obersteinbach].* - (Der rechte Weg ist etwas länger, dafür abwechslungsreicher.) - Es folgt das schöne, stille *Langenbachtal* mit seiner üppigen Vegetation und mehreren romantischen Weihern, darunter der *Kindelsweiher.* Ziemlich weit unten im Tal führt ein Brettersteg re über den *Langenbach.* Etwas später erscheint die *MW [Rote Raute].* Nach ca. 100 m Pfädchen **(!)** re aufw, Wiese, Wald, aufw, oben Querweg li. Rechtsbogen aufw, breiten Querweg li. Nach 20 m Pfad scharf **(!)** re aufw, *Ww [Arnsbourg], [Wachtfels].*

MW *MW*

● **Petit Arnsbourg** - Eine in steile Felsen hineingebaute Burg aus dem 14. Jh., typisch für kleinste Feudalsitze im *Elsass.* Neben den ausgehauenen Felsenkammern sieht man eine gewundene Felsentreppe sowie Reste des viereckigen Bergfrieds und des kleinen Palas. - Sehr schöner Blick auf *Obersteinbach.* Steintreppe ger abw zu einer Wegegabel. Halbre über den *Wachtfelsen,* halbli mit *[Roter Raute]* direkt abw zu breitem Querweg. Auf diesem re, dann li ab nach *Obersteinbach* zur *Rue Principale,* auf dieser li zurück zu *„Chez Anthon".*

Ludwigswinkel - Pfälzerwoog - Petersbächel - Florenberger Hals - Bayrischer Windstein - L.

Weg und Zeit - 15 ½ km - 4 Stdn.

Charakteristik - Eine genüssliche Rundwanderung, bei der einerseits viele Seen und romantische Weiher, andererseits prächtige bizarre Felsgestalten die Hauptakzente setzen.

Anfahrt - B 427, Abzweig *Salzwoog*, Abzweig *Dahn-Reichenbach* o. Abzweig *Erlenbach*. - B 10, Abzweig westl. *Hinterweidenthal*. - Von *Pirmasens*. - Von *Eppenbrunn*.

Parken - Gäste-P der *Hotels „Blick zum Maimont"* und *„Rösselsquelle"*.

● **Ludwigswinkel** (250 m) - *Staatlich anerkannter Erholungsort* in landschaftlich herausragender Lage mit *Badeseen, Weihern, Brunnen* und *Naturschutzgebieten*.

● **Ludwigswinkel - Pfälzerwoog - Bayrischer Windstein** - 2 ½ Stdn - 1) Vom *Hotel „Blick zum Maimont" Landgrafenstr* ortseinwärts. - 2) Von der *Pension-Restaurant „Rösselsquelle" Bitscher Str* ortseinwärts, *Landgrafenstr* ger. - 1) u. 2) Bei Haus Nr. 39 mit
MA *[Grünem Strich]* (bis *Petersbächel*!) *Brunnenweg* über den *Rösselsbach*. *Petersbächler Str* li, Waldeintritt, *Entenweiher*. K 43 überqueren, ger, aufw, z. T. *Vita Parcours*, Aussichtsstellen. Abw zum *NSG Pfälzerwoog* mit dem romantischen, geheimnisvoll dunklen See. Dahinter re, im Hintergrund der *Lindelskopf*. Später kommt *[Rot-Gelb]* hinzu. Weg beibehalten bis K 43. Diese li, Abzweig re, *Petersbächel*. *Vogesenstr* ger, *Gebüger Str* li. *Walthari-*
MW *Klause PWV*. Am Waldrand re, jetzt mit *[Rot-Gelb]*. Im Wald immer ger, dann Serpentinen aufw zum *Zollstock/Florenberger*
MW *Hals/Col du Florenberg* (350 m). Grenze. Re ab, *[Blau-Weiße Striche]*, schöner ebener Aussichtsweg. Nach ca. 6 Min Blick zur *Burgruine Wasigenstein*. Etwa ½ Std ab *Zollstock* li ab zum

● **Bayrischen Windstein** (366 m) - Toller Felsklotz, halbseitig ein ausladender Tisch mit Mittelsäule. Mittels Leiter gut besteigbar. Großartiger und sehr eindrucksvoller Blick auf die *Nordvogesen* mit dem mächtigen *Grenzturm* und der *Burgruine Lutzelhardt* (12. Jh., siehe S. 120).

● **Bayrischer Windstein - Ludwigswinkel** - 1 ½ Stdn - Serpentinen abw, Weiher (Reiherkolonie), ger, breiter Querweg re. Gut ½ Std am US-Sperrgebiet entlang (Zaunabbau geplant), dann Linksbogen. *NSG Rohrweiher-Rösselsweiher*. Nach 2 Min Abstecher re zur *Rösselsquelle* (gefasst 1989). Befest. Weg weiter. Li *Ruine Roesselsbrunner Hof* (*Ritterstein PWV*). 4 Min danach re (!)
MW ab *[2, 4, 5]*. Nach 5 Min (!) unbedingt (!) *unmarkierte* Abzweigung re zum idyllischen *Rösselsweiher*. Hier Wegetrennung: 1) Ger, am Zaun li, im Ort *Landgrafenstr* zum *„Blick zum Maimont"*. - 2) 100 m zurück u. re mit *[2, 4, 5]* zur *„Rösselsquelle"*.

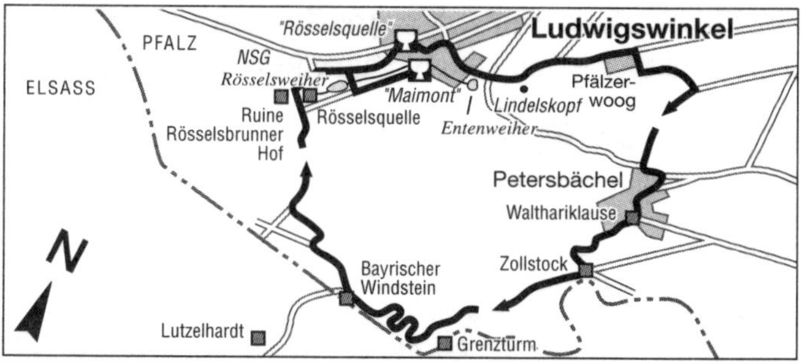

● **Hotel-Restaurant „Blick zum Maimont"** - Lage innerorts mit ruhigen, modernen Gästezimmern. Gepflegt-rustikale Gasträume. Häusliche Atmosphäre. Gut geführte Küche, von Pfälzer Spezialitäten bis zu Feinschmeckergerichten. Wild, Fisch. Ausgesuchte Pfälzer Weine. Mittl. Preise. - *Ru = Mo.*

● **Restaurant-Café-Pension „Rösselsquelle"** - Ruhige Orts- u. Waldrandlage. - Komfortable Gästezimmer. Elegant-rustikale Gasträume. Gepflegte Atmosphäre. Gutbürgerliche und gehobene Küche, auch Fisch, Wild, Diät, Vollwert, Vesper. Frühstücksbuffet. Mittl. Preise. - *Ru = Di.*

Saarbacherhammer - Fischbach - Blumenstein - Petersbächel - Saarbacherhammer bzw. Fischbach

Weg und Zeit - Von *Saarbacherhammer* 16 km - gut 4 Stdn, von *Fischbach* 14 km - gut 3 ½ Stdn.
Charakteristik - Sehr schöner Rundweg zur malerischen *Felsenburg Blumenstein* und zum Aussichtspunkt *Friedenskreuz.*
Anfahrt -B427 *Bad Bergzabern,* - Abzweig *Niederschlettenbach - Bundenthal - Rumbach - Fischbach.* - B 10 von *Pirmasens,* vor *Hinterweidenthal* re ab. - Von *Pirmasens* über *Lemberg.* - Von *Lembach (F)* über *Schönau.* - Von *Weißenburg (F) - Niederschlettenbach - Rumbach.*
Parken - Gäste-P *„Saarbacherhammer"* u. *„Tausendschön".*

● **Saarbacherhammer - Fischbach - Schanze - Ruine Blumenstein** - gut 2 Stdn - Auf dem Gehweg zwischen *Mühlweiher* und Fahrstr abw bis zur Straßeneinmündung, Fuß-/Radweg re Ri
MA *Fischbach.* Nach 200 m Wechsel der Straßenseite, danach *[Rot-Weißer Strich]* bis *Fischbach. Bitscher Str* ortseinwärts. Hier kommen die Wanderer vom *„Tausendschön"* dazu. Kurz danach re
MW bis Kreuzung, re mit *[Grün-Gelbem Strich], Hauptstr* bis Ende. Kurz nach der *Tankstelle* re in den Wanderweg, ab hier mit
MW *[Roter Raute].* Brücke über den *Saarbach,* danach Waldeintritt. Nach 3 Min Gabel scharf re aufw (!), 300 m nach Bogen erneut scharf re aufw, dann sanfter Anstieg. Wenige Schritte nach Wegeinmündung Gabel re abw, Fahrstr überqueren, nach 50 m und vor Rastplatz *Schanze* re aufw. Dreiergabel, mittl. Weg zur

● **Burgruine Blumenstein** - Typische *Wasgauburg* auf frei stehendem schmalem Sandsteinfelsen. Erbaut um 1260, zerstört 1525. Teile der Schildmauer noch erhalten. Großartige Aussicht.

● **Blumenstein - Friedenskreuz - Petersbächel - Saarbacherham-**
MW **mer bzw. Fischbach** - 2 Stdn - Weiter mit *[Rot-Gelben Strichen]* re aufw, nach 300 m Gabel li aufw, Weg überqueren, Anstieg bis Sattel, re noch 300 m bis *Friedenskreuz* mit Aussichtsfelsen. Weiter aufw, nach 50 m re abw, unterhalb Kammlinie (Grenze D/F), zuletzt in Serpentinen abw zum *Zollstock/Florenberger Hals* (350 m). Wegespinne, halbre abw mit *[Rot-Gelb],* nach 250 m Abzweig re und abw bis *Petersbächel.* Am Ortsschild *Bielerhof* li, vorbei an *Walthari-Klause* des *PWV, Vogesenstr* re, bei *Kriegerdenkmal* li aufw. 300 m entlang der Str, dann mit *[Rot-Gelb]* re in den Wald. Kreuzung ger, noch gut 20 Min bis Gabel. Hier trennen sich die Wege der Wanderer vom *„Saarbacherhammer"* und von *Fischbach*: 1) Nach *Fischbach* re weiter mit *[Rot-Gelb],* noch gut 15 Min bis Fahrstr li, Brücke über den *Saarbach, Petersbächler Str* bis Kreuzung und weiter zum *„Tausendschön".* - 2) Die Wanderer zum *„Saarbacherhammer"* gehen bei der Gabel ger, Schranke ger, Fuß-/Reitweg mit *[3],* später auch

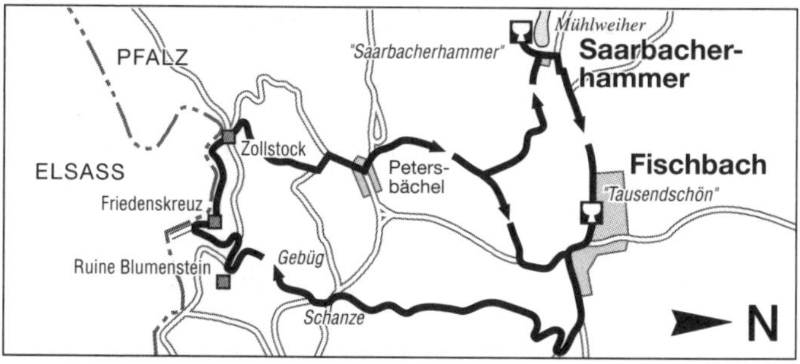

noch *[41]*, vorbei an *Reitplatz* und *Fischteichen.* Am *Sägewerk* Gabel re abw, durch Werksgelände der *[41]* folgend, li Ri *Mühlweiher*, Str überqueren, li zum *„Saarbacherhammer“.*

● **Restaurant-Pension Saarbacherhammer** - Schöne Lage am Badesee. Terrasse. Gemütliche Atmosphäre. Gutbürgerliche und gehobene Küche, auch Wild, Diät, Vesper. Spezialität: frische Fische. Mittleres Preisniveau. - *Mai-Okt kein Ru.*

● **Landhaus Tausendschön** - Modernes Haus. Komfortzimmer. Gemütliches Restaurant. Nebenzimmer. Terrasse. Gutbürgerliche und gehobene Küche, untere bis mittl. Preislage. Vesperkarte. Fassbier. Hausgem. Torten. - *Mai-Okt. kein Ru.*

Schönau - Fünfburgenwanderung

Weg und Zeit - 19 ½ km - 5 ½ Stdn (Abkürzung, s. unten).
Charakteristik - Ein phantastischer Rundweg zu 5 geschichtsträchtigen Burgen, ein Weg mit herrlichen Ausblicken, ein Weg, der die ganze Schönheit des südl. *Pfälzerwaldes* und der nördl. *Vogesen* offenbart, und ein Weg mit sportlicher Note.
Anfahrt - *Dahn - Bruchweiler - Bärenbach - Rumbach. - Bad Bergzabern - Niederschlettenbach. - Weißenburg - Lembach - Hirschthal.*
Parken - Gr Gäste-P am *Landhaus Mischler.* Sonst nahebei.

● **Schönau** (214 m) - *Staatl. anerkannter Erholungsort* in zauberhafter Lage am *Königsweiher*, umrahmt von bewaldeten Bergen mit 7 Burgen und pittoresken Felsen.

● **Schönau - 4 Burgen - Sauertal** - gut 2 ½ Stdn - Vom *Land-*
MA *haus Mischler* Hauptstr überqueren, *Wegelnburger Str* ger, *[Gelb-Rote Striche]*, bei Hs. Nr. 13 Str halbre aufw. Waldeintritt, Schranke, Gabel halbre, gleichmäßiger Anstieg. Rechtsbogen zu Wegespinne. Hier Pfad **(!)** halbli, auch *[1]*, aufw zur

● **Wegelnburg** (572 m) - Höchstgelegene Burgruine der *Pfalz*, gegr. im 12./13. Jh., *Reichsburg*, 1272 wegen Landfriedensbruchs zerstört. Nach Wiederaufbau 1330 an *Kurpfalz* verpfändet. Ab 1417 im Besitz des *Herzogs von Pfalz-Zweibrücken*. Zerstört 1679. - Schmale, langgestreckte Anlage auf einem Berggrat. In 3 Zonen auf dem steilen Burgfelsen errichtet. Sehenswerte Reste von Toren, Gebäuden und einer Ringmauer. Große Felskammer. - Atemberaubende Aussicht, u. a. auf *Nothweiler, Donnersberg, Schwarzwald, Straßburger Münster, Pirmasens, Luitpoldturm, Altdahn, Gräfenstein, Trifels, Lindelbrunn, Berwartstein.*
MW Abw zur *Schutzhütte* am *Kaiser-Wilhelm-Stein.* Mit *[Rotem Strich]* zum *Maidenbrunnen* (501 m), der bereits im *Elsass* liegt, und weiter mit *[Rot-Weiß-Rot]* Pfad aufw zur

● **Hohenbourg** (553 m) - Erb. im 13. Jh. von dem Geschlecht der *Puller v. Hohenburg.* 1482 im Besitz der *Sickinger.* Von *Franz v. Sickingen* verstärkt. 1523 zerstört. Später schlossartig neu aufgeb. 1679/80 endgültig zerstört. Schönes Renaissance-Portal und mächtige Mauerwerksreste erhalten. - Unvergessliche Rundsicht. Prächtige bebilderte *Orientierungstafel* (s. auch S. 114). - Mit *[Rot-Weiß-Rot]* zur

● **Burg Loewenstein** (520 m) - Eine typische Felsenburg. - 1. Erwähnung im 12. Jh. mit *Ritter Wolfram v. Loewenstein.* 1283 Übergabe an *Kaiser Rudolf v. Habsburg.* Um 1380 Raubritternest. 1386 zerstört, danach Vorwerk der *Hohenbourg.* Die Burg wird auch *„Lindenschmitt“* genannt, nach dem gerissenen *Raubritter Lindenschmitt.* Der Legende nach beschlugen die Raubritter ihre Pferde verkehrt herum, um die Verfolger irrezuführen. - Haupt- u. Vorburg sind durch einen Felsspalt getrennt. - Ein-

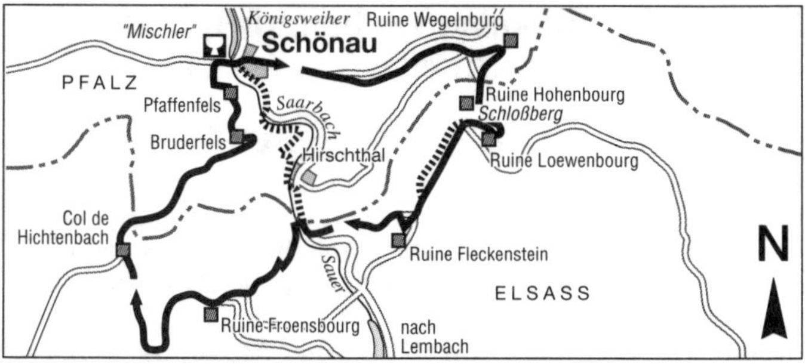

zigartiger Blick auf die Berge des *Pfälzerwaldes* und der *Vogesen*, auf *Nothweiler, Wegelnburg, Litschhof* u. *Gimbelhof.*

Mit dem Rücken zur Burg li, *Ww [Col Hohenbourg]*, gleich darauf scharf **(!)** re abw, br Weg 25 m re, Pfad halbli **(!)** abw zum *Col Hohenbourg* (475 m). Hier 2 Möglichkeiten: Mit *[Rotem Strich]* *MW* halbre oder mit *[Rotem Dreieck]* ger über den prächtigen *Felsenpfad*, den man jedoch nur mit der nötigen Vorsicht begehen sollte. Unten nach dem *Forsthaus* re zur

- **Burg Fleckenstein** (338 m) – Beschreibung auf S. 114.

Mit *[Rot-Weiß-Rot]* weiter, *Ww [Hirschthal]*. Abw zur D 925. *MW*
(Rückkehrmöglichkeit durchs *Saarbachtal* nach *Schönau.*)

- **Sauertal - Froensbourg - Schönau** – gut 2¾ Stdn – Über die *Sauer, [Blauer Strich]*, Weg li, Pfad aufw, *Schutzhütte.* Pfad zur *MW*
- **Froensburg** (310 m) – Beschreibung auf S. 118.

Mit *[Rotem Strich]* zum *Col de Hichtenbach* (357 m), *Schutzhütte.* *MW*
Mit *[Gelbem Punkt]* aufw **(!)**, *Höhe 398 m*, Grenze. Re **(!)** abw, *MW* *Bruderfelsen*, dann *Pfaffenfelsen* (328 m). Mitnehmen, großartige Aussicht! Abw nach Schönau zum

- **Landhaus Mischler** – Sehr angenehmes Haus mit gemütlichen Gasträumen und schöner Terrassenanlage. Freundliche Atmosphäre. In der verfeinerten kreativen Küche werden - je nach Markt und Saison - nur frische Produkte verwendet. Bewährt klassische und herzhafte Pfälzer Gerichte vermitteln echte Tafelfreuden. - Unter u. mittl. Preise. - *Ru= Mo, Di.*

Bruchweiler-Bärenbach - Jüngstberg - Burg Drachenfels - Bruchweiler-Bärenbach

Weg und Zeit - 13 ½ km - gut 3 ½ Stdn.

Charakteristik - Ein beispielhafter Rundweg mit allen Zutaten für den Wanderfreund: Fußsympathische Wege, Steigungen, die nicht strapazieren, unvorstellbar schöne Aussichtspunkte und die einzigartige *Burg Drachenfels.*

Anfahrt - B 427 *Hinterweidenthal - Bad Bergzabern*, Abzweig *Dahn-Reichenbach* o. *Erlenbach.* - Von *Weißenburg* über *Rumbach.* - Von *Schönau.* - Von *Fischbach.*

Parken - Gäste-P *Café „Am Alten Mühlrad“.* Sonst *Raiffeisenstr* o. bei der *Pfarrkirche Heilig Kreuz.*

● **Bruchweiler-Bärenbach - Jüngstberg** - gut 1 Std - Vom *„Alten*
MA *Mühlrad“* mit der *[Roten Raute]* die *Raiffeisenstr* über die *Wies-*
OM *lauter* (li das *Mühlrad*). Vor den Bahngleisen Fußweg re, *ohne*
Markierung, wieder über die *Wieslauter*, li, am Ende der Anlage
MA Treppe re. Fahrstr li, 100 m, *Waldstr* re *[3]* bis Ende. *Sonnenstr* li,
immer der *[3]* folgen, ger in den Wald. Aufw zur Wegespinne, re, ebener **(!)** Weg, *Ww [Jüngstberg]*, nach 20 m Pfad **(!)** halbre aufw **(!)**, stellenweise kräftig hoch zu breitem Querweg. Li, *Ww*, Rechtskehre, nach ca. ¼ Std nahezu ebenen Weges erreicht man ein Wegedreieck mit Ruhebänken. Li **(!)** halten, nach 1 Min Pfad **(!)** halbre aufw **(!)**, herrlicher Blick auf *Busenberg* und *Drachenfels.* Serpentinen hoch, breiter Querweg. Hier unbedingt 30 m re zu Aussichtspunkt mit Ruhebänken. Einmalige Sicht über das *Dahner Felsenland*: ein Bogen von der *Wegelnburg* über *Rumbach, Wieslautern, Eyberg, Pirmasens, Dahn, Jungfernsprung, Hochstein, Altdahner Burgen.* Zurück zum Pfad *[3]*, aufw zur Felsenkanzel des *Jüngstbergs* (491 m). *Panoramatafel* (gelegentliche Auswechslung).

● **Jüngstberg - Burgruine Drachenfels** - 1 Std - Zurück zum
breiten Querweg, Pfad scharf re *[3]* abw, bei Linksabzweig ger
OM **(!)**, *ohne jede Markierung*, Pfad weiter zu Wegkreuzung *[RWW 4,*
MA *Busenberg].* Breiter Weg ger **(!)** *[RWW 4]*, auch *[3 auf Weiß]*, die
Felsen des *Heidenbergs* schimmern durch die Bäume. Ständig leicht abw zur *Schutzhütte/Jagdhütte.* (Hier Rückkehrmöglichkeit, s. unten.) Li ab, Dreiwegegabel, mittlerer Weg abw *[RWW 4, Ww Drachenfels-Hütte].* Nach ca. 4 Min schmaler **(!)** Weg re *[RWW 4].* Aufw zu Querweg li, *Ww*, Wegverengung, Verbreiterung, Hohlweg aufw zur *Drachenfels-Hütte des PWV.* Von hier ist man in ca. 5 Min am Eingangstor der

● **Burg Drachenfels** - Typische *Wasgau-Felsenburg* auf zwei steilen und schmalen Sandsteinfelsen. Gemächer, Gänge, Treppen aus dem Sandstein herausgearbeitet. Erb. um 1200, 1335 gebrandschatzt, wieder aufgebaut, im 15. Jh. Ganerbenburg. In

oben: Lembach – Burg Fleckenstein
unten: Blick auf Schloß Lichtenberg

Dahn – Burg Altdahn

oben: Burgruine Wegelnburg bei Nothweiler/Schönau
unten: Burgruine Lindelbrunn

„Teufelstisch“ bei Hinterweidenthal,
Wahrzeichen der Urlaubsregion Hauenstein

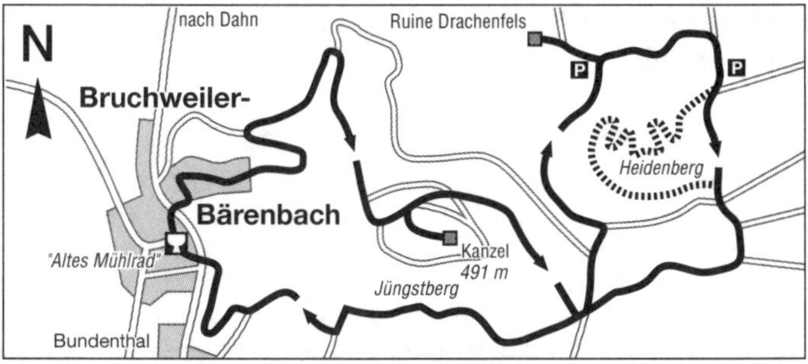

der Fehde des Ganerben *Franz von Sickingen* 1523 zerstört. Von der Oberburg wunderbarer Blick, besonders auf *Busenberg* und die *Dahner Burgen.*

● **Drachenfels – Bärenbach/Br.** – 1 ½ Stdn – Zurück zur *PWV-Hütte*, ger, *[Gelber Strich]*, hinterm *Weißensteiner Hof* re, befest. *MW*
Weg aufw, vorbei am P (sofort danach sehr lohnende Variante *Heidenberg*, s. S. 134), befest. Weg weiter. Abw in den Wald, später Blick re auf den kühnen *„Schiffsbug"* des *Heidenpfeilers.* Breiter Querweg re (!), *[Rote Raute].* Etwas abw, Gabel ger, prächti- *MW*
ger Felsen-Blick, *Schutzhütte/Jagdhütte.* Dahinter wenige Meter re (!), dann li (!) ab. Ab hier ca. 6 Min, Dreiwegegabel, re (!) aufw, dann abw zu br Weg. Vorbei an Felstürmen, deutlicher Linksbogen, bei der Sitzgruppe re, *Friedhof.* Befest. Weg li abw nach *Bruchweiler/Bärenbach. Am Röderberg* re aufw, im Rückblick der *Jüngstberg.* Oben Rechtsbogen abw, li rüber zur *Hauptstr* und re zum

● **Café-Restaurant „Am Alten Mühlrad"** – Durch die hübsche Lage direkt an der *Wieslauter* bietet sich dem Gast mit dem Blick auf das Flüsschen viel romantische Atmosphäre. Neben der großen Auswahl von Kuchen und Torten gibt es eine reiche Palette regionaler und saisonaler Gerichte aus der kreativen Küche. Mittl. Preise. – *Ru = Mo.*

Erlenbach - Drachenfels - Heidenberg - Erlenbach

Weg und Zeit - 11 ½ km - knapp 3 Stdn.
Charakteristik - Ein herrlicher Genussweg zur *Burgruine Drachenfels* mit unwahrscheinlich schönen Ausblicken, ganz besonders vom *Heidenberg.*
Anfahrt - B 427 *Bad Bergzabern - Dahn - Hinterweidenthal,* Abzweig zwischen *Lauterschwan* und *Busenberg.* - Von *Annweiler* (B 10) bzw. *Hauenstein* über *Lug - Schwanheim - Vorderweidenthal.* - Von *Niederschlettenbach.*
Parken - Gr P *Hauptmann-Hoffmann-Str* (re am *Gasthaus „Zum Berwartstein"* vorbei).

● **Erlenbach** - Beschauliches Dorf zu Füßen der berühmten *Burg Berwartstein* (S. 138). - *Kath. Pfarrkirche Mariä Himmelfahrt* (1751-53). Saalbau mit dreiseitig geschlossenem Chor. *Hochaltar* (18. Jh.). - *Friedhof* mit *Kruzifixus* von 1838 und alten *Grabsteinen.*

● **Erlenbach - Drachenfels** - 1 ¼ Stdn - Vom *Gasthaus „Zum*
MA *Berwartstein"* mit der *[Roten Raute],* auch *[Gelbem Strich], Hauptstr* ortsauswärts. Nach Hs. Nr. 32 befestigter Weg halbre aufw. Herrlicher Rückblick zur *Burg Berwartstein.* Waldeintritt, aufw, am alten Steinkreuz Rechtsbogen. Nach Waldaustritt prächtiger Blick hinüber zum *Heidenberg* mit dem jäh aufragenden *Heidenpfeiler,* der höchsten Felswand der *Südpfalz.* Ger, *[Rote Raute].* Später tauchen re am Westgrat des *Heidenberges* die *Heidenkammern* auf. Im ansteigenden Linksbogen (li freies Feld und Zaun) gehen (100 m vor *Schutzhütte*) re zwei Wege ab.
MW Gleich auf dem ersten scharf **(!)** re abw **(!)**, *[RWW 4], Ww [Drachenfelshütte],* (*[Rote Raute]* ger). Nach ca. 4 Min **(!)** Pfad **(!)** re, aufw, oben Querweg li, *Ww.* Hübscher Weg, später schöner Durchblick zur *Burgruine Drachenfels.* Schließlich hohlwegartig aufw zur *Drachenfelshütte PWV.*

● **Burgruine Drachenfels** - s. Seite 128. - 1993 neu gesichert.

MW ● **Drachenfels - Heidenberg** - ¾ Std - Von der *Hütte* mit *[Gelbem Strich]* aussichtsreich zum *Weißensteiner Hof.* Dahinter re, aufw zum Wander-P *„Drachenfels".* Sofort **(!)** danach halbre,
MW *[RWW 2, 3].* Aufw, nach 3 Min li ab, *[RWW 3].* Romantischer Grasweg, ca. 8 Min bis zum Beginn eines Serpentinenpfades. (Von hier noch ein Stück ger, dann steht man unter der Felswand *„Himmelsleiter"* des *Heidenpfeilers,* der wegen der eingemeißelten zwei *Mundatschlüssel mit Kreuzen* auch *Schlüsselfelsen* genannt wird. Am westl. Felsenriff befindet sich ein *Mundatschlüssel mit Kreuz.* Die *Mundatschlüssel* sind die *„Petrus-Schlüssel"* des *Benediktinerklosters Weißenburg.*) Serpentinenpfad konsequent **(!)** beibehalten bis zum Bergrücken. Hier unbedingt 40 m nach li zur Felsenkanzel. Eine der schönsten

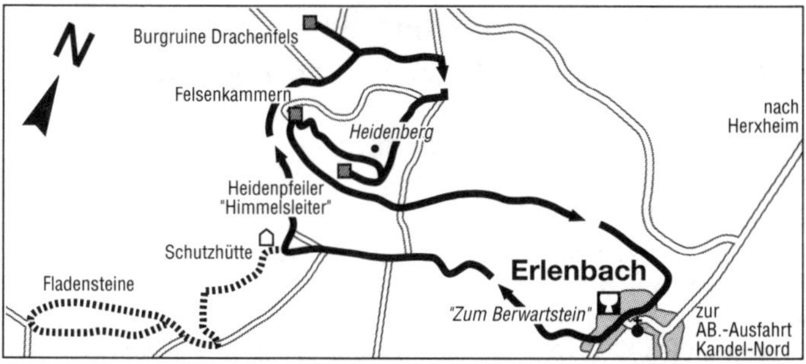

Aussichten des gesamten *Pfälzerwaldes*, u. a. *Trifels, Lindelbrunn, Madenburg, Berwartstein, Wegelnburg, Hohenburg.* Zurück und über den Kamm. Hier befanden sich zwei in den Sandstein gehauene Batteriestellungen des *Westwalls.* Sie wurden 1945 gesprengt, 2 Krater und die Felstrümmer sind noch heute zu erkennen. Toller Blick: *Busenberg, Dahner Burgen.*

● **Heidenberg - Erlenbach** - knapp 1 Std - Serpentinen an der Nordseite abw. Im oberen Teil des Felsenriffs ausgemeißelte *Kammern* (um 1678?). Am Felsenfuß *Westwall-Befestigungsstollen*, in denen sich vor Kriegsende bis zu 800 Menschen, meist aus *Busenberg*, in Sicherheit gebracht hatten. Die Stollen wurden von den Alliierten nach Kriegsende zerstört. Unten auf
[RWW 2] li bis zu breitem Querweg. 30 m li, Wegedreieck, re, *MW*
[Grünes u. Schwarzes W]. Befestigter breiter Forstweg abw nach *MW*
Erlenbach. Grünheckstr re zum

● **Gasthaus „Zum Berwartstein"** - Typisches *Pfälzer Gasthaus* mit gemütlicher familiärer Atmosphäre. Gutbürgerl. Küche mit Pfälzer Spezialitäten und Hausmannskost. Komfortable Gästezimmer. Untere bis mittl. Preise. - *Ru = Mo.*

● **Weiterer Wanderweg** - Wie oben mit *[Roter Raute]* bis zur *Schutzhütte.* Halbli abw *[LM]* zum *Geologischen Lehrpfad „Rund um die Fladensteine"*, 1993 eingerichtet. Gleicher Rückweg. - Ca. 2 ½ Stdn.

Erlenbach - Burg Berwartstein - Seehof-See - Hirzeck - Lauterschwan - Seenweg - Erlenbach

Weg und Zeit - 14 ½ km - 3 ¾ Stdn.

Charakteristik - Eine Route, die das Herz des Wanderers voll befriedigt: Eine stattliche Burg, romantische Seen, wunderbare Ausblicke und gute Wanderwege.

Anfahrt - Wie S. 134.

Parken - Gr Gäste-P *Café-Restaurant-Pension „Burgblick"*.

● **Erlenbach - Burg Berwartstein - Waldsee - Hirzeck - Lauterschwan** - 2 ½ Stdn - Vom *„Burgblick"* die *Hauptstr* über den *Erlenbach*. Dahinter Sträßchen mit Blick auf die *Burg Berwartstein*, *Ww*, aufw, li im Wald die Grabstätte von *Theodor Hoffmann*, vormals *Burgherr auf Berwartstein*. P am Fuß der *Burg*. (s. Seite 138). Hinter dem P Sträßchen li abw, Rechtsbiegung,
MA *[Gelber Punkt]*, weiter zum gr *Waldsee* im Naherholungsbereich *Seehof*. Am Seezipfel br Weg ger, schöner Blick über den See. Später Bogen li über den *Portzbach* zum Parallelweg. Am Bach entlang durch das hübsche Tal. Hinter einer br Abzweigung Pfad (!) li aufw, *Ww [Hirzeck]*. Gleichmäßiger Anstieg zu br Weg, li ca. 3 Min aufw, dann Pfad halbre (!) aufw. Über br Weg, weiter zum *Hirzeck-Haus PWV*.
MW Schon etwas vorher geht scharf li mit *[Rotem Punkt]* ein breiter Weg ab. Diesen beibehalten, Abzweige ignorieren, Einmündung in Fahrsträßchen. Ger, vor der *Schutzhütte* halbli (!), später wieder Einmündung in Sträßchen, 1 Min ger, dann re ab, Schranke. Nach einer Biegung wunderbare Ausblicke, u. a. zur *Burg Berwartstein*. Hinter der Schranke li, Sträßchen überqueren, Pfad abw, br Weg überqueren, Serpentinen, br Weg ger, in Rechtsbiegung Pfad (!), halbli (!), br Weg überqueren. Wald-
MW rand. Wiesenpfad nach *Lauterschwan*. Weg mit *[Gelbem Strich]* li zur Hauptstr (B 427) und zum

● **Restaurant „Landhaus"** - Gemütliche Räume in ansprechendem Landhausstil. Kaminzimmer. Küchenmeister Burkhart bietet eine breite Palette gutbürgerlicher und gehobener Gerichte. Vesper. Mittl. Preise. - *Ru = Mo*. - Gr P beim Haus.

● **Lauterschwan - Seenweg - Erlenbach** - 1 ¼ Stdn - Vom *„Landhaus"* über die Hauptstr zum *[Gelben Strich]* und mit diesem am Waldrand entlang in den Wald. Rasch ist der erste von zwei romantischen Seen erreicht. An seinem Ufer entlang zum Anfang des Dammes. Nun entweder mit der *Markierung [Gelber Strich]* ger und hinter dem gr *Waldsee* re oder über den Damm zwischen den beiden Seen, gemäß folgender Beschrei-
OM bung: Am Ende des Dammes *ohne Markierung* li (!), nächste (!) Gabel li, hinter dem See weiter. Schöner Weg oberhalb eines idyllischen Weihers, später li drüben ein kl See, danach der gr

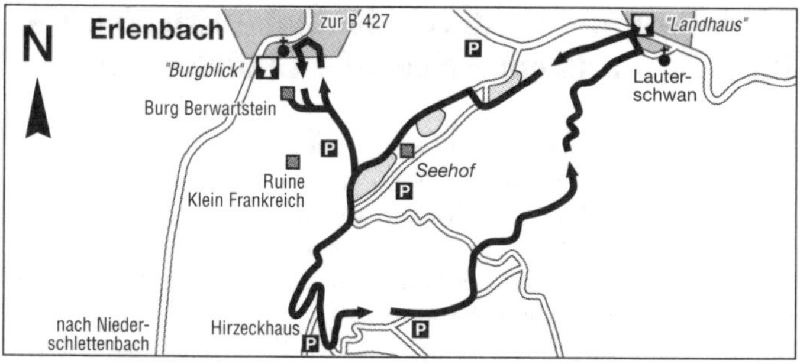

Waldsee Seehof. Rechtsbogen zur Schranke. Sträßchen aufw, wieder *[Gelber Strich]*, am Linksbogen Hohlweg re **(!)** abw **(!)**, *MA Erlenbach. Binsenhohlstr* ger, *Hauptstr* li zum

● **Café-Restaurant-Pension „Burgblick“** - Gemütliche Gasträume. Gartenterrasse. Familiäre Atmosphäre. Gutbürgerl. Küche mit Pfälzer Spezialitäten. Delikate Fischgerichte. Vegetarisches. Vesper. Eigene Kuchen. Untere bis mittl. Preise. - *Ru = Do.*

● **Wegvariation Lauterschwan** - Vom *„Landhaus“* wie oben zum *Seehof-See*, dann, der Beschreibung folgend, zum *Hirzeckhaus* und zurück zum *„Landhaus“*. Fast 1 Std kürzer.

Lindelbrunn - Vorderweidenthal - Erlenbach - Burg Berwartstein - Seehof - Lindelbrunn

Weg und Zeit - 17 ½ km - 4 ½ Stdn.
Charakteristik - Der „klassische“ Verbindungsweg zweier markanter Burgen: *Burgruine Lindelbrunn* und *Burg Berwartstein*, beide gleichzeitig auch die Glanzpunkte dieser an Eindrücken und Ausblicken reichen Wanderung.
Anfahrt - B 427 *Hinterweidenthal* (B 10) - *Bad Bergzabern*, Abzweig *Vorderweidenthal* bzw. *Birkenhördt*. - B 48, Abzweig *Klingenmünster - Silz*. - Von *Annweiler*.
Parken - P beim *Lindelbrunnhaus/“Cramerhaus“*.

● **Burg Lindelbrunn** - 2. Hälfte 12. Jh., staufische Reichsburg, danach Lehensburg der *Leininger*, später Ganerbenburg, im Bauernkrieg 1525 zerstört. 1970/80 restauriert. - Wunderbare Rundsicht über das *Wasgau-Felsenland*.

● **Lindelbrunn - Vorderweidenthal - Erlenbach - Burg Berwartstein** - inkl. Burgruine 2 ¼ Stdn - Vom *„Cramerhaus“* Fußweg
MA zur *Burg* und zurück zum gr P. Dort re (!), *[Blauer Strich]*, immer ger, im Blickfeld der massige *Rödelstein*. Ger abw, Linksbogen, weiter abw und an einer Ecke vor dem freien Feld li, über die Fahrstr zum P. Hinterm *Friedhof* und oberhalb von *Vorderweidenthal* (Ausblick!) zum Wald, Lichtung, Rechtsbogen, Waldpfad parallel zur Fahrstr. Linksbogen abw, B 427 queren, Pfad übers Bächlein. Breiter Weg li, oberhalb von *Erlenbach,*
MW *Friedhof*, weiter mit *[Gelbem Punkt]*, Linksbogen. *Am Grünberg*,
OM befest. Weg li, später Hohlweg zu befest. Fahrweg. Re ab, *ohne Markierung* zur

● **Burg Berwartstein** und damit zur stimmungsvollen Rast im *histor. Rittersaal*. Die gute und preiswerte Burgküche bietet Pfälzer Spezialitäten, Suppen, kleine Gerichte und deftige Vesper. (Durch den gehauenen Aufzugsschacht wurden schon die tafelnden Ritter mit Speisen versorgt.) - *Berwartstein* ist eine der typischen *Wasgau-Felsenburgen*, bei denen alle Räumlichkeiten aus dem Buntsandstein herausgehauen sind. Einzigartig sind hier der enge unbezwingbare Aufstiegskamin zur Oberburg und der 104 m tiefe Brunnenschacht. - Aus der Geschichte: Bis 1152 Reichsburg, 1201-1343 *Ritter von Berwartstein*, 1314 Besiegung der Raubritter durch Verrat, 1485-1545 *Ritter von Droth*, darunter der mächtige *Hans von Droth (Hans Trapp)*, 1591 durch Brand zerstört, ab 1893 Wiederaufbau, im 2. Weltkrieg Zufluchtsburg, danach Neuausbau durch *Alfons Wadle* und Familie, heute geführt von *Theo Wadle* und Familie.

● **Berwartstein - Seehof - Lindelbrunn** - 2 ¼ Stdn - Zurück zum
MA Abzweig, re, *[Gelber Strich]*, *Waldsee*, um den See herum, vorbei am *Seehof* und zwei weiteren hübschen Seen. Am Waldrand

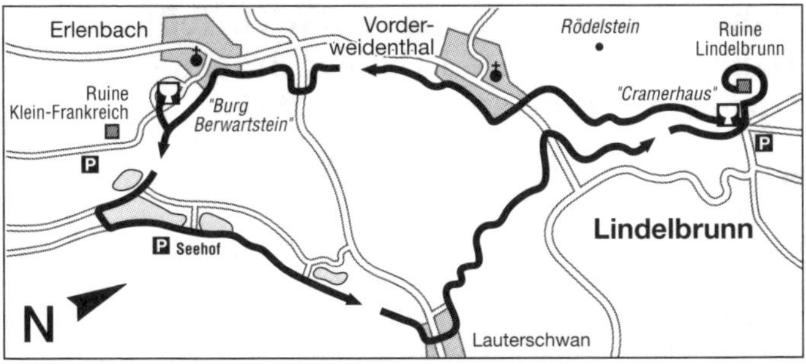

bis *Lauterschwan*, davor li zur B 427. Auf ihr 1 Min re, dann mit *[Rotem Punkt]* li (**!**), ger, danach li, *Ww [Bethof]*, Feuchtgebiet, dahinter li, Teiche, Bogen, befestigter Querweg. Scharf re, diesen Weg beibehalten bis Fahrstr. 70 m li, dann re, zwischen den Sportplätzen hindurch, dahinter li, im Wald aufw zu freiem Feld und hinüber zur ungezwungenen, fröhlichen Schlusseinkehr im *MW*

● **„Cramerhaus" Lindelbrunn** - Rustikale Wanderstuben. Große Gartenterrasse. Gutbürgerliche Küche, auch Fisch, Wild, Vesper. Untere (bis mittl.) Preise. - *Ru = Mi.*

Dahner Rundwanderweg/DRW (1. Teil) Dahn - Hochstein - 3 Dahner Burgen - Am Lachberg - Jungfernsprung - Dahn

Weg und Zeit - 9 ½ km - 2 ½ Stdn.

Charakteristik - Der überaus attraktive *Dahner Rundwanderweg* ist so reich an Sehenswertem und so stark an bleibenden Eindrücken, dass man ihn am besten unterteilt, um alles Schöne bewusst in sich aufnehmen und genießen zu können. - *Markierung: [DRW]* und *[Grüne Tanne].*

Anfahrt - B 10 *Landau - Pirmasens*, Abzweig B 427 in *Hinterweidenthal.* - A 65 von *Karlsruhe*, Ausfahrt *Kandel.* - B 427 über *Bad Bergzabern.* - Von *Weißenburg.* - Von *Lembach.*

Parken - Gr P beim *Hotel Pfalzblick.*

● **Dahn (1)** - *Staatlich anerkannter Luftkurort.* 1963 Stadterhebung. Urkundliche Nennung 1148. - Ältestes Haus ist die *Dorfmühle*, als *Schlossmühle* seit dem 12. Jh. der *Dahner Ritterschaft* gehörig, jetziges Gebäude von 1567, Mühlrad von 1989. - *Kath. Pfarrkirche St. Laurentius* (1787/88), großer Saalbau, im 1914 veränderten Turm Wappenepitaph für *Philipp v. Dahn* (1589). - *Altes Rathaus* (1818).

● **Dahn - Hochstein - 3 Burgen** - knapp 1 Std - Vom *„Pfalz-*
MA *blick“ Goethestr* abw, *[DRW].* Bahnübergang re, *Hasenbergstr*
ger, Gabel ger, *Weißenburger Str* re, Vorblick auf den *Hochstein.* P *„Ehrenfriedhof“.* Stationenweg (Kreuzweg) zum *Ehrenfriedhof* für 2400 Gefallene des 2. Weltkriegs. *St. Michaelskapelle*, spätgotisch (15./16. Jh.). Aufw zu gr Felsturm. Hier Abstecher **(!)** re, *Ww*, 3 Min zur *„Soldatenhütte“*, einer Felskammer auf dem mächtigen *Hochstein. AP* mit traumhaft schöner Aussicht, u. a. übers *Wieslautertal.* Zurück und unterhalb des imposanten Fels-
OM rückens zum Sattel vorm *Schloßberg. Unmarkiert* aufw zu den

● **3 Dahner Burgen** - Größte Burganlage der *Pfalz*, auf 5 Felsen errichtet. Typische Felsenburgen, d. h. Kammern, Gänge, Treppen wurden aus den Sandsteinfelsen herausgearbeitet. Großartige ausgedehnte Anlage, von den Oberburgen einmalige Rundsichten. - *Burgenmuseum.* - *Gaststätte, Kiosk* (*„Burgenführer“* des *Burgenvereins*). - *Altdahn*, erb. um 1127 durch die *Herren von Dahn.* - *Grafendahn*, Ganerbenburg, um 1287 von *Konrad M. von Dahn* erb. - *Tanstein*, erb. um 1328 von *Johann III. von Dahn.* Alle drei zerfielen im 16. Jh.

● **3 Burgen - Jungfernsprung - Dahn** - gut 1½ Stdn - Gegenü-
MA ber dem Halsgraben von *Altdahn* versteckter Weg mit *LM[61]* 3
Min abw zu Gabel, unterhalb vom *Zimmerfels.* Hier nicht **(!)** re,
OM sondern ger **(!)** *ohne Markierung* (alte *[61]*) bis zum Waldrand.
MA Dort re, wieder *[DRW].* Str überqueren, vorm *Erfweiler Höbel*
(Hebel) li, schöner Blick. P. Schleife zur anderen Talseite. Li ab,

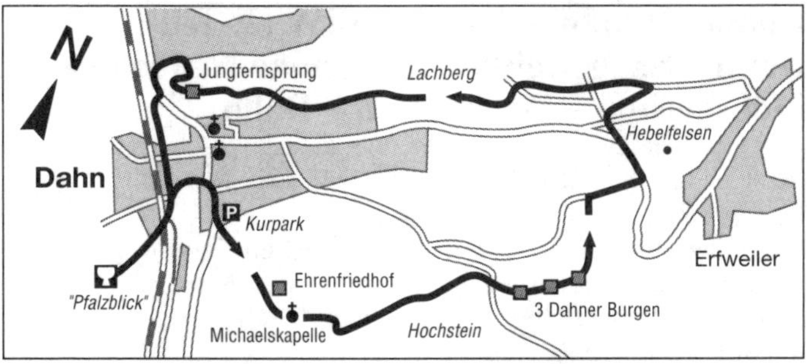

bald darauf phantastisches Bild von den Burgen. *Am Lachberg.* Pfadabzweig (!) halbre aufw (!). Wunderschöner Panoramaweg. Aufstieg zum *Vogelsberg* mit *[DRW].* Über den Kamm zum *Jungfernsprung. AP* auf dem mächtigen Felsturm mit unvergesslichem Aus- u. Tiefblick - Um den *„Jungfernsprung"* ranken sich viele Sagenversionen, in deren aller Kern eine Jungfrau steht, die zur Rettung ihrer Unschuld vor ihrem Verfolger in die Tiefe gesprungen sein soll, dabei aber auf wundersame Weise unversehrt blieb. An der Stelle, wo sie auf den Boden traf, sprudelte alsbald eine Quelle hervor. - Abstieg nach *Dahn. Pirmasenser Str* li. Bei Haus Nr. 31 *Äußermühlstr* re. - (Wer den Rundweg fortsetzen möchte, folgt der *Äußermühlstr* weiter, s. S. 142.) - Vor der Bahn *ohne Markierung* li, *Wieslautersteg,* weiter bis zum Bahnübergang, re, *Goethestr* li, wie Herweg zurück zu einer gepflegten Einkehr im

● **Hotel-Restaurant-Café „Pfalzblick"** - Prächtige und ruhige Aussichtslage am Waldrand. Komfortable Gästezimmer. Stilvoll-elegante Restaurants. Küche von gutbürgerlich bis Gourmet, vom Saumagen über Tafelspitz bis zum Schlemmer-Menü. Große Wildkarte, Fisch, Geflügel. Vollwert. Vesper. Tagesgericht. Pauschal-Arrangements, z.B. „Pfalzblick-Ferientraum", „Pfalzblick-Kurztrip", „Schlemmer-Wochenende" u. a. Mittleres bis gehobenes Preisniveau. - *Kein Ru.*

Dahner Rundwanderweg/DRW (2. Teil) Dahn - Sängerfelsen - Burgruine Neudahn - Moosbachtal - Wachtfelsen - Dahn

Weg und Zeit - 11 ½ km - 3 Stdn.
Charakteristik - Der 2. Teil des herrlichen Rundwegs bringt neue Höhepunkte: *Sängerfelsen, Burg Neudahn, NSG Moosbachtal* und *Wachtfelsen. - Markierung: [DRW].*
Anfahrt - Wie S. 140.
Parken - Kl Gäste-P beim *Café Eisheisel.* Sonst öffentl. P. Möglichkeit: Nähe Bahnstrecke.

● **Dahn (2)** - Der *Pfälzerwald* ist das größte zusammenhängende Waldgebiet Deutschlands. Sein südl. Teil ist der *Wasgau* (von *Wasigo, Wasigen, Wasgenwald*): westl. der *Weinstraße*, östl. von *Pirmasens*, südl. der *Queich*, nördl. vom *Elsass.* Mitten darin das *Dahner Felsenland*, der Name geprägt von den vielen herrlich-bizarren Felsgestalten. Allein 47 dieser Felsen sind *Naturdenkmäler.*

● **Dahn - Sängerfelsen - Burg Neudahn** - gut 1 Std - Vom *Café* *MA* *Eisheisel* ortseinwärts, *Äußermühlstr* re, *[DRW].* Bahnübergang re. Schöner Blick auf *Jungfernsprung* und *Sängerfelsen.* Weg li ab, *Ww, Nonnensteg* über *Wieslauter.* Befestigter Weg re, *Ww, Erholungsheim,* dahinter Stufen **(!)** halbli, aufw, bequemer Serpentinenweg. Oben Querweg li zum *Sängerfelsen.* Aussichtskanzel mit einem der schönsten Ausblicke über das gesamte *Dahn.* Letztes Wegstück 2 Min zurück zu Dreiergabel. Li **(!)** aufw **(!)**, dann re zu Wegbogen. Re ab, *Östl. Kauertweg, Ww.* Hoch über dem *Wieslautertal* dahin. Vor einem Linksbogen (bei Ruhebank) Pfad **(!)** halbre abw **(!)** zur Wegespinne *Großtaler Hals* (265 m). Re **(!)** aufw **(!)**, *Ww*, auch *[Roter Strich].* Sofort Gabel halbre und zur

● **Burg Neudahn** - Um 1230/40 von *Heinrich Mursel von Dahn (Than)* erbaut. Keine Felsenburg, sondern fast durchwegs gemauert, allerdings in und um den Felsaufbau integriert. Erweiterung im 15./16. Jh., darunter 2 imposante Batterietürme der Toranlage (erhalten). 1689 Zerstörung durch die Franzosen. Heute erschließen erneuerte Wendeltreppen die gesamte Anlage. Schöne Rundsicht.

● **Burg Neudahn - Neudahner Weiher - Moosbachtal - Wachtfelsen - Dahn** - knapp 2 Stdn - In Ankunftsri halbli neben der Burg abw, Kreuzung ger, Linksbogen, Pfad zum *Neudahner Weiher.* Br Weg vor Campingplatz li und ger. *NSG „Moosbachtal“.* Romantisches Wegstück, idyllische Weiher, prächtige Vegetation. In dem anmutigen Tal bis zum P *„Moosbachtal“* an zwei überaus stimmungsvollen *Seerosenweihern.* Li ab, Fahrweg Ri *Dahner PWV-Hütte im Schneiderfeld.* Nach 4 Min (200 m vor der

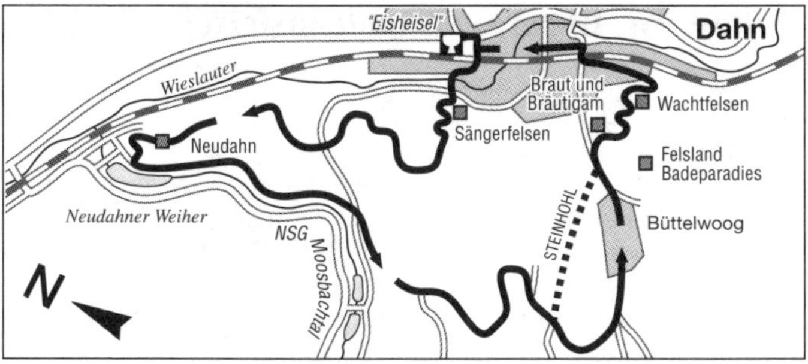

Hütte) li. Gabel, schmaler Weg halbli (!) aufw (!) zur *Weihersebene.* Oben br Querweg re, 10 Min zur *Steinhohl* (Abkürzungsmöglichkeit mit *[Grün-Blau]* nach *Büttelwoog,* 1/4 Std kürzer). Gleich danach halbli, ca. 3 Min, dann Abzweig li (!), *Ww.* Weg/Pfad abw (li unten der schöne *Campingplatz Büttelwoog*), in der Senke scharf (!) re (!) abw, Serpentinenpfad, *Dahn/Büttelwoog.* Str *Im Büttelwoog* li. Später kommt *[Grün-Blau]* von li. Vor den prächtigen Felstürmen *„Braut und Bräutigam"* re, Gabel re (nicht aufw zur *DJH*), bei Ruhebank in Wegausbuchtung Pfädchen aufw zur Metalltreppe. *AP Wachtfelsen* (279 m) mit prächtiger Rundsicht, u. a. auf *Lämmerfelsen, Gr Eyberg, Sängerfelsen, Jungfernsprung, Römerfelsen*, Spitze der *Dahner Burgen, Hochstein, Jüngstberg.* Letztes Stück zurück, dann nicht abw, sondern ebener Pfad unterhalb des Felsens. Kl Sattel re, Serpentinen abw, bei Ruhebank Pfädchen halbli abw, li am *„Pfalzblick"* vorbei, *Goethestr* abw. Bahnübergang re, dahinter *Lessingstr* li, *OM*, am Bahndamm bleiben, *Raiffeisenstr, Wieslauter-* *OM*
Steg, ger, *Äußermühlstr* re, *Pirmasenser Str* li zum

● **Café Eisheisel** - Stilvolle Gasträume. Wintergarten in venezianischer Art. Große Gartenterrasse. Angenehme Atmosphäre. Frühstück. Kalte u. warme Gerichte. Günstige Tagesessen von Mo bis Fr. Alles für den kleinen Hunger. Köstliche Eiskreationen, tägl. frisch zubereitet. Sehr sorgfältig hergestellte leckere Kuchen und Torten. Bier vom Fass. - *Kein Ru.*

Dahn - Gr. Eyberg - Napoleonsfelsen - Dahn

Weg und Zeit - 12 ½ km - 3 ½ Stdn.

Charakteristik - Der *Große Eyberg* ist mit 513 m die höchste Erhebung in der Nähe von *Dahn.* Der Aufstieg zieht sich zwar hin, ist jedoch eher gemütlich als steil. Vom Aussichtsturm genießt man sektorenweise einen prächtigen Ausblick. Sehr formschön und eindrucksvoll präsentiert sich auf dem Rückweg der *Napoleonsfelsen.*

Anfahrt - Wie S. 140.

Parken - Gr P beim *Landhaus „Felsenland Aktiv".*

● **Dahn (3)** - Sitz der Verbandsgemeinde mit weiteren 14 besuchenswerten Fremdenverkehrsorten bzw. staatl. anerkannten Erholungsorten: *Bobenthal, Bruchweiler-Bärenbach, Bundenthal, Busenberg, Erfweiler, Erlenbach, Fischbach, Hirschthal, Ludwigswinkel, Niederschlettenbach, Nothweiler, Rumbach, Schindhard* und *Schönau.* - Sie sind überzogen von einem engmaschigen Netz *gut markierter Wanderwege,* von denen bereits einige vorgestellt worden sind, s. S. 122–139. Die „grenzenlosen" Wandermöglichkeiten zum und im nahen *Elsass* sind auf S. 104–121 beschrieben. - Nicht vergessen seien auch die zahlreichen Bademöglichkeiten im *Dahner Felsenland,* teils Naturseen, wie *Neudahner Weiher, Seehofweiher, Königsweiher (Schönau), Mühlweiher (Saarbacherhammer), Sägmühlweiher (Ludwigswinkel), Schöntalweiher,* teils in angelegten Frei- und Hallenbädern, wie z. B. in *Dahn* im attraktiven *„Felsland Badeparadies".*

● **Dahn - Gr. Eyberg** - knapp 1 ½ Stdn - Vom *Landhaus* mit
MA *[Rot-Weißen Strichen]* ortsauswärts. Li drüben der *Büttelfels.* Waldeintritt. Nach 100 m Abzweig halbli, später Gabel halbli, *Fischbacher Pfad* aufw. Nach wenigen Min Gabel halbli aufw. Vor tiefem Erdgraben Linksbogen. Hohlweg aufw, Kreuzung
MW ger, *Ww.* Nach 1 Min Abzweig li, *Ww.* Jetzt mit der *LM [10]* weiter (*[Rot-Weiß]* geht ger). Br Weg re, *Ww,* aufw, nach 5 Min Kreuzung re, *Ww.* Dreiergabel li, nach 10 m re **(!)**, aufw, Querweg re, in mäßiger Steigung aufw, Linkskehre und weiter zur *Schutzhütte Gr. Eyberg* (513 m). Vom luftigen *AT* schöne Rundsicht, vor allem auf *Pirmasens* und auf die prächtigen Bergketten im Süden und Südwesten. Die anderen Sektoren sind von Bäumen verdeckt.

● **Gr. Eyberg - Am Hundel - Napoleonsfelsen - Dahn** - knapp 2 Stdn - In bisheriger Ri weiter, Sitzgruppe, Serpentinen abw. Ca.
MW 5 Min ab *AT* geht die *LM [4]* scharf re abw (*[10]* ger). Mit ihr die Serpentinen abw, Grasweg überqueren, Serpentinen abw. Gr Wegespinne mit *Schutzhütte Am Hundel* (382 m). Br Weg ger *[4],* auch *[11].* Wegespinne li, *Ww [Napoleonsfels],* ebener Weg mit Aussicht, u. a. herrlicher Blick auf die *Burgengruppe Altdahn.*

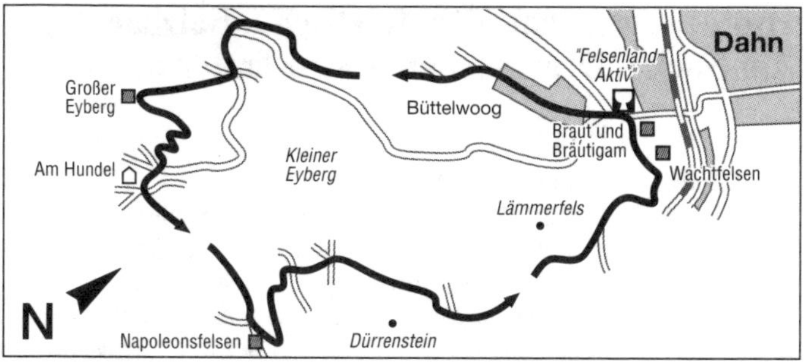

Sitzgruppe unterhalb vom *Napoleonsfelsen.* Kurzer Abstecher und Umrundung des imposanten und formschönen Felsens (bei Kletterern sehr beliebt). Von der Sitzgruppe Pfad mit *[Gelbem Punkt]* hanglängs abw, br Weg li, nach 1 ½ Min schmaler Weg halbre (!) abw. Ausblick! Vor Wildzaun Serpentinen re, Senke, br Querweg re. Nach 1 ½ Min li versetzt ger, *Ww.* Rechter Hand gr Lichtung, immer ger und leicht aufw. Wo die Wiese bis an den Weg herankommt, schöner Blick auf den *Napoleonsfelsen.* Später Kreuzung in Senke, ger, ab hier Pfad in leichtem Auf und Ab zu befest. Weg im *Wieslautertal.* Schönes Panorama mit *Sänger-, Kuckucks-, Römerfelsen* u. *Hochstein.* Li, nach 5 Min, am Bogen des *Kaltenbächels,* Grasweg li aufw, li vom *„Pfalzblick"* aufw, Pfädchen aufw zu Ruhebank, hier li (bei Variante über den *Wachtfelsen* mit *[DRW]* aufw). Am Waldrand entlang, Fahrweg re zu den jähen Felstürmen *„Braut und Bräutigam". Im Büttelwoog* li zum

MW

OM

● **Landhaus „Felsenland Aktiv"** - Hotel Garni. Neu erbautes Erlebnishotel mit Blick auf prächtige Felsformationen. Ruhige, liebevoll eingerichtete Komfortzimmer. Gemütliche Gasträume. Wohltuende Atmosphäre. Reichhaltiges Frühstücksbuffet. Am Abend Vesperkarte mit kleinen Gerichten. Im Sommer Gartenterrasse von 14.00–20.00 Uhr geöffnet. Vielerlei sportl. Aktivitäten. Geführte Wanderungen. Mittl. Preise. - *Kein Ru.*

Hinterweidenthal - Teufelstisch - Salzbachtal - Am Sack - Drei Buchen - Wieslautertal - H.

Weg und Zeit - 15 km - 3 ¾ Stdn.

Charakteristik - Ein Rundweg, der zwar überwiegend durch Wald führt, der dem Wanderer jedoch noch stärker den Eindruck offener Bachtäler vermittelt. Das liebliche *Salzbachtal* und das hübsche *Wieslautertal* bestimmen den Wegcharakter. Das erste Verbindungsstück zwischen den beiden wird von dem herrlich kuriosen *„Teufelstisch“,* dem Wahrzeichen der Region, beherrscht, das zweite kann sich seiner einsamen Waldwege rühmen.

Anfahrt - B 10 *Pirmasens-Landau.* - B 427 *Bad Bergzabern* über *Dahn.* - Von *Eppenbrunn* oder *Lemberg* über *Salzwoog.* - Von *Ludwigswinkel* bzw. *Fischbach.*

Parken - Gäste-P *„Pfälzerwald“.* Sonst nahebei: *„Dorfpark an der Wieslauter“.* - P beim *Gasthaus „Am Teufelstisch“.*

● **Hinterweidenthal - Teufelstisch - Salzbachtal - Salzwoog** - gut 1 ¼ Stdn - Vom *„Pfälzerwald“* im anerkannten Erholungsort *H.*
MA die *Hauptstr* nördl., vorm Bahnübergang li, *[Gelber Punkt].* Nach der *Wieslauterbrücke* Bahnübergang re. *Im Handschuhteich,* Gabel li, aufw zum sagenumwobenen, phantastisch geformten *„Teufelstisch“.* - Hierher auch direkt vom *Gasthaus „Am Teufelstisch“.* - Abw zur Scharte. Pfad **(!)** li abw ins *Salzbachtal.* Li ab, am still dahinfließenden *Salzbach* entlang - später wird er etwas lebhafter - durch das idyllische Tal. Eine reine Freude. *Salzwoog.*

● **Salzwoog - Am Sack - Drei Buchen** - knapp 1 Std - *Lemberger*
MW *Str* re, *Fachwerkhaus* 1729, bei der Straßenkurve ger, *[Grün-Gelbe Striche], Ww [Fischbach]. Lindelstr,* nach dem Ort 2. **(!)** Waldabzweig li, aufw und in Bogen am Hang entlang. Gut 20 Min nach Waldeintritt Rechtsbogen, Weg- und Markierungskreuzung. Li **(!)**
MW aufw **(!)** mit *[Gelbem Strich].* Kurz aber kräftig hoch und abw zu
MW Querweg. *Am Sack* (326m). Li ab, br **(!)** Weg, *LM [17], Ww,* fast eben hinüber zu *Drei Buchen* (293 m). Wegespinne.

● **Drei Buchen - Wieslauter - Heufels - Hinterweidenthal** -
MW 1 ½ Stdn - Ger weiter *[6], Ww [Gr Hasselskehl],* ca.12 Min abw, dann Pfad **(!)** halbre *[6].* Später Rechtsbogen durch eine felsige Scharte, Linksbogen abw, Querweg li zu befestigtem Weg vor
MW der Bahn, *Ritterstein.* Li ab, *[Roter Strich],* durch das hübsche *Wieslautertal.* Schöne Bachpartien. Später li Felswände, zum Schluss der mächtige *Heufels. Hinterweidenthal.* Str *In den Birken* re zur Bahnstrecke. Hier Wegetrennung zu lohnenden Einkehrzielen: 1) *Vor* der Bahn li, *[Roter Strich],* später *[Gelber Punkt]* li, *„Am Teufelstisch“.* - 2) *Nach* der Bahn li, *Bahnhofstr* bis zum P *„Dorfpark“.* Re, *Wieslauter,* dahinter li zum

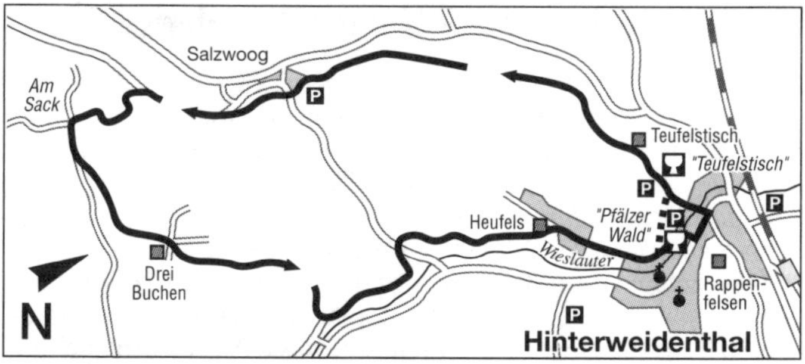

● **Gasthaus „Zum Pfälzer Wald"** - Fachwerkhaus unter Denkmalschutz. Schöne Lage an der *Wieslauter*. Gästehaus mit ruhigen Komfortzimmern. Rustikale Gasträume. Gemütliche Atmosphäre. Gutbürgerliche Küche. Wildgerichte. Pfälzer u. Hausspezialitäten. Mittl. Preise. - *Ru = Do.*

● **Gaststätte-Pension „Am Teufelstisch"** - Umgeben von Wald, unterhalb vom *„Teufelstisch"*, beim gr *Waldspielpark*: Rutschbahn, Wasserspiele, Minigolf, Elektrobagger u. Autos für Kinder. Komfortzimmer. Gemütliche Räume. Große Gartenterrasse. Gutbürgerliche Küche. Untere bis mittl Preise.

Hauenstein - Kultur - Natur - Wandern

Anfahrt - B 10 von *Landau* o. *Pirmasens,* Abzweig *Hauenstein.* - B 427 *Bad Bergzabern - Hinterweidenthal,* Abzweig *Vorderweidenthal - Darstein - Schwanheim. - Bahnstation.*
Parken - Gr P *Johann-Naab-Platz,* Einfahrt *Hauptstr.* - Gr P beim *Schuhmuseum, Schulstr.* - P beim *Rathaus* i (limitiert).
● **Hauenstein** - *Anerkannter Luftkurort* (229–500 m), inmitten dicht bewaldeter felsgekrönter Berge des *Wasgau,* eines markanten Teils des unendlichen *Pfälzerwaldes.* Aus einem „Schuhdorf", das bis 1968 in etwa 30 Schuhfabriken 3000 Menschen Arbeit bot, hat sich ein beliebter Fremdenverkehrsort entwickelt, die *„Urlaubsregion Hauenstein".*
Sehenswertes, u. a.. *Kath. Pfarrkirche St. Bartholomäus* 1787/88, Turm 1826/27, Altäre Mitte 19. Jh., Figuren um 1500. - *Kath. Pfarrkirche Christkönig* 1931–33, domartige dreischiffige Basilika, Marienfigur 1480. - *Katharinenkapelle* 1512, ehem. Wallfahrtskapelle, bedeutende *Pietà,* Holzplastik 1360–80, *Kreuzigungsgruppe* 15./18. Jh.
● **„Schuhfabrik" - Deutsches Museum für Schuhproduktion und Industriegeschichte** - Das weltweit größte seiner Art. Überaus eindrucksvoll wird in einer ehem. Schuhfabrik von 1928 der Werdegang der Schuhindustrie und der Ablauf der Schuhproduktion demonstriert, wobei die vielen Maschinen in vollem Betrieb gezeigt werden - ein Erlebnis! Zu den Exponaten zählen Uraltschlappen, Modeschuhe u. Prominenten-"Treter", u. a. von *Peter Kraus, Boris Becker* u. *Kanzler Kohl.*
● **Wanderwege** - Eines der beliebtesten Wandergebiete des *Pfälzerwaldes* bietet ein schier unerschöpfliches *Wanderwegenetz: 6 Wege* mit *Hauptmarkierungen* des *PWV* und *19 Wege* mit *Lokalmarkierungen* des *PWV, Ortsgruppe Hauenstein.*
● **Kurwanderwege (Dr. med. Peter Hoffmann)** - 9 *markierte* Wege, 1,8–9 km, keine bis stärkere Steigungen, Höhenunterschiede 10–215 m. Infos: *Verkehrsamt Hauenstein.*
● **Der Hauensteiner Zwicktritscheweg** - 8 km - 2 ½ Stdn - Eröffnet 1993 durch *Bürgermeister W. Schächter* sowie *H. Höh, E. Becker, H.-J. Noll* u. *PWV. Alfred Meyer* hatte die Wegführung (historisch fundiert) festgelegt, *R. Kern* die attraktive u. informative Markierung geschaffen. - Die *„Tritschologie"* ist die Wissenschaft über ein *Fabeltier* des *Pfälzerwaldes. „Zwicktritsche"* gibt es allerdings nur rund um *Hauenstein* (von Handzwicker), anderswo im *Pfälzerwald* nennt man sie *„Elwetritsche".*
MA ● **Der Rundweg** - *Wegweiser-Markierung* u. bis zur *PWV-Hütte* auch *[11].* - P *„Altwiesen",* vorbei am schönen Freibad auf breitem Weg durchs idyllische *Gillenbachtal. Meisenborn* (Fischweiher). *Backelsteinblick.* Hohlweg. *Kurzer Dümpfel. Dümpfler* (auch *Dümpler* o. *Dümpfel*) *Brünnel (Gillenbachquelle). Hauen-*

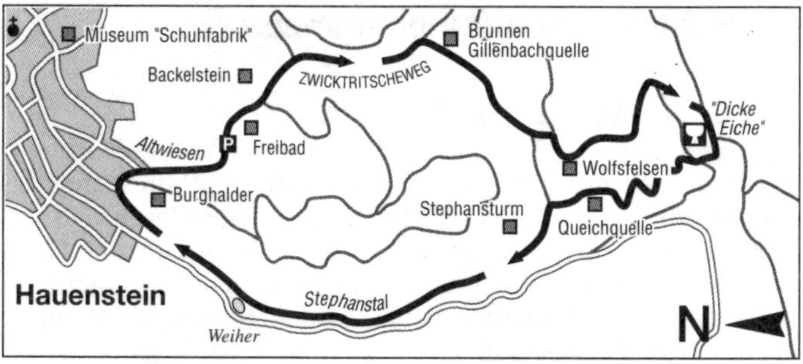

steiner Röderland (Kornanbau bis 1850). Pfad halbre aufw zum *Hasenteller* (uraltes Grenzzeichen). Weiter aufw zu breitem Weg. Re zum *Wolfsfelsen* (*Ebenfelder,* prächtiger Kletterfels). Ger, Pfad aufw, br Weg re zum stattlichen *Wanderheim „Dicke Eiche"* (402 m) des *PWV Hauenstein.* Dahinter mit der *[10]* re *MW*
abw, Serpentinen ins *Häberstal.* Br Weg halbre zur *Queichquelle (Wolfsquelle). Stephanstal. Stephansturm („Kamel"). Kirchenwoog* (ehem. *Queichquelle*). Vorbei an mehreren Fischweihern zum *Paddelweiher* (ehem. *karolingische Siedlung,* ca. 800–900 n. Chr.) Danach herrlicher Blick auf die *Christkönigkirche.* Später wieder mit *Ww* u. *[11].* Waldrandbogen. Re ab zum P. *MW*

Hauenstein - Der Panoramaweg

Weg und Zeit - 12 ½ km - 3 ¼ Stdn (ohne *Nedinggipfel* ½ Std weniger, mit Umrundung *Paddelweiher* 20 Min mehr).

Charakteristik - Ein prachtvoller Rundweg, der *Hauenstein* von allen Seiten zeigt und dabei die ganze Schönheit des Ortes nebst seiner Umgebung offenbart. Der Wanderer geht meist auf fußfreundlichem Untergrund und genießt von vielen Punkten aus herrliche Panoramen.

Anfahrt - Wie S. 148.

Parken - Gr Gäste-P *Hotel-Restaurant „Zum Ochsen“,* Einfahrt *Gartenstr.* Sonst wie S. 148.

● **Ortsmitte - Katharinenkp. - Neding - „Felsen“** - 1 Std - Vom *„Ochsen“* zum *Unteren Marktplatz* mit dem *Schuhdenkmal* (1986), *Hauptstr* aufw, *Bartholomäuskirche, Kaiserstr* li, *Kapellenweg* li, *Flurkreuz* (1776), *Katharinenkp.* (S. 148). Aussicht! *Brunnenanlage (Fr. Seibel* 1991). *Karmelkloster St. Josef* (1958), Besich-
MA tigung möglich. Dahinter li **(!)**, *[P auf Weiß],* auch *[H].* Abw, über die *Queich, Landauer Str* re, *Speyerstr* li, hinterm *Bildstöckel* re. Pfad halbli aufw, über br Weg, halbli aufw, hanglängs zu br Querweg. Li ab, ca. 5 Min. - *Abstecher Nedinggipfel: Unmarkierter* Pfad scharf **(!)** re, Serpentinen aufw zum mächtigen *Felsentor.* Aussicht! Am Fuß prächtiger Felsen aufw zum *Neding* (336 m), *Gipfelkreuz* (1933). Wunderbare Aussicht auf *Hauenstein* u. *Falkenburg.* Wie Herweg zurück. - Mit *[P]* u. *[H]* abw zum Sattel. Am Hang des *Mischbergs* hinüber zu einer schönen *Felsenpforte* und abw zum mächtigen *Felsendurchbruch.*

● **„Felsen“ - Grillplatz** - ¾ Std - Über die Str, Pfad aufw, *[P]* u. a. *Z.* Breiten Querweg li, Rechtsbogen, ger, Linksbogen. Hier Pfad **(!)** halbli aufw **(!)**, Querpfad li. Gabel halbre aufw, Rechtsknick. Herrlicher Blick zum *Kl. Rauhberg.* Hanglängs, Aussicht, Linksbogen, hanglängs. Später Rechtskehre. Schließlich abw, zum Schluss Rechtsbogen zum vorbildlichen *Grillplatz.*

● **Grillplatz - Lanzenfahrter Felsen - Ankerskreuz - Ortsmitte** - 1 ½ Stdn - Li ab, Ri Felsmassiv *Burghalder.* P . (Re zum *Paddelweiher*). Über die *Queich,* dann li. Rechtsbogen am Waldrand. Bei Hs. Nr. 18 re aufw. (In halber Höhe Pfad re hoch zu den jähen, phantastisch geformten Kletterwänden u. Felsdächern des *Burghalder*). Weiter aufw. (50 m vor leichtem S-Bogen *unmarkiertes* Pfädchen scharf **(!)** re zu den Mauerresten einer *karolingischen Fliehburg*). Kurz darauf br Querweg li. Nach ca. 500 m, in einem Rechtsbogen, Pfad li abw. *Lanzenfahrter Felsen* (Aufstiegsleiter 1997 gesperrt). Abw, dunkler Tann, Wiese, grasiger Weg, br Querweg li. *Backelsteinblick*! Li zum *Freibad.* Pfad halbre aufw u. hanglängs zum *Ankerskreuz. Weißenburger Str* u. *Hauptstr* zum

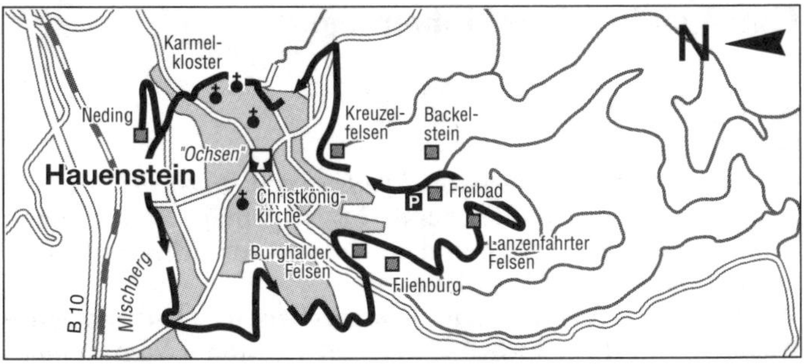

● **Landgasthof-Hotel-Restaurant „Zum Ochsen"** - In seiner über 100-jährigen Geschichte (gegr. 1893) gab es viele köstliche Episoden: Z. B. mussten ahnungslose Handelsvertreter 1 Fass Bier stiften, dann durften sie mit Stalllaterne und Sack auf die *„Zwicktritsche-Jagd"* gehen, wobei sie von den Stammtischbrüdern kräftig „bewässert" wurden. - Heute ist der *„Ochsen"* ein komfortables Haus mit ruhigen Komfortzimmern, behaglichen Gasträumen, Tagungsräumen, Saal u. Biergarten. Die bekannt kreative Küche wird vom Saumagen bis zum Gourmet-Menü allen Ansprüchen gerecht. - Ideenreiche Spezialitäten-Wochen. *Thomas Engel* (reiche internationale Erfahrung) kocht selbst. Mittlere Preise. - *Ru = Do.*

Hauenstein - Der Höhenweg

Weg und Zeit - 20 ½ km - 5 ½ Stdn.
Charakteristik - Der *klassische Rundweg* von *Hauenstein* aus, ein Muss für jeden Wanderfreund. Er ist geprägt von schönen Wegen, prächtigen Felsen und großartigen Aussichtspunkten.
Anfahrt und Parken - Wie Seite 148.
● **Ortsmitte - Ankers Kreuz - Kreuzelfelsen - Hühnerstein - Wanderheim „Dicke Eiche" PWV** - gut 1 ¾ Stdn - Vom *Rathaus* i *Schulstr* zur *Gartenstr,* li, *Turmstr* ger, *Schuhmuseum,* Str *Am Weimersberg* li. Vor der *Weißenburger Str* (drüben *Ankers Kreuz*)
MA Pfad re aufw in den Wald, jetzt durchgehend mit *[H]* markiert, auch *[Roter Punkt]* u. a. *Z.* Aufw, oben re abw, *unmarkierter Abstecher* zum *Kreuzelfelsen* (340 m), schönster Blick über *Hauenstein.* Zurück zum Abzweig und ger, später Linksbogen. Beim nächsten Linksbogen lohnender Abstecher re, *Ww,* zum *Backelstein.* Spuren einer frühmittelalterlichen Burganlage (Pfostenlöcher einer Holzburg), evtl. Fliehburg bzw. Vorburg des *Trifels.* Treppe des *PWV* zur Aussichtskanzel (in der Falkenbrutzeit gesperrt). Wunderbarer Blick auf Tal und Felsenwelt. Zurück zum Abzweig. Re ab, 20 m, Gabel re, romantischer Pfad, z. T. unter Felsendächern. Sattel mit herrlicher Sicht auf die jähe Wand des *Backelsteins.* Aufw, Felsendächer, breiter Querweg re, Schutzhütte *Weimersborn* (370 m). Leicht ansteigend. Ausblick! Eben, breite Gabel halbli und aufw zum wuchtigen *Hühnerstein* (456 m). Name von *Hunnenstein* o. *Hünenstein.* (Fundstelle einer Pfeilspitze von 4500 v. Chr.). Eisenleiter des *PWV.* Toller Rundblick auf die Gipfelflur, auf *Spirkelbach, Lug, Schwanheim, Darstein* u. v. a. Ger abw zum Sattel, aufw, br Gabel re, *[H],* (*Roter Punkt* ger). Diesen ebenen Weg beibehalten. In Bogen und Geraden um den *Schweinsfelsrücken,* vorbei an *AP* mit Ruhebank. Blick über *Hauenstein* zum *Luitpoldturm.* Schließlich Pfad re abw zum großen *Wanderheim „Dicke Eiche"* (402 m), *PWV Hauenstein.*
● **„Dicke Eiche" - Winterkirchel - Vier Buchen** - 1 ¼ Stdn - Ab hier auch mit *[Gelbem Punkt].* Vorbei an Grenzstein (1785) zur *Dicken Eiche* (27 m hoch, über 600 J. alt, 1995 frevelhaft angesägt). Pfad **(!)** halbre, *Ww,* hoch über dem *Stephanstal. AP* mit Ruhebank, phantastischer Blick auf den *Stephansturm („Kamel").* Weiter zum kl *Winterkirchel Mariä Himmelspforte* (365 m). 1948/49 an der Stelle einer alten *Marien-Wallfahrtskapelle* err., die 1789 zerstört wurde. (Läuten erlaubt!). Ehem. Schuhfabrikarbeiterweg *Erfweiler-Hauenstein* kreuzen, halbre, am Berghang entlang. Li aufw zum Sattel *„Himmelspforte".* Re ab, *Ww,* aufw, *Trifelsblick, Schutzhütte Jungwald* (439 m). *Blick auf Hauenstein* u. *Trifels.* Kurz danach Gabel ger **(!)**, später

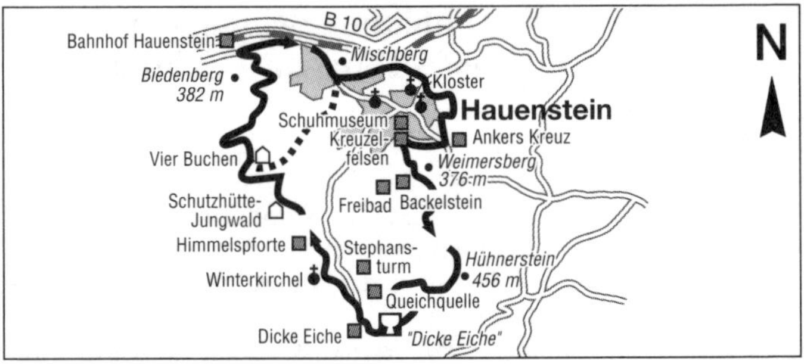

Querweg li **(!)**, 8 Min, dann Weg re **(!)** abw, *Ww,* Gabel, Pfad **(!)** li abw, Ausblick ins Tal des *Schwarzen Mühlenwoog. Schutzhütte Vier Buchen* (360 m). Wegespinne.

● **Vier Buchen - Bhf. - „Felsen"** - knapp 1 ½ Stdn - Br Weg li, *[H].* In Bogen u. Geraden durch den einsamen *Biedenbergwald. Haßlach* (346 m). Später Blick über *Hauenstein* zur *Falkenburg* u. zum *Rauhberg.* Vorbei am Abzweig zur *Friedenskirche* (Westteil v. *H.*). *Bhf. Hauenstein. Alte B 10* ger, *Pirmasenser Str* re, *Ww [Ortsmitte]. Eingangsfelsen.*

● **„Felsen" - Neding - Karmelkloster - Ortsmitte** - 1 Std - Vor dem mächtigen Felsendurchbruch li **(!)** aufw **(!)**, auch *[P].* Schöne Felsenpforte. Am *Mischberghang* entlang zu kl Sattel. Oberhalb von *Wasgau-Halle* u. *Wasgau-Schule* aufw, auch *[Roter Punkt].* Vorbei am *unmarkierten* Linksabzweig zum *Nedinggipfel.* Leichter Linksbogen, Pfad **(!)** halbre abw **(!)**, dann hanglängs, später über br Weg abw. Am *Bildstöckel Speyerstr* li, *Landauer Str* 20 m re, li über die *Queich,* aufw, *Karmelkloster.* Hier 2 Möglichkeiten: 1) Hohlweg li, danach re, Rechtsbogen li ab, *An der Vogelhege, Weißenburger Str,* re *ohne Markierung* zur Ortsmitte. - 2) *Ohne Markierung Kapellenweg* re, *Kaiserstr* re, *Hauptstr* re, *Schulstr* li. *OM*

● **Alternative Vier Buchen - „Felsen"** - gut ½ Std - Re **(!)** ab, *[Gelb-Rot], [Rot-Weiß], [Gelbes, Grünes, Rotes W]. Henkler Brünnel,* eindrucksvoller Tiefblick. Weiter zum *Rauschloch* (350 m), *Wbh,* bizarre Felsen. Schmaler Weg abw, unten br Weg li, auch *[P].* Linksbogen, später re abw zu den *„Felsen".*

● **Weitere Hauensteiner Wanderwege (Auswahl)**

[1] Queichstr - Stephanstal - Wanderheim „Dicke Eiche" - Bärenbrunnerhof - Weimersborn - Kreuzelfelsen - Ankers Kreuz - 13 km.

[3] Felsen - Jungwald - Winterkirchel - Wanderheim „Dicke Eiche" - Schweinsfels - Wachtfelsen - Ankers Kreuz - 10 km.

[5] Ⓟ Freibad - Weidentälchen - Kurzer Dümpel - Hasenteller - Hoher Kopf - Burghalder - Altwiesen - Freibad - 5 ½ km.

[10] Ⓟ Farrenwiese - Paddelweiher - Stephanstal - Winterkirchel - Dicke Eiche - Wanderheim „Dicke Eiche" - Queichquelle - Stephanstal - Paddelweiher - Farrenwiese - 7 ½ km.

Schwanheim - Wasgauhütte - Schindberg - Tannenwald - Bühlhof - Darstein - Schwanheim

Weg und Zeit - 13 ½ km - 3 ½ Stdn.
Charakteristik - Eine sehr wohltuende Wanderung, meist durch Wald und auf gelenkschonendem weichen Untergrund besonders schöner Waldwege. Herausragend die romantische Felsumrundung im *Tannenwald.*
Anfahrt - B 10, *Landau - Pirmasens,* Abzweig *Sarnstall* bzw. *Hauenstein.* - B 427 Bad *Bergzabern - Hinterweidenthal,* Abzweig *Vorderweidenthal.* - Von *Wilgartswiesen.*
Parken - Gäste-[P] *„Nussbaum".* Sonst *Haupt-* oder *Ringstr.*

● **Schwanheim - Wasgauhütte - Schindberg - Tannenwald - Bühlhof** - gut 2 Stdn - Vom *„Alten Nussbaum"* zum Steinkreuz.
Hauptstr re zur *Kath. Pfarrkirche St. Hubertus,* 1753–54 erbaut,
1927–29 verlängert und mit einem Turm versehen. Anbau 1978,
MA sehenswerte Ausstattung. Vor der *Kirche* li *Hubertusstr, [Grün-*
Blaue Striche]. Fast am Ortsende Linkskehre, Str aufw zur *Was-*
MW *gauhütte PWV.* Weiter aufw, ca. 15 Min ab *Hütte* scharf li, *[Blau-*
Gelbe Striche], Ww [Erlenbach]. Später kreuzt Stromleitung.
Ausblick. Auf dem Bergkamm des *Schindbergs* weiter, vorbei an
mehreren langgestreckten Felsaufbauten, schönes Wegstück,
später breiter Querweg mit Wegetafel. (Hier Hohlweg li = direk-
MW ter Weg zur *Bühlhofschänke.*) Re **(!)** etwas aufw **(!)**, *LM [4],* vor-
bei an einem wuchtigen Felsturm im Staatsforst *Tannenwald.*
Linksbogen, breite Gabel li, Linksbiegung. Was dahinter folgt,
ist eine Delikatesse für das Auge: Ein Felskamm mit mächtigen
Wänden und Türmen, mit bizarren Graten und Zinnen (sog.
„Eisenbahn"). Später Einmündung bei dem vorher erwähnten
MW Hohlweg. Ger, wieder mit *[Blau-Gelb],* Wegekreuzung, schräg
MW li, *Ww, [Gelb-Rote Striche],* zur zünftigen Rast in der

● **„Bühlhofschänke"** - Urgemütliches Wandergasthaus in herrlicher Lage. Rustikale Einrichtung. Einfache und gutbürgerliche Küche. Herzhafte Vesper. Hausmacher Pfälzer Spezialitäten. Eigene Weine. Untere Preislage. - *Ru = Mo, Fr.* - [P] .

● **Bühlhof - Darstein - Schwanheim** - knapp 1 ½ Stdn - Zurück
MW zur Waldecke. Ger am Waldrand entlang *[3],* im Wald Rechts-
bogen zu Kreuzung, fast ger **(!)** aufw **(!)**, Gabel ger hoch zu
Querweg. Re ab, nach ca. 4 Min Linksbogen aufw, Weg konse-
quent beibehalten, alle Abzweige ignorieren. Nach etwa
MW ½ Std re ab, *[Roter Punkt], Ww [Ruine Lindelbrunn].* Gabel
unterhalb des prächtigen *Haselsteins* li **(!)**, ebener Weg. Am
Waldrand herrlicher Ausblick, u. a. auf die *Ruine Lindelbrunn.*
Hohlweg abw, Waldrand,Gabel li, Grasweg ganz leicht aufw zu
hohen Laubbäumen. Im Wald Gabel re, Waldrand, Stromlei-
MW tung, Umsetzer, Hohlweg, *Darstein. Hauptstr* li, *LM [7], Bergstr*

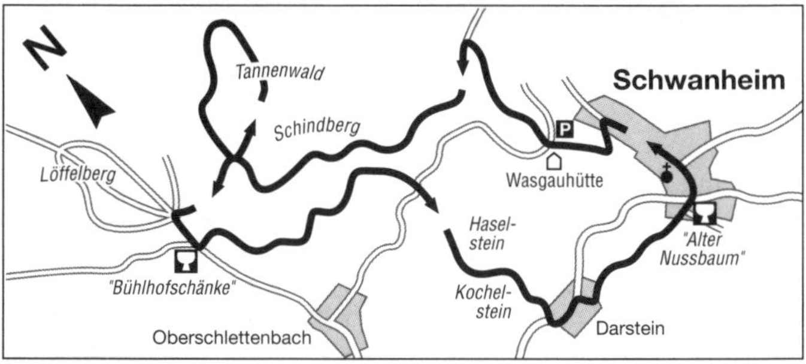

re, am Ende li, vorm *Friedhof* vorbei, Weg ger (1. Abzweig re ignorieren). Waldrand, schöner Blick auf den *Haselstein*, Rechtsbogen, Wald, Grasweg, abw nach *Schwanheim, Lindelbrunnstr* zur gepflegten Einkehr im

● **Hotel-Restaurant Zum Alten Nussbaum** - Motto des Hauses: „Wandern und Schlemmen". Schöne Komfortzimmer. Stilvolle Gasträume. Nichtraucherraum. Romantische Gartenterrasse. Exzellente Küche, auch Fisch, Wild, Lamm, vegetarisch. Köstliche Desserts. Unteres bis mittleres Preiseniveau. - *Ru = Di (Winter Mo, Di).*

Wilgartswiesen - Falkenburg - Alte Steige - Hermersbergerhof - Wilgartswiesen

Weg und Zeit - 15 km - 3 ¾ Stdn.

Charakteristik - Der *„klassische"* Rundweg zwischen beiden Orten. Angenehme Steigungen, vornehmlich im Wald, schöne Aussichtspunkte und eine prächtige *Burgruine.*

Anfahrt - B 10 *Landau - Pirmasens,* Abzweig westl. von *Rinnthal.* - Von *Hauenstein.* - Von (u. nach) *Hermersbergerhof.*

Parken - Gr Ⓟ *Hotel „Hirschhorn".* Sonst nahebei.

● **Wilgartswiesen** - Anerkannter Erholungsort. Älteste Gemeinde im *Queichtal* mit fast 1200-jähriger Geschichte. Durch die *Schenkung der Wiligarta* 828 hat *W.* die größte dörfliche Gemeindefläche in *Rheinland-Pfalz.* Uralte *Wiligartaburg,* Reste einer Felsenburg am *Queichtalrand. (Rundweg W). Ev. Pfarrkirche* aus rotem Sandstein, 1840/43.

● **Wilgartswiesen - Falkenburg** - gut ½ Std - Vom Hotel *„Hirschhorn"* die Str aufw. An ihrem Ende Panoramapfad ger, drüben der *Gr. Rauhberg.* Breiter Weg abw zur *Hauptstr.* Bürgersteig
MA neben der K 56. Burgblick! *Tiergartenstr* re, *[F]* u. *[Gelbes W].* Nach 1 Min li aufw, *Ww.* Im Wald hoch zur imposanten Felsenmauer aus Buntsandstein.

● **Falkenburg** - Felsentreppe durch einen engen Durchschlupf zur Plattform mit wunderbarer Rundsicht. Die Burg (337 m), 11. Jh., wurde Mitte 13. Jh. urkundl. als *Reichsburg* erwähnt. Zerstörung 1689. Reste erhalten.

● **Falkenburg - Alte Steige - Hermersbergerhof** - knapp 1 ¾ Stdn - Letztes Stück zurück, hinter dem Felsenriff halbli abw *[F].* Bei der Stromleitung Linksbogen. Re abw, breiten Weg überqueren
MW und schräg re weiter. *[Rot-Weiße Striche].* Kurz vor K 56 re, *Alte Straße, Falkenburger Steige, Ritterstein.* Bequemer Anstieg, später *Trifels-Blick.* Parallel zu K 56 - mal näher, mal weiter - aufw, vorbei an *Ruhebank-Rondell* (= Rückweg). Forstweg ger, nach 1 Min Pfad **(!)** halbli, auch *[Blaues Kreuz].* Herrlicher Pfad, stellenweise phantastische Aussicht ins *Modenbachtal* und auf die Bergkette im Osten. Schließlich längs der K 56 nach

● **Hermersbergerhof** (560 m) - Annexe von *Wilgartswiesen.* Ehem. Klostergut. Höchstgelegene Siedlung im *Pfälzerwald.* Skipiste mit Lift. Rodelbahn. *Luitpoldturm* (S. 159).

● **Café-Pension „Ingrid"** - Erholsam ruhige Höhenlage. Behagliche Fremdenzimmer. Rustikal-gemütliche Gasträume. Freiterrasse. Gutbürgerl. Küche, auch Wild- und Pfälzer Gerichte. Reichhaltige kleine Karte. Flammkuchen. Selbstgebackene Kuchen und Torten. Kleine Preise. - *Ru = Mo.* - Ⓟ.

● **Hermersbergerhof - Wilgartswiesen** - 1 ½ Stdn - Das letzte
MW Wegstück zurück, *[Blaues Kreuz].* Vorm *Bankrondell* Pfad li,

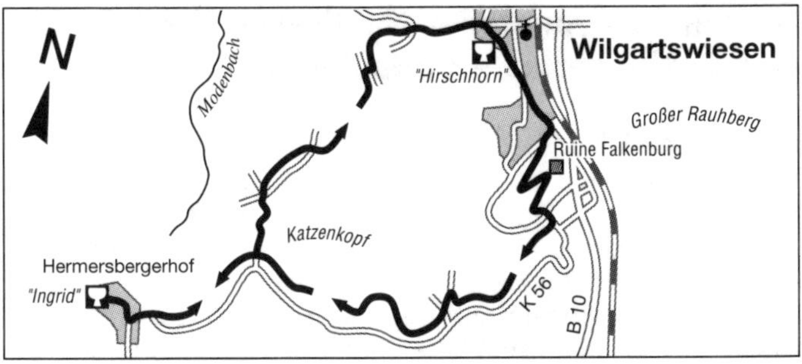

abw, auch *[Schwarzes u. Rotes W]. Schutzhütte.* Mehrere Wegwechsel **(!)**. Prächtige Felsen. Eindrucksvolle Ausblicke. Pfad ins hübsche Tal, über den munteren Bach, aufw zum Sattel, abw nach *Wilgartswiesen.* Gabel, *Herrengasse* re, hinter Hs. Nr. 25 *Str Am Hirschhorn* re, *unmarkiert* aufw zum *OM*

● **Hotel-Restaurant „Am Hirschhorn"** - Prächtige, ruhige Aussichtslage am Wald. Komfortable Gästezimmer. Herrliches Panorama-Restaurant. Terrasse. Gutbürgerl. und gehobene Küche. Schmackhafte Pfannengerichte. Große Fischkarte. Pfälzer Spezialitäten. Wild. Vesper. Mittl. Preise.

Hofstätten - Annweiler Forsthaus - Kaltenbach - Hermersbergerhof - Luitpoldturm - Hofstätten

Weg und Zeit - 19 km - 5 Stdn.

Charakteristik - Es gibt viele schöne Rundwege um das *„Alte Forsthaus“*. Der große klassische jedoch wird nachfolgend beschrieben. Er beschert dem Wanderer einsame Wälder, romantische Bachläufe und mit die herrlichste Rundsicht des ganzen *Pfälzerwaldes* vom alles überragenden *Luitpoldturm* aus.

Anfahrt - B 48 *Bad Bergzabern-Annweiler-Hochspeyer,* Abzweig zwischen *Rinnthal* und *Johanniskreuz.*

Parken - Gäste-P *„Altes Forsthaus“.* Sonst nahebei.

● **Hofstätten** (424 m) - *Luftkur- und Wintersportort* in einem stillen Hochtal, weitab vom Durchgangsverkehr. Ein Paradies für Wanderer. Rodelbahn, Skipiste mit Schlepplift. - Annexe von *Wilgartswiesen,* im 13./14. Jh. als Waldbauernsiedlung entstanden. 1628–31 und 1794 totale Zerstörung. Ab 1846 eigenes Forstrevier.

● **Hofstätten - Annweiler Forsthaus - Kaltenbach - Hermersber-**
MA **gerhof** - 3 Stdn - Vom *„Alten Forsthaus“* mit *[Blau-Gelben Strichen]* aufw, schöner Rundblick. Waldeintritt, aufw, beim Grenzstein re, oben li. Über den Kamm, abw, Kreuzung, Pfad (**!**) zu Taleinschnitt (der später den *Eiderbach* aufnimmt). Drüben aufw, oben li, dann Abzweig halbre zum *Annweiler Forsthaus.* (Rückkehrmöglichkeit: Mit *[4, 5]* nach *Sieben Buchen,* direkt (**!**) re (**!**) neben Fernsehumsetzer abw nach *Hofstätten.*) Str li abw, nach 3 ½ Min Pfad (**!**) halbre abw, breiter Weg li, ca. 200 m, dann Pfad (**!**) halbre abw. Vor gr Monolithen scharf li, hinunter ins schmale Tal, *Kälberteich.* Über den Bach, dahinter li und neben dem lustig plätschernden Wasser abw, Linksbogen, befestigter Weg li. Oberhalb des romantischen *Kaltenbachs* ca. 8 Min eben dahin. Dann Pfad abw zur Straßenbrücke. Bei der Mündung
MW des *Modenbachs* über den *Kaltenbach.* Dahinter re, *[Blau-Weiße Striche],* auch *[Rot-Weiß],* und sofort (**!**) Pfad (**!**) halbli aufw. Nun folgt ein gut 10-minütiger moderater Anstieg zu breitem Querweg. Re, 20 m, Stufen halbli aufw, Pfadfortsetzung. Nach weiteren ca. 10 Min gleichmäßiger Steigung breiten Weg überqueren. Aufw, Rechtsbogen zu breitem Querweg, damit ist fast die hier angestrebte Höhe erreicht. Re, breite Gabel re, Weg beibehalten, *Hahnenhütte,* 6-eckiges Steinhaus. Nun in ca. 25 Min zum Waldrand. Über freies Feld nach *Hermersbergerhof.* Man folgt der Ortsstr. Gute Einkehrmöglichkeit: *Café-Pension „Ingrid“* (S. 156).

● **Hermersbergerhof - Luitpoldturm - Holländer Klotz - Hofstätten** - 2 Stdn - Bei der *Wegetafel des PWV* ger, vor dem letzten Haus Pfad (**!**) halbli, vor der Schranke Rechtsbogen, *Ww,* Strom-

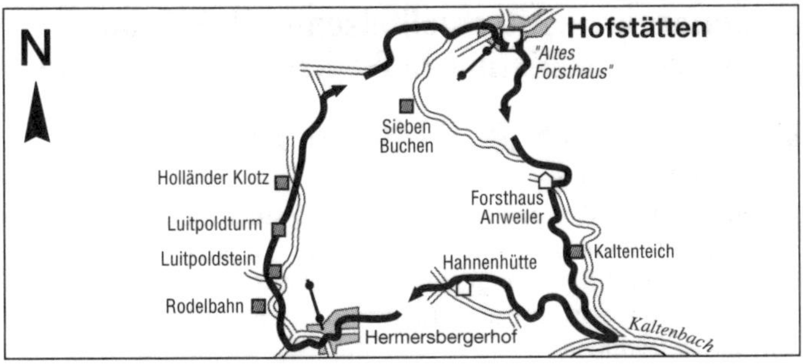

leitung, über die Fahrstr. Parallel dazu weiter, später Überquerung, dahinter Pfad re zu kl P. *Luitpoldstein*: „Prinzregent Luitpold - 12. März 1911 - 90 Jahre alt“. Wegkreuzung ger, *[Blau-Rote Striche],* auch *[Blaues Kreuz],* Schranke, aufw zum *Luitpoldturm.* Einzigartige umfassende Rundsicht über gr Teile des *Pfälzerwaldes.* Auf dem Bergrücken weiter. Nach ca. 50 m Pfad (!) halbre (!) abw. Vor der Str li zum *Holländer Klotz* (550 m). Pfad ger, Str queren, breiter Weg, auch *[5],* ger, überwiegend durch Eichenwald. Später leicht abw, Linksbogen in einer Mulde. Halbre aufw, eben zu breitem Weg. Re, auch *[Gelber Strich],* nach 1 ½ Min Pfad (!) li, ¼ Std später Querweg li, Abzweig halbre, Hohlweg abw nach *Hofstätten.* Ortsstr re zur urgemütlichen Einkehr: *MW*

● **Restaurant-Cafè „Altes Forsthaus“** - Es entstand nach aufwendigen Umbauarbeiten aus dem Forsthaus von 1846. Überaus angenehme familiäre Atmosphäre. Gutbürgerl., durchgehend warme Küche. Fleisch-, vor allem auch Wildgerichte, die sich absolut mit denen eines Feinschmeckerlokals messen können. Auch original Pfälzer Spezialitäten, u. a. hausgemachte „Fläschknepp“. Vesper. Sa: Flammkuchen. 23 offene Weine. Untere bis mittl. Preise. - *Ru = Mo ab 18 Uhr, Di.* - Gästehaus. Zimmer mit Du/WC. Kochgelegenheit.

Eppenbrunn - Altschloßfelsen - Staffelskopf - Zollstock - Stüdenbach-Weiher - Eppenbrunn

Weg und Zeit - 14 km - 3 ¾ Stdn.

Charakteristik - Der großartige Rundweg stellt die optimale Verbindung dar zwischen dem Naturphänomen *Altschloßfelsen* mit seinen unglaublich vielgestaltigen Felsformationen und den romantischen, verträumten Tälern und Seen in der Umgebung von *Eppenbrunn.*

Anfahrt - Von *Pirmasens, Lemberg, Hinterweidenthal, Ludwigswinkel* oder *Fischbach*: In *Eppenbrunn, Hauptstr, Talstr, Neudorfstr* li, *Himbaumstr* re. - Von *Trulben: Talstr, Neudorfstr* re, *Himburgstr* re.

Parken - Gr Ⓟ direkt beim *Hotel-Rest. Kupper.*

● **Eppenbrunn** - *Staatl. anerkannter Luftkurort, „Das Tor zum Wasgau"*, in dessen südwestlicher Ecke, an der Grenze zum *Elsass. - Forsthaus,* Fachwerkbau, 17./18. Jh.

● **Eppenbrunn - Altschloßfelsen (südwestl. Ende)** - 1 ¼ Stdn -
MA Vom *Hotel Kupper* mit dem *[Grünen Strich]* ger, *Himbaumstr* ortseinwärts, *Neudorfstr* re, Fußweg längs des Ⓟ und des *Eppenbrunner Bachs.* Über den Steg (re zum *Heimat- und Waldmuseum*), dahinter re durch die gr *Park- und Freizeitanlage.* Brücke re über den Bach, *Pirminiusstr* li, schöner Blick auf den Ort. Rechtsbogen aufw, *Neudorfstr* li, S-Bogen abw, *Altschloßstr* ger,
MW ab hier mit *[Weißem Kreuz].* Am *Weiher* aufw, bei den Häusern halbli, Wald, Rechtsbogen, Gabel li, Schranke, enge Gabel, li Ast. Leicht abw, Einmündung in breiten Weg, ger weiter. Gr Gabel li, hübsches, naturbelassenes Wiesental, li und re auf den Höhen Felsgruppen, re hinten die Felsbastion *Rotenrumer Eck.* Lange ger, vor Rechtsbogen li ab, *Ww,* von li her kommt *[Blau-Weiß].* Ger aufw zu den mächtigen, eindrucksvollen *Altschloßfelsen.*

Sehen sie an sich schon wie eine uneinnehmbare Felsenburg aus, so waren sie früher tatsächlich eine mit Mauern verbundene Burganlage. Ihre größte Pracht entfalten sie gleich am Anfang: Diese bizarren Türme, Säulen, „Schiffe" und „Pilze", die Dächer, Balkone, Höhlen und Durchschlupfe, diese feinen Schichtungen und groben Klötze, die Wände und Kanten, die Risse, Spalten und Felslöcher, dazu diese herrlichen Farbvariationen des Buntsandsteins, welch ein seltenes Schauspiel! Es lohnt sich, hier zu verweilen, jeden Turm zu studieren und dieses Naturwunder zu genießen. Auch der Weiterweg entlang des Felsenriffs bringt immer neue, starke Eindrücke, z. B. ein riesiges Felsportal, wuchtige Felsdächer und tiefe Höhlen.

● **Altschloßfelsen - Staffelskopf - Zollstock** - gut 1 Std - Am Ende der fast 1 ½ km langen Felsenbank Pfad 50 m abw, vor der

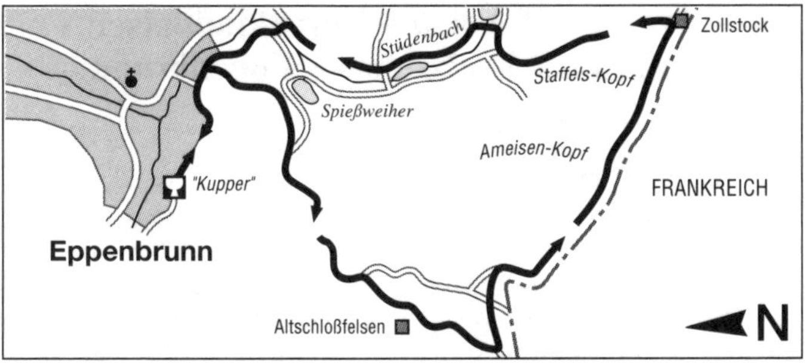

Bundesgrenze Pfad li, *[Schwarzes und Grünes W], Ww.* Querweg MW
li, Graswegkreuzung ger, Einmündung in Weg mit *[Blau-* MW
Weißen Strichen]. Mit diesen immer in Grenznähe auf und ab,
schließlich saftig hoch zur Felsenkanzel des *Staffelskopfs* (420
m) mit weitem Ausblick ins *Elsass.* Wieder abw zum *Zollstock,*
ehem. Grenzübergang.

● **Zollstock - Stüdenbach - Eppenbrunn** - gut 1 ¼ Stdn - Mit *LM* MW
[2] breiten Weg li abw, durch ein schönes einsames Tal zu
einem verträumten Weiher. Nach 8 Min wieder ein idyllischer
Weiher. Dahinter halbre *[2],* vor dem nächsten Weiher Damm li
[1, 2], danach wieder links *[1, 2].* In dem von der Vegetation her
überaus romantischen Tal folgt abermals ein Weiher. An sei-
nem Ende befestigter Weg ger, *Ww [PWV],* oberhalb des *Stü-*
denbachs zum *Stüdenbach-Weiher.* Dahinter li, *[Grüner Strich],* MW
vor den Felsen re, herrliche Bachlandschaft, *Eppenbrunner Wei-*
her, Altschloßstr und wie Herweg durch den Park zurück zu
einer willkommenen Einkehr im

● **Hotel-Restaurant Kupper** - Sehr schöne Orts- und Waldrandlage. Ruhige, komfortable Gästezimmer. Stilvoll-gepflegte Gasträume. Biergarten. Wohltuende Atmosphäre. Gutbürgerliche und gehobene Küche, regional und international. Frische Forellen. Auch Wild, Lamm, Geflügel, Vollwertkost. Deftige Vesper. Unteres und mittleres Preisniveau.

Eppenbrunn - Hohelist - Christkindlfelsen - Krappenfelsen - Eselssteige - Eppenbrunn

Weg und Zeit – 12 km – gut 3 Stdn.

Charakteristik - Ein lohnender Rundweg: Anstieg zum *ehem. Forsthaus* und heutigen *PWV-Wanderheim Hohelist,* von dort wieder abwärts zu großartigen Felsformationen, dem *Christkindlfelsen* und dem *Krappenfelsen.* Danach durch ein einsames Tal und an verträumten Weihern vorbei zurück zum Ausgangsort *Eppenbrunn.*

Anfahrt – Von *Pirmasens* über *Obersimten* o. *Erlenbrunn.* – Von *Zweibrücken* über *Hornbach* (B 424) – *Breidenbach* (D 962) – *Walschbronn* – *Trulben.* – S. auch S. 160.

Parken – Großer P unmittelbar vor dem *Hotel-Restaurant „Haus Waldesruh“.*

● **Eppenbrunn** (310–480 m) – Schön gelegener *Luftkurort* in der Südwestecke des *Wasgau* mit schöner Wald- und Felsenlandschaft, nahe der franz. Grenze. *Heimat- und Waldmuseum.* Grenzüberschreitendes *Wanderwegenetz* mit zahlreichen lohnenden Aussichtspunkten.

● **Eppenbrunn - Hohelist** – 1 ½ Stdn – Vom P bei der *Waldesruh*
führt ein bezeichneter Fußweg durch den *Eppenbrunner Freizeit-*
park, vorbei am *Haus des Gastes* und dem überdachten *„Alten*
Waschplatz“. Talstr re, *Hauptstr* ger, *Mittelgasse* re und *Obere*
MA *Haardtgasse* bis Ortsende. Ger weiter mit *Markierung [A].* Am
Waldrand Gabel re, nach 200 m die Fahrstr nach *Fischbach* über-
MW queren. Ab hier mit *[Grün-Blauen Strichen]* bis zur *Hohelist*
durchgängig gut markiert. Auf schönem Waldweg weiter, Gabel
li aufw, Wegeinmündung li, Fahrstr erneut überqueren. Nach
150 m Dreiergabel scharf re **(!)**, vor Fahrstr scharf li und mit *Ww*
zum Wald-P *Hohelist,* diesen überqueren und mit *[Grün-Blau]*
auf breitem Weg weiter. Bald vorbei an baumbestandenen Fels-
blöcken, Gabel re, auf schönem Wanderweg stetig ansteigend
bis Kuppe. Vom höchsten Punkt der Wanderung nur noch ein
kurzes Wegstück bis zum *PWV-Wanderheim Hohelist* mit sehr
schönem Rastplatz. Kreuzungspunkt zahlreicher *markierter*
Wanderwege.

● **Hohelist - Krappenfelsen - Eselssteige - Stüdenbach-Weiher -**
Eppenbrunn - gut 1 ½ Stdn - Vom *Wanderheim Hohelist* mit
MW *[Grünem Kreuz]* und *Ww [Eselssteige]* Forststr leicht abw. Nach
wenigen Min Dreiergabel. Zuerst ganz li auf schmalem Pfad ca.
150 m auf Stichweg zur gesicherten Felskanzel des *Christkindl-*
felsens mit schöner Sicht.
OM Zurück zur Dreiergabel und dann auf mittlerem Weg *ohne Mar-*
kierung abw. Wegführung bald unterhalb des mächtigen und
bizarren *Krappenfelsens* mit seinen Sandsteintürmen.

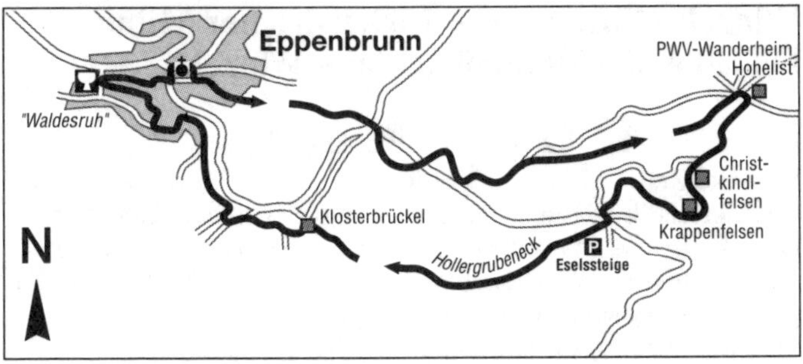

Rechtsbogen unterhalb der Felsformation und fast eben weiter. Im bald folgenden Linksbogen Weg queren und leicht aufw weiter zum Wald-P *Eselssteige.* Fahrstr überqueren und re mit *[Grünem Strich]* anfangs leicht, dann kräftiger abw bis zum Talgrund *Hollergrubeneck.* Schöner ebener Weg durch ein kleines verträumtes Tal bis *Klosterbrückel.* Jetzt mit *[Grünem Strich]*, auch mit *[Grün-Blau]* scharf li (!), auf Dammweg über den Bach, am Waldrand re, bald Gabel scharf re, immer der *Markierung* folgend. Entlang Bachlauf und Sumpfwiesen bis zur Fahrstr, li, wenige Schritte zum romantischen *Stüdenbachweiher.* Re weiter, nach 30 m erneut re auf schönem Weg oberhalb vom *Eppenbrunner Weiher* in den Ort. *Altschloßstr,* im Linksbogen aufw, Rechtsbogen, *Pirminiusstr* re abw, bald re über die Brücke in den *Freizeitpark* und immer noch mit *[Grünem Strich]* li weiter. Noch ein kurzes Stück bis zur verdienten Einkehr in den gemütlichen Räumen vom *MA*

● **Restaurant-Café-Pension „Haus Waldesruh"** - Sehr ruhige Lage am Waldrand. Gästezimmer mit Komfort. Stilvoll-rustikale Gasträume. Liegewiese. Angenehme Atmosphäre. Gutbürgerliche kreative Küche, auch Pfälzer Spezialitäten, Vollwert, Vesper. Sportmöglichkeiten, Fitness, Tennis. Untere bis mittlere Preise. - *Ru=Do.*

Winzeln/Pirmasens - Eichelsbacher Mühle - Felsalbetal - Blümelbachtal - Winzeln

Weg und Zeit - 15 km - 3 ¾ Stdn.
Charakteristik - Ein Wanderweg mit herrlichen Eindrücken: Das *Winzler Tal,* das einsame, romantische *Felsalbetal,* das hübsche, idyllische *Blümelbachtal* und als Abrundung die großartigen Ausblicke vom *Rimschberg* und *Hochwaldrand.*
Anfahrt - *Pirmasens, Innenstadtring, Ww [Winzeln].*
Parken - Gäste-🅿 *Hotel-Restaurant Kunz.*

● **Pirmasens** - Die schön gelegene Stadt auf 7 Hügeln in etwa 400 m Höhe erstreckt sich im Übergangsbereich vom *Pfälzerwald* zum fruchtbaren *Westrich.* Sie wird allseitig vom *Landkreis Pirmasens* umschlossen, einem idealen, sehr vielseitigen Wandergebiet. - Geschichtliche Ursprünge im 8./9. Jh. 1720–23 erbaute hier der *Graf von Hanau-Lichtenberg* ein Jagdschloss. Sein Enkel und Erbe, *Landgraf Ludwig IX. von Hessen-Darmstadt,* erhob 1741 *Pirmasens* zu seiner Residenz und machte eine echte Soldatenstadt daraus. Sein *Exerzierhaus* war nach *Petersburg* das zweitgrößte in *Europa,* der *Exerzierplatz* einer der größten in *Deutschland.* 1763 ließ er die Stadt ummauern. 1769 Verleihung der Stadtrechte. 1793 *Schlacht bei Pirmasens,* Sieg der *Preußen* über die *Franzosen.* 1798 zu *Frankreich.* 1816 zum *Königreich Bayern.* Nach 1850 bedeutendstes *Schuhindustriezentrum Deutschlands.* 1920 *kreisfreie Stadt.* 1939 Verwaltungssitz des *Landkreises Pirmasens.* 1945 weitgehende Zerstörung der Stadt mit fast allen Baudenkmälern aus der Landgrafenzeit. - Wieder hergestellt wurden: *Ev. Johanniskirche (Obere ev. Pfarrkirche),* 1750. *Ev. Lutherkirche (Untere ev. Pfarrkirche),* 1757/58, ehem. Hof- und Garnisonskirche. *Kath. Pfarrkirche St. Pirminius,* 1897–1900, sie bildet, von unten gesehen, mit der *Schlossplatz-Treppen- u. Brunnenanlage* ein wunderschönes Ensemble. *Kath. Pfarrkirche St. Anton,* 1923–28. *Rathaus,* um 1770. *Ehem. Garnisonsschule,* um 1760. - Außerdem sehenswert: *Exerzierplatz,* 1995. *Museum,* u. a. mit *Heimat- und Schuhmuseum.*

● **Winzeln** - Beschaulicher Stadtteil von *Pirmasens* in vorteilhafter Lage ausgangs vieler attraktiver Wanderwege und Ausflugsziele.

● **Der Rundweg** - Vom *Hotel Kunz Bottenbacher Str* ortsauswärts (westl.). Linksbogen, nach Hs. Nr. 118 re, br Weg durch die Felder. Aussicht! Steintreppe u. Pfad li kräftig abw. Forellen-
MA teich, Bachsteg, br Weg li. Br Querweg re, *[Blau-Weiße-Striche],*
MW durchs *Winzler Tal.* Vor der L 482 re, *[Rot-Weiße Striche].* Re ab, *Eichelbacher Mühle* (Bibel- u. Freizeitheim). Einsamer Weg durch das romantische Tal der *Felsalbe,* die meist still und gemächlich dahin fließt und nur an einigen Stellen geräuschvoll

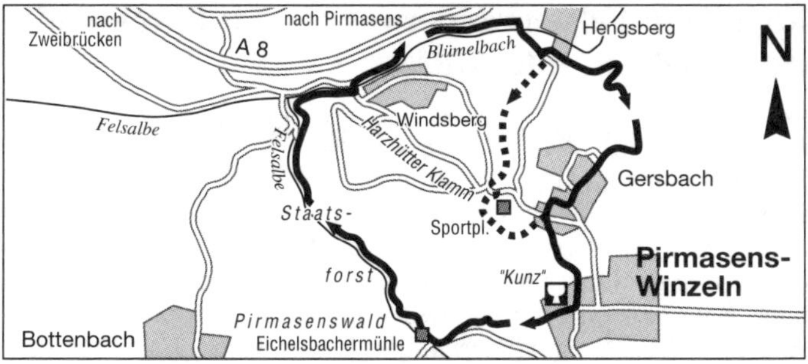

auf sich aufmerksam macht. Vorbei am Abzweig *Hexenklamm* (Rückkehrmöglichkeit) und über mehrere muntere Seitenbäche. Gleich nach Öffnung des Tales re ein imposanter *Felsenkessel* mit Höhle u. Wasserfall. Rechtsbogen ins *Blümelbachtal.* Fahrstr (K6) li, nach der Brücke re. Im überaus anmutigen Tal weiter. Talverbreiterung. Jetzt mit *[Blau-Weiß]* re **(!)** ab. *Blümel-* *MW*
bachbrücke, br Weg li. Nächste Bachbrücke li, nach 120 m re. Aufw, re unten gr Weiher, abw, herrliches Wegstück. Steinbrücke über den *Blümelbach.* Dahinter re aufw zur Hochfläche. Schöner Blick auf *Pirmasens.* Aufw nach *Gersbach. Sangstr, Windsberger Str* ger **(!)**, *Am Alten Friedhof* halbre, *Christian-Müller-Str* re, *Am Schützenstück* li, *Elsässer Str* ger. Ortsende, ger, über freies Feld nach *Winzeln. Sportpl. Am Stockwald* ger zum

● **Hotel-Restaurant Kunz** - Sehr angenehmes, ruhiges Haus. Elegante Komfortzimmer. Stilvolle Gasträume. Großes Gartenrestaurant. Wohltuende Atmosphäre. Die kreative, gehobene Küche bietet regionale und internationale Gaumenfreuden: Wildkreationen, Fischspezialitäten, frisch vom Pariser „Rungis-Markt“, zarte Steaks, Gourmet-Menüs, aber auch herzhafte Pfälzer Gerichte u. v. a. Köstliche Weine. Gästefreundliches Preis-Leistungs-Verhältnis. Mittl. u. leicht gehobene Preise. - *Ru = Fr ganz und Sa Nachmittag.*

Rodalben: Felsenwanderweg (1) mit Bärenhöhle, Bruderfelsen, Alter Burg

Weg und Zeit – 15 km – 3 ¾ Stdn.
Charakteristik – Der 45 km lange und nahezu ebene *Felsenwanderweg rund um Rodalben* ist ein Glanzpunkt in der *Pfälzer Wanderlandschaft.* Durch viele Zu- und Abgänge lässt er sich fast nach Belieben unterteilen. Der folgende herrliche waldreiche Abschnitt brilliert mit *Bärenhöhle, Bruderfelsen, Alter Burg* und vielen weiteren Fels- und auch Bachszenerien sowie mit wunderbaren Ausblicken.
Anfahrt – Von *Pirmasens.* – A 62, Ausf. *Thaleischweiler-Fröschen.* – B 10, Abzweig zwischen *Hinterweidenthal* und *Pirmasens.* – Von *Leimen* über *Merzalben.* – *Bahnstation.*
Parken – Gäste-P *„Pfälzer Hof“.* – Gr P in der *Frankstr.*

● **Rodalben** – *Fremdenverkehrsort. Sitz der Verbandsgemeinde* mit *Clausen, Donsieders, Leimen, Merzalben, Münchweiler.* – Die Geschichte ist eng verknüpft mit der *Burg Gräfenstein* (s. S. 168), zu der das Land bis zum Ende des 18. Jh. gehörte und die ihm auch seinen Namen gab. – *Marienkirche, Alte kath. Kirche Mariä Geburt,* erste Pfarrkirche um 1360, erhalten Turm und „Alter Chor“ mit Resten gotischer Wandmalereien, Langhaus und Chor 1735, Altäre um 1750, Kanzel und Gestühl um 1780. – *Neue kath. Pfarrkirche St. Joseph* 1929/30, barockartige Basilika, Turm mit Zwiebelhaube. – *Kath. Marienkapelle* von 1802 auf dem *Friedhof.* – Geburtshaus des weltberühmten Mediziners *Johann Peter Frank,* Fachwerkhaus, 18. Jh.

● **Felsenwanderweg (1)** – Vom *„Pfälzer Hof“* (eigener P hinterm
OM Haus) die *Hauptstr ohne Markierung* ortseinwärts, *Frankstr* re, über die *Rodalbe,* dahinter li, *Bahnhofstr* längs der *Rodalbe* bis zur *Pirmasenser Str.* Re, Bahnbrücke, Unterführung, aufw. Hinter Hs. Nr. 13 li, *Ww [Langenbach].* Abw, Linksbogen, zwischen Zaun mit Tannenreihe und Steilböschung zu breitem Querweg. Li ab, oberhalb der Tennisplätze Rechtskehre, leicht aufw, ganz herrliche Ausblicke über *Rodalben.* Kreuzung mit dem *Felsen-*
MA *wanderweg.* Er ist so *vorbildlich markiert mit [F]* und Wegweisern, dass sich die Beschreibung auf das Notwendigste beschränken kann.

Pfad halbre, *Ww [F, Steigert],* sog. *Badischer Weg.* Nächstes Ziel: *Starkbuche,* Höhe 45 m, Alter ca. 280 J. Immer wieder schöne Felsformationen. Am Talschluss romantische Bach- und Felsszenerie. Später zum riesigen *Bärenfelsen* mit der größten natürlichen Höhle der *Pfalz* (ca. 40 m tief), im Innern ein ergiebiger Quellbach. Mit *[F]* weiter zum *Aussichtspunkt Langenbachtal,* wunderschöner Blick. *Felsenhöhle An der Bärenhalde.* Über die L 482, aufw zu dem faszinierend bizarren *Bruderfelsen.* Mit sei-

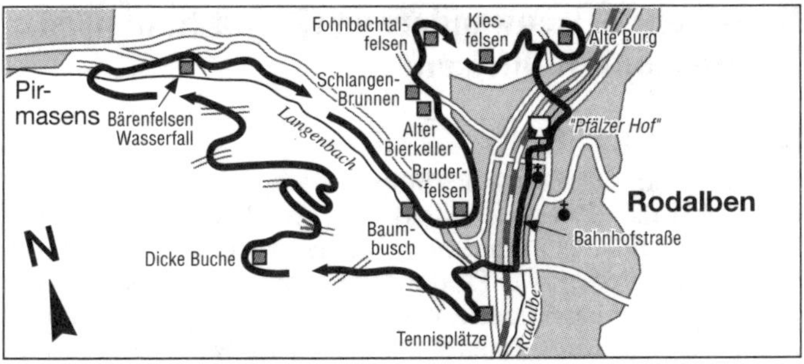

nen prächtigen Buntsandsteinsäulen, die sich wie Zwillingsbrüder gleichen, ist er das Wahrzeichen von *Rodalben* (s. Foto). Großartige Aussicht.

Dem *Ww [Alte Burg]* folgen. Pfad aufw, *Baumbuschfelsen,* Panoramapfad. *Alter Bierkeller,* Mitte 19. Jh. zur Bierlagerung (natürliche Kühlung) von einer Brauerei angelegt. Breiter Weg aufw, *Schlangenbrunnen.* Rechtsbogen ums *Fohnbachtal. Kiesfelsen.* Später die wuchtigen Felsgestalten mit Höhlen *Am Köpfel.* Breiten Weg queren, *AP* (bei Ruhebank). *Alte Burg,* mächtiges Felsmassiv, *ehem. keltische Fliehburg. PWV Gedenktafel.*

Vom Ende der Felsen auf demselben Weg zurück, *AP,* breiter Weg. Auf diesem *ohne Markierung* li (zuerst etwas abw), nach *OM*
1 ½ Min **(!)** Pfädchen **(!)** halbli, abw, Pfad wird breiter, Rechtsbogen zu flachem Hohlweg, li abw, *Rodalben. Burgstr* abw, Straßen- und Bahnunterführung, ger, *Rodalbe, Hauptstr* re zum

● **Hotel-Restaurant-Café „Pfälzer Hof"** - Zentral und trotzdem ruhig gelegen. Komfortable Gästezimmer. Stilvolles Restaurant. Gutbürgerliche und gehobene kreative Küche. Kulinarische Köstlichkeiten! Große Fischkarte. 20 Sorten Kuchen und Torten, Teegebäck, Pralinen der eigenen Konditorei und Konfiserie. Mittl. Preise.

Rodalben: Felsenwanderweg (2) mit Saufelsen, Rappenkopf, Kuhfelsen

Weg und Zeit - 13 ½ km - 3 ½ Stdn.

Charakteristik - Wieder ein markanter Abschnitt des *Felsenwanderwegs Rodalben.* Zusammen mit der vorigen Wanderroute werden damit etwa zwei Drittel des 45 km langen Gesamtweges abgedeckt. Der geschilderte Weg ist zugeschnitten auf Start und Ziel *Hilschberg-Haus.* Wieder reiht sich eine Naturschönheit an die andere, löst eine großartige Felsformation die andere ab, untereinander im edlen Wettstreit um das schönste oder bizarreste Aussehen. Wieder ist der Pfad auf weichem, elastischem Untergrund angelegt, liegen Steigungen und Gefälle nur bei Zu- und Abgängen.

Anfahrt - Wie S. 166.

Parken - Beim *PWV-Hilschberg-Haus.*

● **Das Gräfensteiner Land** - Die fünf *Gräfensteindörfer* (*Donsieders* gehörte früher zu *Hessen-Darmstadt*) wurden bereits im 12. u. 13. Jh. urkundl. erwähnt. Verwaltet wurden sie von einem Burgverwalter, den die Besitzer der *Burg Gräfenstein* ernannten. Das waren zunächst die *Grafen von Leiningen,* später u. a. die *Markgrafen von Baden.*

● **Burg Gräfenstein (auch Merzalber Schloss)** - Etwa 10 km von *Rodalben.* Eine der eindrucksvollsten und am besten erhaltenen Burganlagen der Pfalz. Im 12. Jh. erbaut, 1237 urkundl. als Besitz der *Grafen von Leiningen* ausgewiesen. Mehrfach verpfändet, verkauft, zu Lehen gegeben, im Bauernkrieg 1525 zerstört, wieder aufgebaut, im 30-jährigen Krieg 1635 abgebrannt. Erhalten sind u. a. Ringmauer und Tore der Unterburg sowie die Wände des Palas der Oberburg und der siebeneckige Bergfried. Traumhaft schöner Rundblick.

MA ● **Felsenwanderweg (2)** - Vom *Hilschberghaus* mit *[F], Ww [Felsenwanderweg],* vorbei an *AP* und entlang an einem schier endlosen Felsenriff zum kolossalen *Saufelsen.* Mit *[F] gut markiert* weiter. Gabel, unterer Pfad zu einem mächtigen Felsendach im Bereich *Vorderer Rappenkopf. Adolf's Ruh,* Rastbank mit schöner Aussicht. Kurz darauf Pfad halbre zu einem Felsendach. Bereich *Hinterer Rappenkopf.* Felsenriff. *An's Schuhfranze Kaut.* Bei einer Bankgruppe Linkskehre. Umwanderung eines hübschen Talkessels. Kreuzung mit *[Grünem Strich].* Schöner Blick auf *Clausen.* Mit Wegwechseln zu mehreren wuchtigen Felsdächern unweit der Fahrstr. Weiter zum massigen *Kuhfelsen* mit schützendem weiten Naturdach. *Wappenstein Clausen/Rodalben.* Grasweg am Brunnen vorbei, Kehre übers Bächlein, gegenüber *Kuhfelsen* Pfad li aufw. Später Felsenriff, *Clausen-Blick. Wiesental.* Schräg re über Bach und Wiese zum Wald. Sei-

tentälchen. *In's Heime Kaut. Fuchsfelsen. Am Klausberg, Clauser Eck.* Bei Felsklotz mit Dach Linksbogen. Weiter zu sehr breitem Weg, re, abw, Rechtskehre. Vor der Landstr re, *Klausbergelhang.* Ⓟ *Hirschbrunnen.* Vor zur Landstr und sofort Pfad re aufw, *[Blau-Weiß],* auch *[Grün-Gelb].* Nach 4 Min Pfadgabel re, aufw, *MW*
später oberhalb des Ortsteils *Heide.* Wieder im Wald bis vor die Schranke. Hier halbre in ca. 20 Min mit den beiden *Markierungen* zu einer zünftigen Einkehr im

● **PWV-Hilschberg-Haus** - Wohltuende Hüttenatmosphäre. Deftige Pfälzer Gerichte. Ein Platz für Genießer!

Waldfischbach-Burgalben - Galgenfels - Gerstenfels - Heltersberg - Weihertal - W.-B.

Weg und Zeit - 17 km - 4 ¼ Stdn.
Charakteristik - Sehr schöner Rundweg durch den prächtigen *Galgenbergwald* und zurück durchs idyllische *Weihertal.* Glanzpunkte: *ND Galgenfels, ND Gerstenfels* und *Finster-Steig.*
Anfahrt - B 270 von *Pirmasens* o. *Kaiserslautern.*
Parken - Gäste-P beim *Hotel-Restaurant „Zum Schwan".*

● **Waldfischbach-Burgalben** - *KD Heidelsburg.* - *Wallfahrtskirche Maria Rosenberg,* 12./13./15. Jh., *neue Kirche* 1912. - *Ev. Kirche* 1740, Turm 1412. - *Ev. Kirche* 1849–54, neu-roman. - *Kath. Pfarrkirche St. Joseph* 1929–30, mächtige 3-schiffige Basilika.

● **W.-Burgalben - Galgenfels - Gerstenfels - Finster-Steig - Heltersberg** - gut 2 Stdn - Vom *„Schwan" Hauptstr* nördl., *Schwarzbachbrücke, Schwarzbachstr* re, *Lindenstr* li aufw, *Schloßstr* re,
MA *[Gelbes Kreuz],* bei Abzweig *Schillerstr* Treppenflucht aufw,
Schloßstr weiter. Nach Fabrik Gabel li. *Kessel,* halbre in den
Wald. *ND Galgenfels,* mächtige Felsformationen mit *AP.* Aufw,
MW nach der Kuppe abw, nach 100 m Gabel li **(!)**, *LM [2], Ww [Gerstenfels].* Hanglängs, li zahlreiche Felsen. Später li der wuchtige *Gerstenfels ND,* ein Gebilde des Hauptbuntsandsteins, entstanden vor ca. 200 Mio. Jahren (Saurierzeit). Eine Treppe führt zu diesem massigen Felsendach hinauf. Weg weiter, später nach Rechtsbogen scharf **(!)** li aufw. Kreuzung. *Waldlehrpfad* li, *[2].*
MW Querweg re, *LM [8].* Waldparzellen *[Bärenstück]* u. *[Vockenhau].* Linksbogen abw, Kreuzung mit Rastpl. Re ab, *[8].* Eben,
OM aufw, eben. Rechtsbogen. Hier *Ww [Heltersberg]* folgen (*8* nach li). Lichtung (li), Waldrand, *Ww,* Linksbogen. *Finster-Steig,* schöner Höhenweg durch freies Wiesengelände. *Heltersberg.*
MA Querstr li, *[Grüner Strich],* Rundblick! *Schwarzbachstr* ger zum

● **Gasthof-Pension Jägerlust** - Ruhige Lage. Behagliche Gästezimmer. Rustikale Gasträume. Biergarten. Angenehme Atmosphäre. Gelobte gutbürgerl. Küche. Hausmetzgerei. Wild aus dem Pfälzerwald. Zarte Steaks. Fisch. „Vegetarische Kisch". Vieles „fer de gläne Hunger". Pfälzer Spezialitäten. Günstige Stammessen. Untere bis mittl. Preise. - *Ru = Mo.* - P .

● **Heltersberg** - Größtes Höhendorf des *Holzlandes,* Fremdenverkehrsgemeinde inmitten eines verlockenden Wandergebietes.

● **Heltersberg - Weihertal - W.-Burgalben** - gut 2 Stdn -
OM *Schwarzbachstr* 20 m zurück, *Auf der Klink* re, *OM, Schillerring*
ger, vor Geländer li abw zu kl Weiher, Rechtsbogen, 150 m ger,
MA dann Abzweig halbre, Forstweg abw, *LM [8].* Diesen Weg unbeirrt beibehalten. Durchs üppig bewachsene *Weihertal,* ein Waldtal mit idyllischen Abschnitten. Vor eingezäunter Schonung re, dahinter li. Nach gelbem Pfahl/ bei Wegeeinmündung/ vor

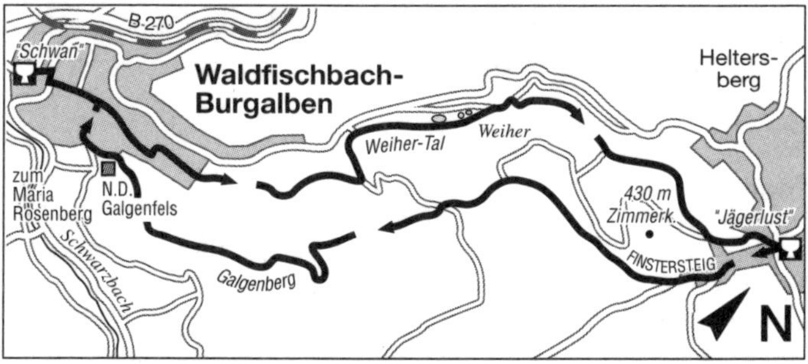

Verbotsschild: Li hinüber *[8],* dann Pfad re. Zwei kleine, später ein großer Weiher. Nahe der Fahrstr befest. Weg halbli aufw, Linksbogen, Waldrand re, auch *[16].* Weg u. Ri beibehalten. *Waldfischbach-B. Hirtenstr* ger, *Birkensteige* li, *OM, Im Birkenborn* re, *Steinflurstr* ger, *Lindenstr* ger und wie Herweg zurück zum *OM*

● **Hotel-Restaurant „Zum Schwan"** - Ruhige Komfortzimmer. Rustikale Gasträume. Gemütliche Atmosphäre. Gutbürgerliche und gehobene Küche. Köstliche Steaks. Fisch, Lamm, Pute. Wildspezialitäten. „Pfälzer Ecke". Diät. Vesper. Preiswerte Tagesessen. Frühstücksbuffet. Günstige Wochenendpauschale für Wanderer. Untere u. mittlere Preise. - *Ru (Rest.) = Do.*

Speyerbrunn - Johanniskreuz - Erlenbach (Elmstein) - Speyersbrunn

Weg und Zeit - 12 km - 3 ¼ Stdn.
Charakteristik - Ein sehr schöner Waldwanderweg mit vielen romantischen Wegabschnitten, der zwei profilierte Orte und besuchenswerte Gasthäuser miteinander verbindet.
Anfahrt - B 39 *Neustadt a. d W. - Lambrecht - Frankeneck* - Abzweig L 499 - *Elmstein - Speyerbrunn - Johanniskreuz.* - B 48 von *Annweiler* bzw. *Hochspeyer* nach *Johanniskreuz.* L 499 nach *Speyerbrunn.*
Parken - Gäste-P beim *Hotel-Restaurant Waldschlössel.*

● **Speyerbrunn - Johanniskreuz** - 1 ¾ Stdn - Vom *„Waldschlössel" Ortsstr* ortseinwärts bis zur *Hauptstr.* Ca. 50 m re, Treppe
MA hoch zu Hs. Nr. 9. Li ab, *[Gelbes Kreuz].* Stetig leicht aufw. Gabel halbli, br Weg, der später an die L 499 heranführt. Diese überqueren, Graspfad **(!)** weiter. Zunächst parallel zur L 499, dann neuerliche Überquerung, dahinter Pfad li aufw, *Ww.* Nach längerem Anstieg br Querweg li, 20 m, dann Pfad halbre weiter aufw zu br Querweg. Li ab, jetzt auch *[Grünes u. Weißes Kreuz].* Gabel aufw, Linksbogen, ger, starker Rechtsbogen, ger, Querweg li, ger, Rechtsbogen, über die B 48 zum

● **Café-Restaurant Nicklis** - Schöne Waldrandlage. Zimmer mit Du/WC u. Ferienwohnung. Große Gartenterrasse. Angenehme, ungezwungene Atmosphäre. Gutbürgerl. Küche mit schmackhaften regionalen Mittag- und Abendgerichten. Kinder- u. Seniorenteller. Schonkost. Herzhafte Vesper. Eigene Konditorei mit leckeren Kuchen und Torten. Untere Preise. - *Kein Ru.* - P.

● **Johanniskreuz** - Hier treffen sich 6 Wege mit *Kreuz-Markierungen* des *Pfälzerwaldvereins.* - *J.* war schon in alter Zeit Schnittpunkt der *Höhenkamm-Fernwege,* über die wegen der höheren Sicherheit *Kelten, Römer, Alemannen* und *Franken* zogen. Auch der *Stauferkaiser Friedrich I. Barbarossa* reiste hier von der *Kaiserpfalz* in *Lautern* zum *Trifels.*

● **Johanniskreuz - Erlenbach - Speyerbrunn** - 1 ½ Stdn - Vom
MW *Café Nicklis* mit *[Gelb-Grünem Kreuz]* (u. a.) zum beschrifteten *Stein „Johanniskreuz, Grenz- u. Geleitkreuz, Altstraßen-Knotenpunkt".* Vorbei am gr P. Von dessen Ende ca. 100 m neben der B 48, dann Pfad **(!)** halbli **(!)**, *Ww [Iggelbach-Erlenbach].* Über die Nebenstr zu br befest. Weg. Vor Linksbogen Pfad **(!)** halbli, wieder zum br Weg. Gabel halbre. Aufw, Dreiwegegabel, mittl. Weg. Abw, später am Hang einer br Waldschlucht. Einmündung in br Weg. Abw zum Grund der Schluchtöffnung. Ger zur Häusergruppe *Erlenbach.* Nach dem 1. Haus **(!)** Str re. Neben dem *Erlenbach* zu einem idyllischen Weiher. Davor scharf **(!)** Links-

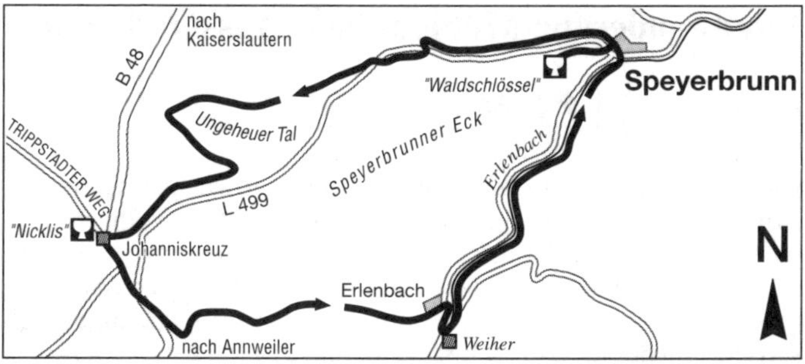

kehre, Grasweg **(!)**, *[Blau-Gelbe Striche]*, *Ww [Speyerbrunn]*. Am Waldrand entlang. Hübscher Weg oberhalb vom munteren *Erlenbach*. Romantisches Waldtal. Später Einmündung in br Weg, ger. Bei Linksbogen Grasweg **(!)** ger, immer re vom Bächlein bleiben. Nach einem angestauten Weiher li über den Bach. Str Ri *Johanniskreuz, Ortstr* halbli, zurück zum *MW*

● **Hotel-Restaurant Waldschlössel** - Ruhige Ortsrandlage. Großzügige Komfortzimmer. Ferienwohnung. Gemütliche Gasträume. Gartenwirtschaft. Behagliche Atmosphäre. Gutbürgerl. Küche mit vielen Pfälzer u. saisonalen Spezialitäten. Eigene Schlachtung. Eigene Jagd. Eigene Forellengewässer. Eigene Räucherei. Untere bis mittl. Preise. – *Ru = Mi.*

Rundwanderung Mühlenweg – Wasserschaupfad

Weg und Zeit - 17 km - 4 ¼ Stdn.
Charakteristik - Ein außergewöhnlich abwechslungsreicher Rundweg von großartiger Schönheit mit stillen Weihern, lebhaften Bächen und rauschenden Wasserfällen, mit romantischen Tälern und aussichtsreichen Höhen, mit tiefen Wäldern, prächtiger Bachufer- und Talauenvegetation, mit wuchtigen Felsen und nicht zuletzt mit histor. Mühlen.
Anfahrt - A 62 *Pirmasens – Landstuhl,* Ausf. *Thaleischweiler-Fröschen,* kurz danach Abzweig L 475 Ri *Wallhalben.* – Von *Landstuhl* über *Wallhalben.*
Parken - Gr P bei der *Kneispermühle.*

● **Kneispermühle - Wallhalbbrücke - Schauerbachtal - Weihermühle** - 1 ½ Stdn - Von der *Kneispermühle Mühlenwanderweg*
MA bachabwärts, *[Gelb-Rote Striche],* bis zur neuen *Fußgänger-*
MW *brücke.* Über die *Wallhalbe,* L 475 re, *Markierung [6],* vorbei an
Einmündung K 18, über den *Schauerbach,* dahinter li, *Ww [Wasserschaupfad].* Befest. private Forststr im romantischen *Schauer-*
OM *bachtal* aufw. Rechtsbogen, Linkskehre, Str *ohne Markierung*
MA über den *Schauerbach.* Bald danach kommt *[W 1]* von li. Mit
dieser auf der Str weiter durch das noch ganz ursprüngliche Tal zur *Weihermühle.*

● **Weihermühle - Odenbachtal - Wassserschaupfad - „Kessel"** - ¾ Std - Ger, vor der Mündung des *Odenbachs* in den *Schauerbach* li, im *Odenbachtal* an Weihern und Felsen vorbei aufw.
MW *Infotafeln. Markierung: [Blaues Band auf Weiß],* auch *[W 1]* und
[Rotes W]. Die Durchwanderung des teils idyllischen, teils wildromantischen Tals ist für den Naturliebhaber der reinste Genuss! Bei einer *Schutzhütte* imposantes Felsrondell mit Tropfwasserfall. Kurz darauf steht man fasziniert vor dem mächtigen *Felsenkessel* mit großem und kleinem Wasserfall *(Kugelfelszone).* Unglaublich schön!

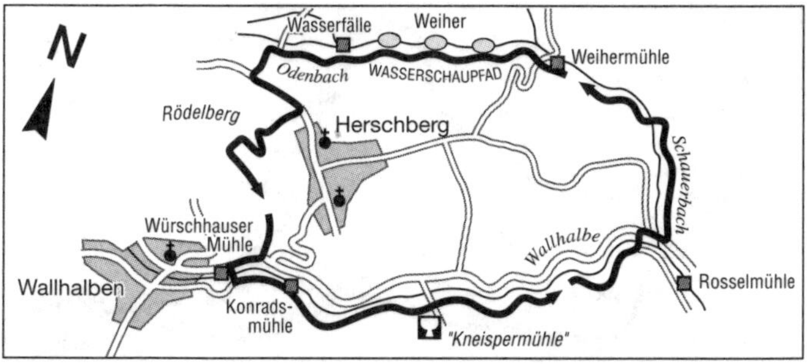

● **„Kessel" - vor Herschberg - Wallhalbtal - Kneispermühle -**
2 Stdn - Pfad an der Felswand hoch (Abstecher zu *„Kesselblick"*
mit *Schutzhütte*). Am Bach weiter, Steg li, aufw zu Querpfad. Re
(!), *[Blauer Punkt]* dominiert. Blick ins Quellgebiet des *Oden-* *MW*
bachs. Anstieg zur aussichtsreichen Hochfläche des *Rödelbergs.*
K 18 li (Grasstreifen), *[Rotes W], [W 1],* im Vorblick *Herschberg.* *MW*
Hinterm Sportplatz befestigter Weg re, *[Rotes W]*, später auch
[W 1], drüben *Schmitshausen.* Grasweg ger abw, Pfad in Hohl-
weg abw, Linksbogen vor Nadelwald. Rechts-, später Linkskeh-
re. Bogen übers *Meilbächel,* Grasspur, Grasweg, sehr hübsches
Tal. Abw zu breitem Weg. Re zu geschichtetem *Biesterfels.* L 475
re (!), vor (!) der *Würschhausermühle* Privatweg li, über die *Wall-*
halbe, Mühlenweg li, mit *[Rot-Gelb]* zur *MW*

● **Waldgaststätte Kneispermühle** - 1440 erstmals urkundl. als Herrschaftsmühle genannt. Prächtige Waldlage an der *Wallhalbe.* Ruhige, komfortable Gästezimmer. Rustikal-gemütliche Gasträume. Schöne Freiterrasse. Gutbürgerl. bis gehobene Küche. Immer frische Produkte nach Saison und Markt. Jeden Donnerstag Schlachtfest. Herzhafte Vesper. Untere u. mittl. Preise. - Durchgehend geöffnet. - *Ru = Mi.*

Rieschweiler-Mühlbach - Maßweiler - Thaleischweiler-Fröschen - Rieschweiler-M.

Weg und Zeit - 15 km - knapp 4 Stdn.

Charakteristik - Feld, Wald und Wiese, im wahrsten Sinn des Wortes: Ein abwechslungsreiches Teilstück des *Großen Westpfalz-Wanderweges.*

Anfahrt - B 10 von *Pirmasens,* Abzweig *Höheischweiler -Höhmühlbach.* - A 62 (A 8), Ausf. *Pirmasens.* - Von *Maßweiler.*

Parken - Beim *Gasthaus Birkenhof* und *Bahnhofstr.*

● **Rieschweiler-Mühlbach - Maßweiler - Faustermühle** - knapp
2 Stdn - Ab *Birkenhof* mit *[Schwarzem W] Bahnhofstr* abw, über *MA*
den *Schwarzbach, Hauptstr* re, bei Haus 146 *Waldstr* li und aus

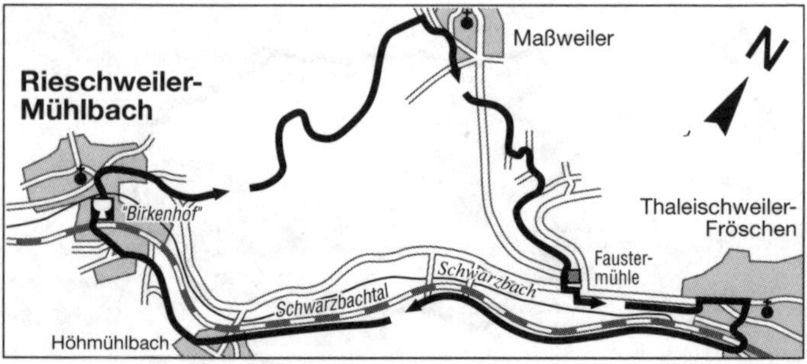

dem Ort. Entlang kl Bachlauf, Gabel li aufw, Rechtsbogen, bald am Waldrand entlang, dann freies Feld. Befestigter Weg aufw, Gabel re nach *Maßweiler.* Entlang der Str, *Schulstr* re, am Ende der *Schulstr* li, *Pirmasenser Str* überqueren, Feldweg folgen, Hochfläche. Bei Hochspannungsmast 34 (!) li abw, Wegeinmün-
MW dung re abw. Kurz vor Fahrstr Gabel re (!), jetzt mit *[Gelb-Rot].* Im Talgrund entlang der *Wallhalbe* bis zur Einmündung in die Fahrstr bei der *Faustermühle.*

● **Faustermühle - Thaleischweiler-F. - Höhmühlbach - Rieschweiler-Mühlbach** - 2 Stdn - 100 m nach der *Faustermühle* die Fahrstr nach *Thaleischweiler* queren, Fußweg entlang der Str bis
OM Ortsanfang. *Zweibrückerstr, Schwarzbachstr* re abw, Str queren, Brücke über den *Schwarzbach,* vor der Bahnlinie li, nach 150 m
MA Bahnübergang scharf re, mit *LM [5, 6]* entlang der Bahnlinie bis *Höhmühlbach. Flurstr, Stichstr* li aufw, *Pirmasenser Str* re, *[5, 6],* entlang der Fahrstr. Kurzes Waldstück, dann Ortseingang *Rieschweiler-Mühlbach.* Rechtsbogen, Bahnübergang und zum

● **Hotel-Restaurant „Birkenhof"** - seit 1975 vom *Landkreis Pirmasens* ausgezeichnet. In der Nähe eines 18-Loch-Golfplatzes. Ruhige Zimmer. Rustikale Gasträume. Freundliche Atmosphäre. Gutbürgerliche Küche, auch Fisch, Wild, Vesper. Mittlere Preislage.

Trippstadt und seine Wanderziele

Anfahrt – Von *Kaiserslautern* über *Stelzenberg.* – B 270 *Kaiserslautern – Pirmasens,* Abzweig beim *Bhf. Karlsthal.* – B 48 *Hochspeyer – Annweiler,* Abzweig *Antonihof* oder Abzweig beim *Johanniskreuz.* – Von *Heltersberg – Schmalenberg.*
Parken – P *Dorfplatz* o. *Restaurant „Sägmühle".*
● **Trippstadt** – *Staatl. anerkannter Luftkurort* „im Kranz der Wälder" mitten im *Pfälzerwald,* in einer Höhe von etwa 400 m. Über 200 km *gut markierte Wanderwege.* – *Kath. Pfarrkirche St. Joseph,* 1752–54, Grabmal der *Freiherrn v. Hacke,* 1783, Holzplastik des *hl. Joseph,* 1980. Außen Taufbecken, um 1500. – Ehem. Schloss der *Frhrn. v. Hacke,* schönes Barockschloss, 1766/67 „kleine Residenz", heute *Forstl. Versuchsanstalt.* – *Ev. Pfarrkirche* mit Taufstein von 1609 und Kanzel mit *Moses.* – Die Geschichte *Trippstadts* ist eng verknüpft mit dem Schicksal der *Burg Wilenstein.* Beide erlebten Zerstörung und Niedergang im 30-jährigen Krieg. *Freiherr v. Hacke* und seine Familie brachten den Ort zu neuer Blüte: Begründung der Eisenindustrie, Erbauung von *kath. Kirche* und *Schloss* nebst Park, *Brunnenstollen,* Einführung der *Weymouthskiefer.* Fortführung der Eisenindustrie um 1800 durch die *Freiherrn von Gienanth,* 1865 Übernahme durch *Bayern.* 1888 Err. einer *Waldbauschule* im *Schloss.*
● **Burg Wilenstein** – Erb. im 12. Jh. unter *Kaiser Friedrich I. Barbarossa.* Später u. a. Lehensburg der *Leininger.* Im 30-jährigen Krieg zerstört. 1716 an die *Frhrn. v. Hacke.* Ab 1961 Ausbau als Schullandheim. Burgkonzerte.
● **Brunnenstollen** – 1767 im Auftrag des *Freiherrn v. Hacke* erbaut. Auf eine Länge von 365 m wurde er meist durch den Fels getrieben. Er diente vor allem dem Schloss zur Wasserversorgung. Seit seiner Restaurierung (ab 1967) kann man ihn von Mai bis September unter Führung besichtigen, wobei das einzigartige *„Leuchtmoos"* besonders zu bewundern ist. Im Winter dient er den „Wasserfledermäusen" als Quartier.
● **Karlstalschlucht** – Eines der meist besuchten Touristenziele des *Pfälzerwaldes.* Benannt nach *Karl Th. Frhr. v. Hacke.* Die *Moosalbe* hat hier auf einer Länge von etwa 1 km eine schluchtartige Enge geschaffen. Sie hat sich in die *„Karlstalschichten"* eingearbeitet, die den obersten Teil des *Mittleren Buntsandsteins* darstellen. Eine Wanderung durch die Schlucht ist reinster Genuss, am besten in beiden Richtungen. Jedesmal empfängt man andere Eindrücke voller Schönheit und Romantik: Immer dicht an der *Moosalbe* entlang. Begrenzt von fels- und baumdurchsetzten steilen Hängen, plätschert und rauscht der Bach über viele kleine Stufen hinab. Augenweide und Ohrenschmaus zugleich. Mehrere Stege, Pavillon.
● **Weitere Wanderziele** – Das *Moosalbtal* über *Unterhammer* bis

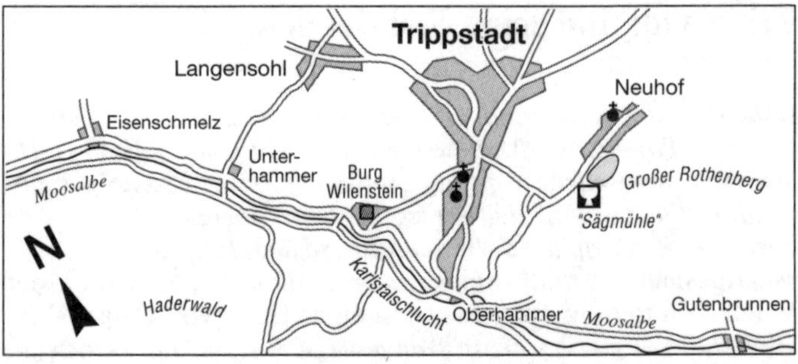

Eisenschmelz. – Das *Moosalbtal* über *Gutenbrunnen* bis zur Quelle und nach *Johanniskreuz.* – *Candidus-Brunnen.* – *Hirschsprungtal.* – *Hirschsprunghöhe.* – *Großer Rothenberg.* – *Haderwald.* – *Schmalenberg.* – *Waldsee.* – *Antonihof.* – U. v. a.

● **Restaurant „Sägmühle"/ Camping- u. Freizeitzentrum** – Sehr ruhige Waldlage. Gemütliche, stilvoll-rustikale Gasträume. Freiterrasse. Familiäre Atmosphäre. Gutbürgerliche Küche mit regionalen u. saisonalen Akzenten. Sie bietet eine umfangreiche Palette aller klassischen Gerichte sowie Pfälzer Spezialitäten. Feine Menüs. Toasts. Untere u. mittl. Preise. – *Ru = Mo.*

Elmstein - Burgruine - Erlenbrunn-Eck - Römerstraße - Hochstraße - Elmstein

Weg und Zeit - 16 km - 4 Stdn.
Charakteristik - Ein schöner, angenehmer Waldwanderweg mit besonders attraktivem Anfangs- und Schlussteil.
Anfahrt - B 39 von *Neustadt,* Abzweig in *Frankeneck.* - *Totenkopfstr* von *St. Martin.* - Von *Johanniskreuz.* - Von *Weidenthal.*
Parken - In der Hauptstr bei *Gasthaus Zur Linde.*

● **Elmstein** - Burg, erb. 12. Jh., zerstört 17. Jh. Erhalten ist ein 12 m hohes Stück der Schildmauer. - *Kath. Pfarrkirche* (1765). - *Ev. Kirche* (1841/43), Turm 1900. - *120 km Rundwege.* - Endstation des *„Kuckucksbähnel"* von *Neustadt.*

● **Elmstein - Burgruine - Erlenbrunn-Eck** - 1 ½ Stdn - Von der *Wegetafel* des *PWV,* Ecke *Haupt-* und *Bahnhofstr,* mit *[Gelb-* *MA*
Blau] und *[Weiß-Gelb]* den *Burgweg* aufw, oben Pfadkehre re, schöner Blick über *Elmstein.* Bald darauf scharf li, hinter dem hochragenden Mauerrest der *Burg Elmstein* vorbei. Gabel ger, eben, Bogen abw, 2 m vor der L 499 Pfad re aufw, Bogen, li unten *Speyerbach* und Fischweiher. Abw zu Ⓟ *An der Schmelz.* Über die L 504, dahinter *Waldlehrpfad* re aufw, unten der *Legelbach.* Über die *Steigbergstr,* 1880 als Forststr erb. Weiter aufw. *Judenfelsen* 350 m, felsdurchsetztes Waldstück. Breiten Weg queren, *Waldlehrpfad* verlassen, stetig aufw. Einmündung in breiten Weg, eben ger, Abzweige ignorieren. Bei gr Wegespinne halbre, sehr breiter ebener Weg. Später starker Linksbogen zu kl *Schutzhütte Erlenbrunn-Eck* 415 m (Nähe *Erlenbrunnen* und Ⓟ *Erlenbrunnen*).

● **Erlenbrunn-Eck - Römerstr - Leimensohl - Hochstr - Steinernes Kreuz - Elmstein** - 2 ½ Stdn - Scharf re ab, *[Grünes Kreuz],* *MW*
gut markiert über *Römer-* und *Hochstr* (frühere Höhenkamm-Fernwege, vergl. S. 172), ab *Leimensohl* auch *[Gelber Punkt]* und *[Weiß-Rot]* zum *Steinernen Kreuz.* Hier re, *[Blauer Strich],* ca. 25 *MW*

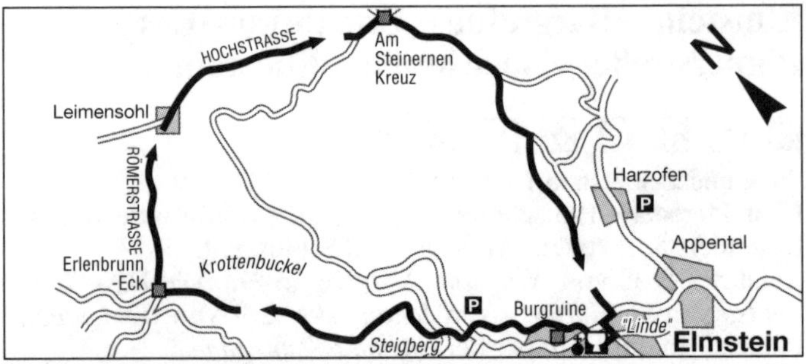

Min zusammen mit *[Weiß-Blau].* Dafür kommt *[Gelbes W]* hinzu. Abw, sehr schöne Ausblicke. Oberhalb des tief eingeschnittenen *Appentals* dahin. Von li *[Gelb-Rote Striche]* und *[Rot-Weißes Kreuz]. Weihersberg.* Dreiwegegabel, mittl. Weg abw, Waldrand, Vorblick auf *Elmstein.* Oberhalb des *Friedhofs* li, Pfädchen halbre, abw zur Hauptstr. Ger zur *Wegetafel PWV.* Zur verdienten Einkehr ger zum

● **Gasthaus-Pension Zur Linde** - Stattliches Haus in der Ortsmitte. Behaglich eingerichtete Gästezimmer mit Du/WC. Einladende Gasträume. Große Gartenterrasse. Wohltuende, familiäre Atmosphäre. Bekannt gute Küche mit einem großen Angebot an Pfälzer Spezialitäten. Deftige Pfälzer Vesper. Fassbier. Kernige Weine. Untere bis mittl. Preise. - *Ru = Di.*

Hornesselwiese - Helmbachtal um den Großen Schweinsberg - Geiswiese - Hornesselwiese

Weg und Zeit - 9 km - gut 2 Stdn.

Charakteristik - Romantische Wanderung durch idyllische Bachtäler und auf verwachsenen Pfaden. Großteils im Wald, daher auch im Sommer empfehlenswert. Eine stärkere Steigung.

Anfahrt - A 65, Ausf. *Neustadt a. d. Weinstraße*, B 39 Ri *Lambrecht bis Frankeneck,* Ri *Elmstein*, am Bhf. *Helmbach* li Ri *Hornesselwiese.* - A 6, Ausf. *Enkenbach, Alsenborn*, B 37 Ri *Frankenstein*, B 39 bis *Frankeneck*, Ri *Elmstein*, am *Bhf. Helmbach* li Ri *Hornesselwiese.*

Parken - Wald-P beim *Waldhotel Hornesselwiese.*

MA ● **Der Rundweg** - Vom Wald-P li auf Waldweg mit *[Gelbem*
Punkt] am *Helmbach* entlang. An Wegkreuzung nicht über
OM Brücke, sondern *ohne Markierung* ger, in leichtem Linksbogen
MA aufw. Nach Rechtskurve schmalen Pfad li steil abw **(!)**, *[Gelber*
Punkt]. Auf Steg Bach überqueren, mit *[Gelbem Punkt]* aufw.
MW Oben mit *Markierung* auf Waldweg li. An Schranke mit *[Gelb-*
Grünem Kreuz] li zur Str (*Gelben Punkt* nach re nicht beachten).

oben: Burgruine Gräfenstein bei Merzalben
unten: Der Altschloßfelsen bei Eppenbrunn

oben: Karlstalschlucht bei Trippstadt
unten: Bruderfelsen bei Rodalben

oben: Adlerbogen bei Dannenfels, Donnersberg
unten: Ludwigsturm auf dem Donnersberg

Stimmungen im Pfälzerwald

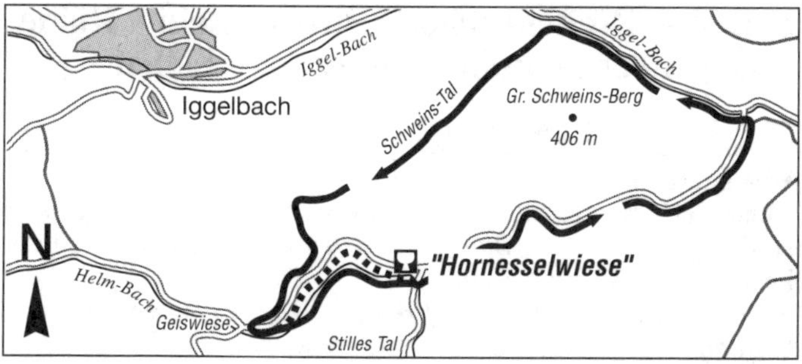

Auf Str li, nach 10 m re in Forstweg, *[Gelb-Grünes Kreuz]*, am *Iggelbach* entlang. An Gabelung re, unterem Weg weiter am Bach entlang folgen, *Markierung* re am Pfosten! An nächster Gabelung mit *Ww [Taubensuhl]* und *[Blauem Strich]* li auf ver- *MW*
wachsenem Waldpfad aufw. An Lichtung mit Wegespinne breiten Waldweg überqueren, li des Teiches auf schmalem Pfad *ohne* *OM*
Markierung aufw. Nach 150 m am Baum *Markierung [Blauer* *MA*
Strich]. Pfad trifft auf Forstweg, auf diesem mit *[Blauem Strich, 2, 3]* re aufw. An Wegespinne mit *[Blauem Strich]* ger weiter (*Ww Hornesselwiese 1,5 km* nicht beachten). Nach 50 m an *Hubertusbuche* li, *[Blauer Strich, 3]*, auf Forstweg abw. Nach 300 m Weg von li, aber weiter mit *Markierung* ger. An Waldhütten vorbei ger, an Hochsitz li auf grasigem Weg abw, *[Blauer Strich]*. Waldweg trifft auf Forstweg, diesen überqueren und mit *Markierung* auf Waldweg weiter abw. Weg endet an asphaltierter Str, mit *[Blauem Strich]* über Brücke. Re liegt Rastplatz *Geißwiese* mit P und Grillstelle. Mit *[1, 2, 4]* nach Brücke li in Waldweg, an Gabelung li auf unterem Weg weiter zum P und zum

● **Waldhotel Hornesselwiese** – In herrlich ruhiger Lage. Stilvolle, gemütliche Gasträume, schöne Terrasse. Reichhaltige Speisekarte, Suppen, Vegetarisches, Pfälzer Spezialitäten, gr Wild- und Fischkarte. Auch für den kleinen Hunger. Durchgehend warme Küche. Mittlere Preise. – *Ru = Mo, Di.*

Esthal - Breitenbachtal - Breitenstein - Ruine Spangenberg - Ruine Erfenstein - Esthal

Weg und Zeit - 14 km - 3 ½ Stdn.

Charakteristik - Idyllischer Rundweg, meist durch Wald. Der steile Aufstieg zur *Burgruine Erfenstein* wird mit einem herrlichen Ausblick belohnt.

Anfahrt - A 65 bis *Neustadt a.d.Weinstr*, dann B 39 über *Lambrecht* bis *Frankeneck.* Liab, am Ortsende re aufw nach *Esthal.* - Von *Kaiserslautern* B 37 und B 39 Ri *Neustadt a. d. Weinstr*, in *Frankeneck* Ri *Esthal.* - Von *Lambrecht* (Bahnstation) - Bus.

Parken - P gegenüber *Gasthaus „Esthaler Bürgerstübl"*.

● **Gasthaus „Esthaler Bürgerstübl"** - Ein urgemütliches Pfälzerwald-Restaurant. Rustikale Gasträume. Familiäre Atmosphäre. Gutbürgerliche Küche und Pfälzer Gerichte. Deftige Vesper. Schöne Weine. Untere bis mittlere Preise. - *Ru = Mi.*

● **Der Rundweg** - Vom *Bürgerstübl* an Kirche vorbei in *Kirchstr* abw, li abw in *Breitenbachstr*, *Ww [Breitenbachtal].* Nach 300 m
MA *Markierung [Grün-Weiß, Gelb-Rot, 7], Ww [Wolfsschluchthütte].* Immer ger, im Linksbogen an Klärbecken vorbei, auf Forstweg weiter. An Bachbrücke nicht hinüber, sondern li in Waldweg mit *[Grün-Weiß, Grün-Blau, 8], Ww [Wolfsschluchthütte],* li des Baches weiter. An *Wolfsschluchthütte* vorbei bis Lichtung, Weg kommt von li. Hier re über *Breitenbach*, *Ww [Breitenstein 4 km]* und *[Grün-Weiß, Grün-Blau].* Li auf Forststr bis Fahrstr in *Breitenstein.* - Zum Abstecher *zur Ruine Breitenstein* scharf re steil aufw, oben li in Waldweg. Auf gleichem Weg zurück. - Auf Fahrstr li, an P vorbei, Str überqueren, mit *Ww [Maikammer, Totenkopfstraße, St. Martin]* über Brücke. Bahngleise überque-
MW ren. Sofort (!) li aufw, *[Gelbes Kreuz, 1, 4].* Oben auf Querweg li, *[Gelbes Kreuz],* nach *Erfenstein.* - Abstecher über *Alten Burgweg* re aufw zur *Ruine Spangenberg* möglich, auf gleichen Weg zurück. - 10 m nach Einmündung *Alter Burgweg* in Hauptweg li

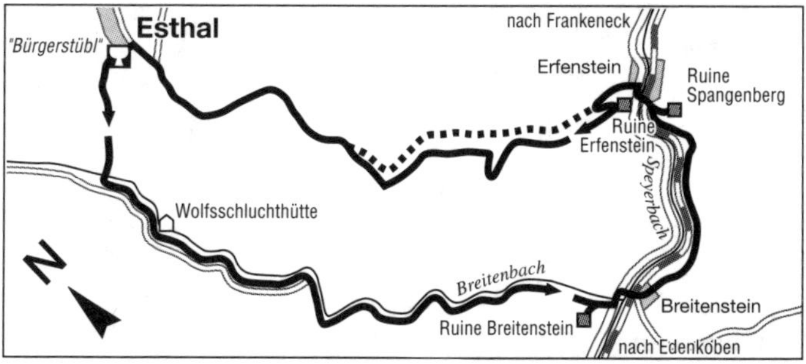

abw, Bahngleise vorsichtig (!) überqueren, auf Steg über *Speyerbach.* Aufw zu Fahrstr. Gegenüber Bushalt mit *[Grün-Weiß, Rot-Weiß]* auf Pflasterstr aufw. Im Wald scharf li auf Pfad mit *[Grün-Weiß], Ww [Esthal über Ruine Erfenstein].* – Direkter Weg nach *Esthal* ger mit *[Rot-Weiß]* möglich. – Aufw bis *AP* auf Burgturm. Herrlicher Blick zur *Ruine Spangenberg.* Vom Turm li auf Treppen aufw, nun immer *[Grün-Weiß]* folgen. Ger, dann wieder li aufw. Bei Einmündung in Querweg ger in schmalen Waldpfad, aufw, dann Rechtsbogen. Oben auf Waldweg re. Nächster Abzweig li, auf Waldpfad steil aufw. Bei Einmündung in grasigen Weg re bis Wegspinne. Halbre, bis Lichtung, zu Querweg, mit *[Grün-Weiß, Rot-Weiß, 9]* li. An Gabelung li abw. An Kreuzung ger bis Ortsbeginn. *Hauptstr* durch den Ort, *Bergstr* li zum *Bürgerstübl.* *MW*

Lindenberg - Weinbiet - Wolfsberg - Lindenberg

Weg und Zeit – 12 km – 3 ½ Stdn. Höhendifferenz ca. 350 m.
Charakteristik – Ein herrlicher Rundweg – wie für die körperliche Fitness geschaffen: Stetiger Anstieg, lange, aber nicht strapaziös. Allmählicher Abstieg, Zeit zum Auspendeln. Vom *AP Weinbiet* phantastischer Rundblick.
Anfahrt – Von *Neustadt a. d. Weinstraße* B 39 Ri *Kaiserslautern,* vor *Lambrecht* Abzweig Ri *Wachenheim,* dann li nach *Lindenberg.*
Parken – Gr P unweit vom *Hotel-Restaurant „Zum Hirsch“.*
● **Lindenberg** – Reizender Ferienort, versteckt in einem Seitental des *Speyerbachs,* umrahmt von Wald und Bergen.
● **Lindenberg - Weinbiet** – 1 ½ Stdn – 20 Schritte vom *„Hirsch“ Weinbietweg* re aufw, *[Blauer Punkt], Ww.* Rechtsbogen aufw. *MA* Schöner Blick. Bei Ortsende u. Waldbeginn scharf li aufw. Über die Landstr, Forstweg aufw. Kreuzung mit *[Blau-Weiß].* Später Pfädchen (!) scharf re (!) aufw zu breitem Weg, 20 m re, Pfädchen weiter. In stetigem Anstieg wird in weit ausladenden Serpentinen rasch Höhe gewonnen, ohne dass es den Wanderer sonderlich anstrengt. Später ziemlich eben hinüber zu befe-

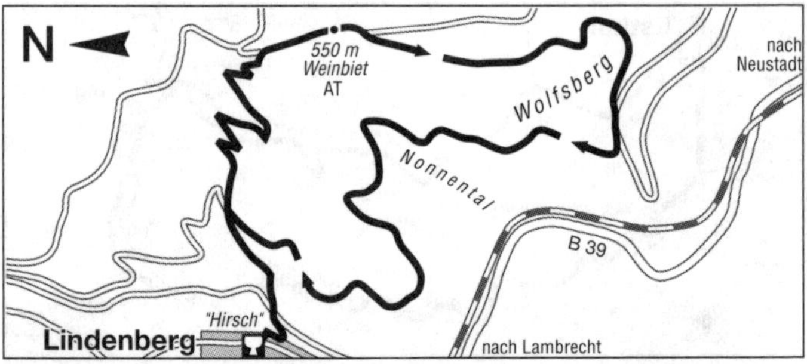

stigtem Weg. Re aufw, Wegabzweig halbli zum *Weinbiethaus PWV* (554 m), erb. 1926–28. Wetterstation. Sendeturm. Vom *AT* traumhaft schöne Rundsicht, u. a. auf einen gr Abschnitt der *Weinstraße* mit dem Rebenmeer u. den hübschen Weindörfern, darunter *Gimmeldingen* u. *Mußbach,* auf die *Rheinebene* mit *Odenwald* u. *Schwarzwald* am Horizont, auf *Hambacher Schloss* u. *Hohe Loog*, auf *Lambrecht* u. *Lindenberg.*

● **Weinbiet – Wolfsberghang – Lindenberg** – 2 Stdn – Li vom
MW Turm mit *[Rotem Punkt]* abw durch eine Felsregion, danach fast eben auf dem Bergrücken durch ein Heidelbeergebiet. Wie bei fast allen Abschnitten dieses Rundwegs auf fußfreundlichem Untergrund. Wegestern, ger (!), breiter Weg sachte abw. Vor (!) Linksbogen schmaler Weg li (!), breiten Weg überqueren. Abw, Einmündung in breiten Weg, ger. Bei Ruhebank ger (!), auch
MW *[2]*. Re um den *Wolfsberghang* herum. Von li kommt *[Blau-Weiß]*. Mit dieser *Markierung* weiter (*Rot* nach li). Nahezu ebener Weg hanglängs. Schönes Pfädchen. Breiter Weg. In Linksbogen wieder Pfad li, dann wieder breiter Weg. Schöne Blicke
MW auf *Lambrecht*, später auf *Lindenberg.* Bei Kreuzung mit *[Blauem Punkt]* scharf li und wie Herweg zurück zum

● **Hotel-Restaurant-Café „Zum Hirsch"** – Komfortable Gästezimmer. Elegante Gasträume. Bekannt gute kreative Küche. Klassische Gerichte, regionale Speisen u. eigenschöpferische Spezialitäten. Untere u. mittl. Preise. – *Ru = Mo u. Di ab 18 Uhr.*

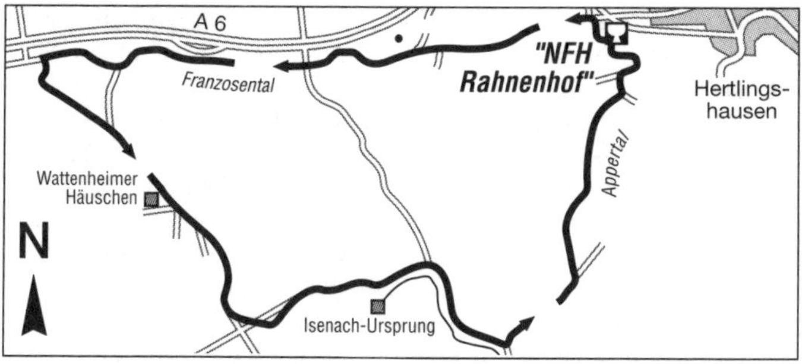

Naturfreundehaus Rahnenhof - Wattenheimer Häuschen - Isenach Ursprung - NFH R.

Weg und Zeit - 11 km - knapp 3 Stdn.
Charakteristik - Schöner und erholsamer Waldrundweg, nur leichte Höhenunterschiede.
Anfahrt - A 6, Ausfahrt *Wattenheim, Hertlingshausen.*
Parken - Großer Wander-P beim *NFH Rahnenhof.*
● **NFH Rahnenhof - Schollenberg - Wattenheimer Häuschen -** 1 ½ Stdn - Der ganze Rundweg ist mit *[4]* durchgängig mar- *MA*
kiert. Vom P entlang des Hauptgebäudes, dann re und nach 50 m Linksbogen aufw, Hohlweg. Einmündung in breiten Weg, li, nach 15 Min Gabel re, die Kuppe des *Schollenbergs* umgehend, durch lichten Kiefernhochwald. Bald Einmündung in eine befestigte Forststr, li auf die A 6 zugehend und an dieser entlang, immer mit Waldstreifen als Sichtschutz. Vorbei an *Schutzhütte*, ger weiter, li unterhalb liegt langgestreckt das *Franzosental.* Linksbogen, Gabel bei Wegstein li, befestigte Forststr ger bis *Wattenheimer Häuschen.* Schöner Rastplatz.
● **Wattenheimer Häuschen - Isenach Ursprung - Appertal - NFH Rahnenhof** - knapp 1 ½ Stdn - Beim Rastplatz Kreuzung li, gleich danach Gabel halbre. 15 Min ab Rastplatz Gabel li (!),

schmaler Pfad. Breiten Weg überqueren, Linksbogen abw, Einmündung in breiten Weg. Nach 20 m re abw (**!**), schmaler Pfad bis *Isenach Ursprung*. Ab hier wieder breiter Weg, nach 300 m Gabel re, das *Obere Isenachtal* abw. Nach 10 Min li (**!**), Knüppelsteg über den Bachlauf und auf schmalem Pfad aufw. Breiten Weg überqueren, weiter aufw. Auf der Kuppe Weg queren, gleich danach Gabel li, bald abw durch das *Appertal*. Vorbei an wenigen Häusern, direkt danach den breiten Weg verlassen und mit *Ww* li, nach 50 m wieder re aufw, gr Linksbogen und zum

● **Naturfreundehaus „Rahnenhof"** – Ein Haus in ruhiger Waldlage, inmitten eines herrlichen Wandergebietes. Hier kann sich (nicht nur) der Wanderer so richtig wohlfühlen. In ungezwungener, gemütlicher Atmosphäre genießt man die ausgezeichnete Küche mit ihren herzhaften Pfälzer Spezialitäten und freut sich seines Lebens. Moderne Komfortzimmer. Gartenterrasse. Liegewiese. Kegelbahnen. Untere bis mittlere Preise.

Der Donnersbergkreis und seine Wanderwege

● **Der Donnersbergkreis** – „In der Pfalz ganz oben. Weites grünes Land, bezaubernd in allen vier Jahreszeiten. Malerische Mittelgebirgslandschaft in den Ausläufern des herrlichen Pfälzerwaldes. Historische Städtchen und Dörfer, Wälder, Wiesen und Weinberge in der fröhlichen Pfalz am Rhein. Alles überragend, der 687 m hohe Donnersberg, der Namensgeber des Landkreises." So stellt sich der *Donnersbergkreis* vor, der 1969 aus den ehem. Landkreisen *Kirchheimbolanden* und *Rockenhausen* gebildet wurde. Kreissitz: *Kirchheimbolanden.* – Dem Wanderfreund bietet sich ein *gut markiertes Wanderwegenetz:* Hauptwanderwege des *PWV,* örtl. Wege, die unten genannten Wege u. v. a.

● **Kirchheimbolanden** – *„Die Kleine Residenz" – Kreisstadt des Donnersbergkreises. Anerkannter Erholungsort.* – 1368 Stadtrechte. Stadtbefestigung. Im 18. Jh. Residenz der *Fürsten v. Nassau-Weilburg.* Ausbau zur Barockstadt. – *Schloss* (1738–40) mit *Schlossgarten. Paulskirche* (ehem. *lutherische Schlosskirche,* 1739–44) mit *Stumm-Orgel* (seit seinem Besuch 1778: „Mozartorgel"). *Ev. Kirche St. Peter, Chorturm* großteils romanisch. – *Stadtmauer,* z. T. begehbar. Mehrere Türme. – Lohnender Stadtrundgang.

● **Großer Westpfalzwanderweg** = *[Schwarzes W].* – Teilabschnitt *Donnersberg-Wanderweg* = *[Blaues W].* – Teilabschnitt *Wein- und Kelten-Wanderweg* = *[Rotes W].*

● **Keltenweg** – *archäologisch historischer Wanderweg* – ca. 5 ½ km – *markiert* – mit zahlreichen *Infotafeln* über den *Keltenwall* und das *Oppidum* – s. auch S. 192/194.

● **Alsenztal-Wanderweg** – 57 km – *Markierung [Weiß-Blau]* – Von der *Alsenzquelle* in *Alsenborn* über *Winnweiler, Rockenhausen* (S. 196) und *Alsenz* bis nach *Ebernburg – Bad Münster am Stein,* wo die *Alsenz* in die *Nahe* mündet.

- **Rundwanderweg Imsbach** - 15 km - *Imsbach - [Schwarzes u. Blaues W] - Weiße Grube - [Weißer Punkt] - Beutelfels - Ruine Hohenfels - Kronbuche - [Gelber Strich] - Falkenstein - [Grün-Gelb] - Dicke Eiche - [Weißer Punkt] - Kühunter - Kupferberghütte - [Blauer Punkt] - Imsbach.*
- **Adolf-von-Nassau-Wanderweg** - 15 km - *Markierung [Gelbes Königskreuzdenkmal auf Blau]: Göllheim - Kloster Rosenthal - Göllheimer Häuschen - Göllheim.*
- **Weinwanderweg Zellertal** - 15 km - 10 Weindörfer - *[Grüne Traube auf Weiß]. Viele Lehrtafeln: Kirchheimbolanden - Leiselsbachtal - Albisheim - Pfrimmtal - Wachenheim.*
- **Donnersberg-Wander-Pass** - 12 *Rundwanderwege* „für jung und alt auf und um den Donnersberg". Verbunden mit der *Wandernadel* in Gold, Silber u. Bronze.

Nr. 1) *Keltenweg* auf dem *Donnersberg* - ca. 5 ½ km.
Nr. 2) *Grubenrundwanderweg Imsbach* - ca. 6 ½ km.
Nr. 3) *Imsbach - Kupferberg - Ruine Falkenstein - Ruine Hohenfels - Eisernes Tor - Weiße Grube - Imsbach* - 15 km.
Nr. 4) *Göllheim - Königskreuz - Göllheimer Häuschen - Rosenthalerhof - Kriegsberg - Göllheim* - ca. 12 km.
Nr. 5) *Alsenz - Ruine Moschellandsburg - Weidelbacherhof - Ruine Randeck - Alsenz* - ca. 12 km.
Nr. 6) *Kirchheimbolanden - Schillerhain - Rentnersitz - Schöne Aussicht - Schillerhain - Kirchheimbolanden* - ca. 12 km.
Nr. 7) *Eisenberg - Rosenthalerhof - Göllheimer H. - Stauf - E.* - 14 km.
Nr. 8) *Rockenhausen - Degenbachtal - Hintersteinerhof - R.* - 10 km.
Nr. 9) *Kleehofweiher - Bockbachtal - Hohe Bühl - Märzbachtal - Eiswoog - Eisbachtal - Kleehofweiher* - ca. 10 km.
Nr. 10) Wandern im *Zellertal* - ca. 10 km.
Nr.11) *Bastenhaus - Ruppertsecken - Marienthal - B.* - 10 km.
Nr. 12) Wandern am *Donnersberg* - ca. 10 km.

Infos, Prospekte, Wanderkarten: *Donnersberg-Touristik.*

Die besonderen Wandertips!

... in der Pfalz ganz oben!

Donnersbergkreis

Donnersberger Bauernpfad Lehrpfad zum Thema Landwirtschaft
Adolf-von-Nassau-Wanderweg auf den Spuren eines Königs rund um Göllheim und das Kloster Rosenthal
Alsenztal-Wanderweg- vom Pfälzerwald ins Nahetal durch die herrliche Naturlandschaft des Alsenztales von Alsenborn bis Ebernburg
Gruben-Rundwanderweg Imsbach geologisch-bergbaugeschichtlicher Lehrpfad
Keltenwanderweg archäologisch-historischer Wanderweg auf dem Donnersberg

Weitere Wandervorschläge erhalten Sie beim **Donnersberg-Touristik-Verband Uhlandstr. 2, 67292 Kirchheimbolanden, Telefon 0 63 52/17 12, Fax. 710 - 262 Internet: http.www.donnersberg.de**

Dannenfels - Moltkefels - Ludwigsturm - Keltenwall - Königsstuhl - Reißplatz - Spendeltal - R. Wildenstein - Neuer Weg - Dannenfels

Weg und Zeit - 16 km - 4 ¼ Stdn.

Charakteristik - Ein wunderschöner abwechslungsreicher Rundweg mit vielen Superlativen: Von *Dannenfels* vorbei am *Adlerbogen* zum *Donnersbergrücken* mit dem *Ludwigsturm* als absolutem „Rundsichts-Höhepunkt“. Über den *Keltenwall* zum *Königsstuhl,* der höchsten Erhebung der *Pfalz.* Zurück durch das breite *Spendeltal* und das herrliche *Wildensteiner Tal,* vorbei an der *Ruine Wildenstein* und wieder nach *Dannenfels.*

Anfahrt - B 40 *Kaiserslautern* - Abzweig *Steinbach.* - B 40 *Alzey* - Abzweig *Kirchheimbolanden.* - A 6, Ausfahrt *Wattenheim - Eisenberg* (B 47) - *Dreisen.* - B 47 *Worms - Marnheim,* Abzweig *Bolanden.* - *Rockenhausen - Marienthal.*

Parken - Gr Gäste-Ⓟ *Gasthaus u. Pension Berg.*

● **Dannenfels** - Anerkannter *Erholungsort* in malerischer Höhenlage (420 m) am Südosthang des *Donnersbergs,* umgeben von mächtigen Edelkastanien und Obstbäumen. - *Ev. Kirche* 1683 mit *Stumm-Orgel* 1758, uralte *Turmuhr.*

● **Dannenfels - Moltkefels/Adlerbogen - Hirtenfels - Ludwigsturm - Keltenwall - Königsstuhl** - 1 ½ Stdn - Vom *Gasthaus Berg*
MA die K 51 aufw bis zum Wander-Ⓟ. Li ab, *[Blauer Strich],* auch *[Schwarzes u. Blaues W],* auch *[1, 4].* Rechtskehre aufw, vor Zaun li aufw, in Höhe des *Klosters Gethsemani* scharf li aufw. Kreuzung ger, *Ww [Adlerbogen],* ca. 2 Min kräftig hoch, Gabel li und zum *Moltkefels* (543 m), überspannt von einem Eisenbogen mit Adler (1880). Wunderbare Aussicht. Weiter aufw zum *Hirtenfels* (630 m), *Schutzhütte,* Ausblick. Hinüber zum *Keltenwall* und *Ludwigsturm* (674 m). Sonn- u. feiertags meist geöffnet, sonst Schlüssel im *„Waldhaus“.* Phantastische Rundsicht, u. a. bis zum *Odenwald,* nach *Frankfurt* und zum *Taunus,* nach *Speyer, Worms, Mainz* und *Bingen.* - Zurück zum *Keltischen*
MW *Ringwall* (s. S. 194). Auf ihm re, *Keltenweg [Grüne Raute mit weißem Symbol],* ein geschichtsträchtiger, wenn auch etwas steiniger und holpriger Weg. Später unterhalb des Walls und re aufw zum felsigen *Königsstuhl* (687 m), *höchster Geländepunkt der Pfalz.* Prächtige Aussicht.

● **Königsstuhl - Reißplatz - Spendeltal - Ruine Wildenstein -**
MW **Dannenfels** - 2 ¾ Stdn - Mit *[Weißem Kreuz]* westl., nach einigen Min scharf li, breiten Weg abw bis zum *Hühnerberg.* Am
OM *Stein-Ww* li vorbei, sehr breiter *unmarkierter* Weg ger abw zum
MA *Reißplatz.* Linksbogen, *[Blaues u. Rotes W], Ww [Spendeltal - Steinbach].* Ständig leicht abw, später li drüben *Spendelhütte*

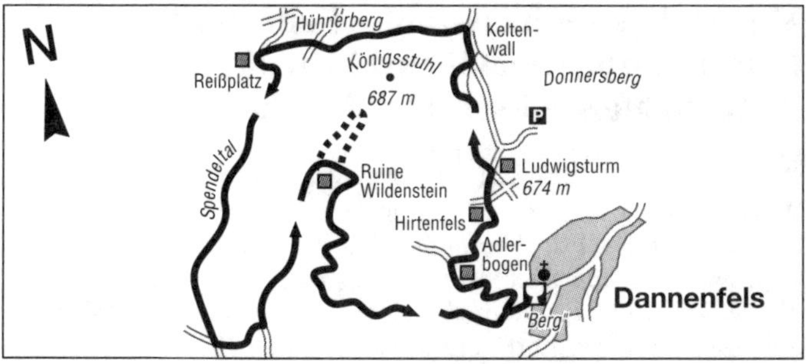

und *Spendelbach.* Dann neben dem Bach durchs hübsche Wiesental. Beim *Stein-Ww* li, jetzt mit *[Gelbem Strich].* Im Wald *MW* über den *Wildensteiner Bach,* dahinter li ins *NSG* und im engen romantischen Tal am munteren Bach aufw. (Nach 10 Min Abzweig *[Blau-Rot]* u. *[Blaues W]* = kürzerer Rückweg unterhalb vom *Reißenden Fels.*) Weiter mit *[Gelbem Strich]* u. *[Rotem W]* noch ¼ Std bachaufw, ein sehr schöner Wegabschnitt. Danach Steg re und Serpentinen kräftig hoch zur *Ruine Wildenstein* (oder mit der *[2]* noch 7 Min ger, über den Bach 150 m, dann Pfad scharf re aufw). Gründung der *bolandischen Burg* um 1200, Zerstörung im 17. Jh., geringe Mauerreste, Halsgraben. Hinter der Ruine Pfadgabel re abw, *Neuer Weg.* 2 Felskanzeln mit herrlicher Aussicht (die 2. = *Reißender Fels*). Höhenniveau halten, breiten Weg li aufw, 200 m, Gabel ger, vorbei an den *Dampfnudel-Felsen* und weiter zum Wander-Ⓟ des *PWV Dannenfels.* K 51 abw zum

● **Restaurant-Pension Berg** - Familienbetrieb in ruhiger Waldrandlage. Komfortable Gästezimmer. Gemütlich-rustikale Gasträume. Konferenzraum. Gelobte gutbürgerliche Küche mit regionalen Spezialitäten, die der Chef selbst zubereitet. Schöne Karte. Eigene Schlachtung. Aktionstage mit Schlachtbufett, Fischwochenende u. v. a. Eigene Obstbrände. Erlesene Weine. Günstige Pauschalangebote. Mittl. Preise.

Marienthal - Königsstuhl - Keltenwall - Ludwigsturm - Waldhaus/Keltenhütte - R. Tannenfels - Esch-Delle - Marienthal

Weg und Zeit - 12 ½ km - 3 ½ Stdn.

Charakteristik - Für *Marienthal* der *klassische Rundweg* zum Gipfelplateau des *Donnersbergs* mit dem „höchsten Pfälzer", dem *Königsstuhl,* mit dem vielleicht „weitblickendsten Pfälzer", dem *Ludwigsturm,* und dem „strahlendsten Pfälzer", dem 207 m hohen *Fernsehturm.* Irgendwie erregend ist auch die Begegnung mit der keltischen Geschichte in Form des mächtigen *Ringwalls.* Das alles entschädigt für einen recht strammen Aufstieg. Außerdem ist der Rückweg der reine Genuss.

Anfahrt - Von der B 40: *Kirchheimbolanden - Bastenhaus* oder *Marnheim - Bolanden - Dannenfels*, oder *Dreisen - Dannenfels* oder *Steinbach - Dannenfells.* - Von der B 48: *Rockenhausen - Marienthal* oder *Winnweiler - Imsbach - Falkenstein - Marienthal.*

Parken - Gäste-Ⓟ *Speisegaststätte „Pfeffermühle".* Sonst nahebei in der Seitenstr *Am Donnersberg.*

● **Marienthal** - Ein ehemaliger Klosterort. - *Ev. Kirche,* 1848–50, erb. mit Werkstücken des früheren *Prämonstratenser-Nonnenklosters* (um 1150) und seiner *Kirche* (um 1275). 2 Epitaphien, 16. Jh.

● **Marienthal - Königsstuhl - Keltenwall - Ludwigsturm** - 1 ¾ Stdn - Von der *„Pfeffermühle"* die *Rockenhausener Str* zur
MA *Str, Am Donnersberg,* re, *[Grün-Gelb],* auch *[Blaues W].* Am
Ortsende Sträßchen halbli am Waldrand aufw, sehr schöne
MW Ausblicke. Auf der Höhe halbli in den Wald. Schranke. Weiter mit *[Rotem Strich],* auch *[Blauem W].* Aufw, eben, dann Pfad **(!)** kräftig hoch, *gut markierte* Wegwechsel. *Stein 3,* Kreuzung, re versetzt aufw, halbli zum *Königsstuhl* (687 m), *höchster Geländepunkt* der *Pfalz.* Prächtige Aussicht. - Das Felsmassiv bildete eine Ecke des Ostwerks des *spätkeltischen Oppidums,* einer Befestigungsanlage des 2. Jh. v. Chr. Das gesamte *Ringwallsystem,* das sich über das Hochplateau hinzieht, hat eine Länge von 8 ½ km, war bis zu 6 m hoch und an der Basis bis zu 20 m breit. Touristisch wird die Anlage - eine der größten in Europa - vom *„Keltenweg"* erschlossen.

Vom *Königsstuhl* abw zum breiten Weg, li, Teil des *Keltenwegs,*
MW *[Grüne Raute mit weißem Symbol],* zuerst neben, dann auf dem *Ringwall.* Am *Südosttor* des *keltischen Oppidums* li hinüber zum *Ludwigsturm* (674 m, oben 702 m). Siehe auch S. 192.

● **Ludwigsturm - Waldhaus/Keltenhütte - ehem. Burg Tannen-**
MW **fels - Esch-Delle - Marienthal** - 1 ¾ Stdn - Mit dem *[Gelben Quadrat]* zum *„Waldhaus"* (innen noch ein *Sakramentshäuschen* des verschwundenen *Klosters St. Jacob,* 14. Jh.). Zwi-

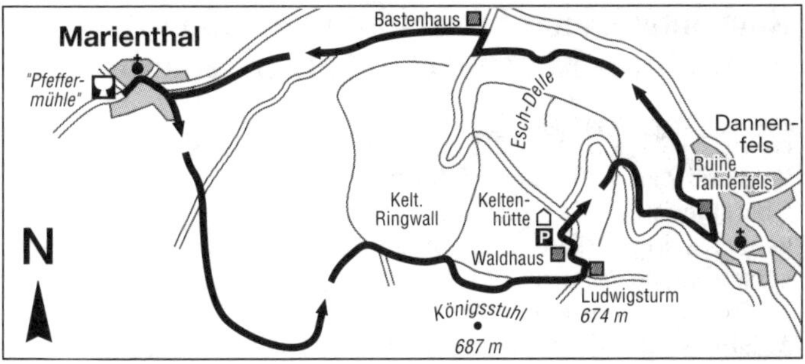

schen ihm und der *Kelten-Hütte PWV* abw. (Ger, *[Roter Balken u. Weißes Kreuz]* = direkter Rückweg.) Re ab, immer ger bis zum *Keltenwall,* dort re abw. Fahrstr überqueren, Pfad stark abw, breiten Querweg re, 200 m, Pfad **(!)** halbli, Weg, Kreuzung
oberhalb *Dannenfels.* Prachtvoller Ausblick. Scharf li, *[Blau-* *MW*
Rote Striche]. – Li oben die spärlichen Reste und der Graben der *Burg Tannenfels:* Erb. 12./13. Jh. durch die *Herren v. Bolanden,* 1288 Gründung der *Herrschaft Tannenfels,* 1331 Stadtrechte für den Ort *Tannenfels,* 1525 Zerstörung der Burg. – Nach einer Wiese (re) li **(!)** aufw **(!)**, dann eben zum *NSG Esch-Delle.* Waldrand, K 82 re, 2 Min Ri *Bastenhaus,* dann Feldweg li, *[Weißes Kreuz],* auch *[Blaues W].* Über den *Königsbach* in den Wald. Nach der Schranke Dreiergabel, mittl. Weg. *Brunnen,* 3 Min darauf halbre **(!)** abw **(!)**, *[Weißes Kreuz].* Waldrand, schöner Vorblick, durchs hübsche Wiesental des *Königsbachs* nach *Marienthal* zur wohltuenden Einkehr in der

● **Speisegaststätte „Pfeffermühle"** – Ein urgemütlich-zünftiges Wanderlokal. Zentraler, verkehrsgünstiger Ausgangspunkt vieler schöner Wanderwege. Einfache und gutbürgerliche Küche. Vortreffliche Pfälzer und internationale Speisen. Wildgerichte. Deftige Vesper. Köstliche Weine. Untere bis mittl. Preise. – *Ru = Mi.*

Rockenhausen – Freizeithütte – Falkenstein – Burgruine – Kirschbach – Hintersteinerhof – R.

Weg und Zeit – 19 ½ km – 5 Stdn.
Charakteristik – Es ist schon ein Prachtweg, aber in seiner ganzen Länge erfordert er einige Ausdauer. Deshalb werden verschiedene Abkürzungsvorschläge genannt. Höhepunkt: *Burgruine Falkenstein.*
Anfahrt – An der B 48 von *Hochspeyer.* – A 6, Ausfahrt *Enkenbach – Winnweiler,* bzw. von *Bingen – Bad Kreuznach.* – B 40/ B 48 von *Kaiserslautern.* – Von *Kirchheimbolanden* über *Dannenfels* oder *Bastenhaus – Marienthal.*
Parken – *Rognacstr* beim *Hotel-Restaurant Pfälzer Hof.*
● **Rockenhausen** – An der *Alsenz.* 1. Erwähnung 897, Stadtrechte 1332. *Ev. Kirche,* Turm 1525, Langhaus 1784. *Schloss,* ehem. Wasserburg, Kernstück 18. Jh., heute *Rathaus. Kath. Pfarrkirche St. Sebastian* 1917. *Heimatmuseum,* davor *röm. Brunnenanlage. Uhrenstube* mit histor. Turmuhren aus fünf Jahrhunderten. Es ist wohl die größte private Turmuhrensammlung Deutschlands (ÖZ: Do 15–17 Uhr u. jeden zweiten Samstag im Monat).
● **Rockenhausen – Alsenz – Degenbach – Freizeithütte – Burg Falkenstein** – 2 ½ Stdn – Vom *Pfälzer Hof Kreuznacher Str* stadteinwärts, *Luitpoldstr* re, schönes Kleinstadtbild, *Ring-Str* li,
MA *[Gelber Strich],* auch *[Schwarzes W auf Weiß], Brühlgasse* ger, *Donnersberghalle,* Querstr li, vorm *Jüd. Friedhof* re, *Mühlackerweg,* Schwimmbad, Sportplätze, *Obermühle, Forellenhof.* 1 Min danach Weg halbli aufw, am Ende des *Trimmpfades* re, befestigter Querweg li. Weiher, *Degenbach,* im Tal aufw, Rechtskehre vor der gr Freizeithütte, *Ww [Falkenstein].* Vorbei am *Gedenkstein „Heinrichweg“.* Linksbogen, leicht aufw (von re her *[Blauer Punkt]* = Rückweg! Kurzwanderer gelangen mit ihm ger nach *Rockenhausen.*).
Bald darauf halbre **(!)** ab. Eben, dann halbre aufw, breiter Querweg re, nächster Querweg li aufw. Halbre durch die Wochenendhaussiedlung, schöner Blick auf den *Donnersberg.* Querstr re – li drüben *Ruppertsecken.* Fahrsträßchen beibehalten, zuletzt prächtiger Vorblick auf *Burg* und *Falkensteiner Tal.* K 37
MW re abw, *[Roter Strich], Falkenstein. Hauptstr* kräftig abw zur
● **Burg Falkenstein** (440 m) – 1135 als Reichsburg erb. 1233 im Besitz des *Hauses Bolanden.* 1398 *Grafschaft Falkenstein.* 1647 teilweise gesprengt. 1745 *Österr. Besitz* unter *Kaiserin Maria Theresia.* 1794 Zerstörung. 1815–1918 beim *Königreich Bayern.* – Mehrere Teile erhalten, bes. die imposante Südwand des *Palas.* Wunderbarer Ausblick. – 1993 wurde hier eine *Freilichtbühne* eingeweiht, ein prächtiges Amphitheater mit etwa 250 Sitzplätzen, eingerahmt von Teilen der mächtigen Schildmauer und

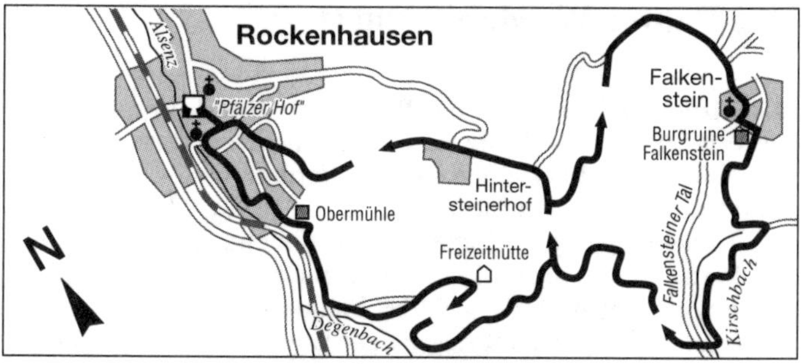

den schlanken Streben einer neuen Holzbrücke.

● **Falkenstein - Kirschbach - Hintersteinerhof - Rockenhausen -** 2 ½ Stdn - *Hauptstr* abw, *Friedhofstr* halbli, *[Roter Strich], Ww [Winnweiler],* aufw, beim *Ev. Läuteturm* herrlicher Rückblick. Vorm *Friedhof* re, diesen Weg beibehalten, über den *Kirschbach,* unter Felsenriff abw. *[Blauer Punkt]* kommt von vorn. Mit ihm *MW* scharf (**!**) re (**!**), *Kirschbach* und Str überqueren. Schranke, aufw, an 3 Schlüsselstellen (**!**) li (**!**), schließlich re abw zum Herweg. Mit *[Blauem Punkt]* über *Hintersteinerhof* abw nach *Rockenhausen, Goldgraben* re abw, *Berg-Str* ger abw, *Luitpoldstr* li, dann *Kreuznacher Str* re zur hochverdienten Einkehr im

● **Hotel „Pfälzer Hof"** - Zentrale, trotzdem ruhige Lage. Komfortable Gästezimmer. Rustikal-behagliche Gasträume. Schöne Gartenterrasse. Wohltuende Atmosphäre. Abwechslungsreiche regionale und überregionale Küche. Auch Fisch, Wild, Vollwert. Herzhafte Vesper. Schöne Weine. Beliebte Weinproben. Unteres u. mittl. Preisniveau. - *Ru = Mo (nur Rest.).*

● **Weitere Wanderwege**

1) Über den *Kahlenberg* nach *Marienthal - Falkenstein - Hintersteinerhof.*

2) *Alsenztal-Wanderweg* mit *[Weiß-Blauer Markierung],* s. S. 190.

Das Pfälzer Wanderwegenetz

● **Pfälzerwald-Verein** - In der Broschüre *„Wanderwege des Pfälzerwald-Vereins e. V.“*, die einen ebenso hervorragenden wie nützlichen Überblick über das Wandernetz bietet, werden 68 Hauptrouten mit einer Gesamtlänge von ca. 4600 km ausgewiesen. Daneben gibt es zwischen diesen Hauptlinien noch zahlreiche Verbindungswege, die generell mit einem *[Weißen Punkt]* gekennzeichnet sind. Da sich das Markierungsnetz in den letzten Jahren z. T. geändert hat, ist der Erwerb dieses Büchleins - und der neuesten Wanderkarten - sehr zu empfehlen.
Außerdem betreut der *Pfälzerwald-Verein* noch die Markierungen folgender Wege: *Wanderweg „Deutsche Weinstraße“, „Nibelungen-Wanderweg“, „August-Becker-Wanderweg“, „Zabern-Weg“, „Westpfalz-Wanderweg“.*

● **Westpfalz-Wanderweg** - *Großer Westpfalz-Wanderweg, [Schwarzes W],* 400 km. - 1) *Wasgau-Wanderweg, [Grünes W],* 110 o. 135 km. - 2) *Pirminius-Wanderweg, [Rotes W],* 120 km. - 3) *Barbarossa-Wanderweg, [Blaues W],* 80 km. - 4) *Burgen-Wanderweg, [Gelbes W],* 84 o. 103 km. - 5) *Herzog-Christian-Wanderweg, [Blaues W],* 100 km. - 6) *Musikantenland-Wanderweg, [Rotes, Grünes W],* (wechselnd), 95 km. - 6 A) *Potzberg-Burg Lichtenberg-Wanderweg, [Rotes W],* 40 km. - 6 B) *Glan-Lautertal-Höhenwanderweg, [Grünes W],* 45 km. - 7) *Donnersberg-Wanderweg, [Blaues W],* 60 o. 92 km. - 8) *Saar-Pfalz-Wanderweg, [Braunes W],* 105 o. 125 km. - 9) *Kelten- und Weinwanderweg, [Rotes W],* 120 km. - 10) *Pfalzgrafen-Wanderweg, [Gelbes W],* 108 km. - Pauschalangebote (inkl. Übernachtung, Frühstück, Gepäcktransfer): *Verkehrsamt, Postfach 1320, Kaiserslautern.* Tel. 0631/3 65 23 17.

● **Verein Naturpark Pfälzerwald e. V.** - In der Broschüre *„Naturpark Pfälzerwald - Parkplätze mit Rundwanderwegen“* von 1993 werden 94 *„Naturpark-Parkplätze“* vorgestellt. Fast 90 besitzen *Wandertafeln* und ein *markiertes Rundwanderwegenetz* von insgesamt etwa 2250 km. Bei den restlichen sind die Rundwege und Wandertafeln in Vorbereitung.

● **Touristen-Verein „Die Naturfreunde“** - Das *[Grüne N mit dem roten Pfeil]* weist jeweils in die Richtung zum nächstgelegenen *Naturfreundehaus.*

● **Weitere Wandewege** - Fast alle Fremdenverkehrsorte haben ihr eigenes *gut markiertes Wanderwegenetz.*

● **Fazit:** Praktisch ist jede lohnende Strecke des riesigen *Wanderwegenetzes im Pfälzerwald* so vorbildlich markiert, dass man mit der Wegfindung kaum Probleme hat und daher sein Augenmerk ganz auf die Schönheiten der herrlichen Landschaft richten kann.

Ortsregister

Register der Gasthöfe, Hotels und Restaurants

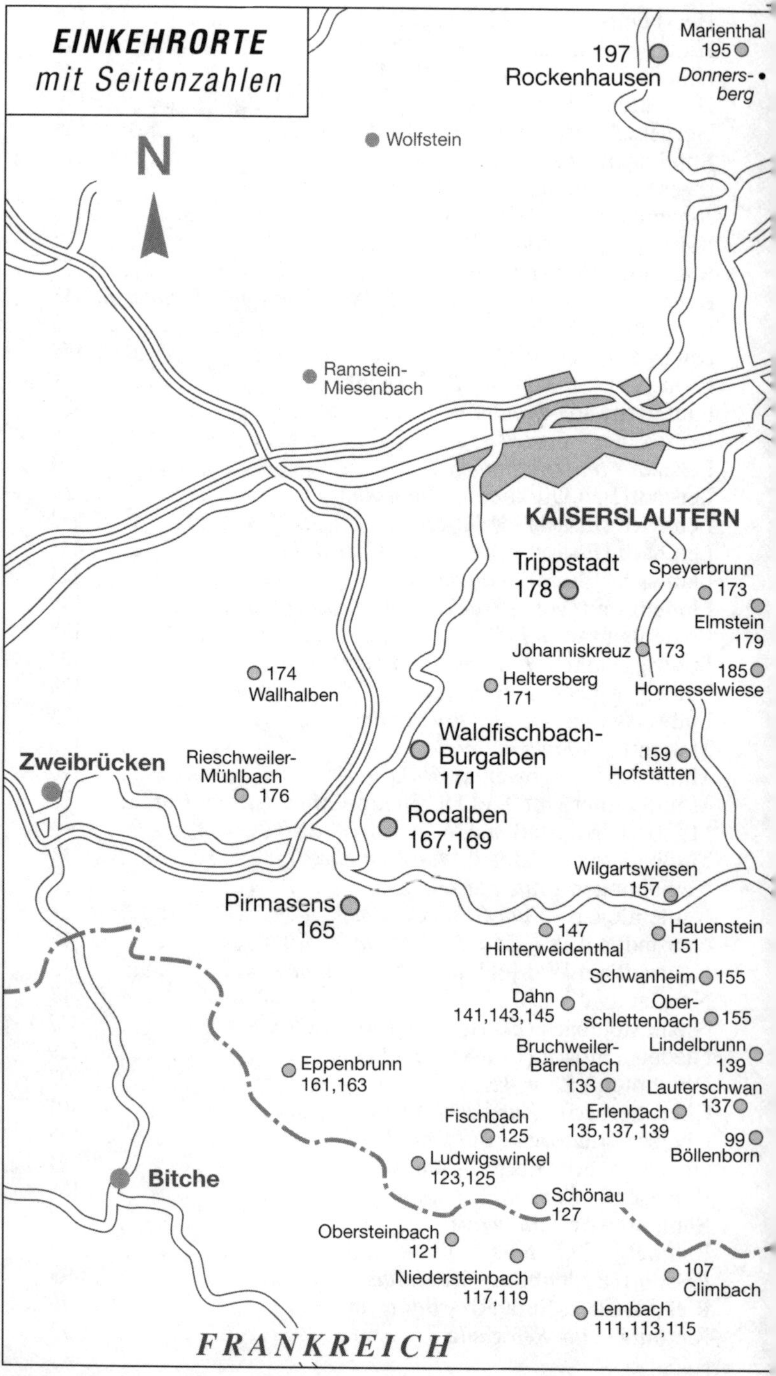

EINKEHRORTE
mit Seitenzahlen
N
Marienthal
195
197
Rockenhausen
Donnersberg
Wolfstein
Ramstein-Miesenbach
KAISERSLAUTERN
Trippstadt
178
Speyerbrunn
173
Elmstein
179
Johanniskreuz 173
185
Hornesselwiese
174
Wallhalben
Heltersberg
171
Waldfischbach-Burgalben
171
Zweibrücken
Rieschweiler-Mühlbach
176
159
Hofstätten
Rodalben
167,169
Wilgartswiesen
157
Pirmasens
165
147
Hinterweidenthal
Hauenstein
151
Schwanheim 155
Dahn
141,143,145
Ober-schlettenbach 155
Bruchweiler-Bärenbach
133
Lindelbrunn
139
Eppenbrunn
161,163
Lauterschwan
137
Erlenbach
135,137,139
Fischbach
125
99
Böllenborn
Ludwigswinkel
123,125
Bitche
Schönau
127
Obersteinbach
121
Niedersteinbach
117,119
107
Climbach
Lembach
111,113,115
FRANKREICH

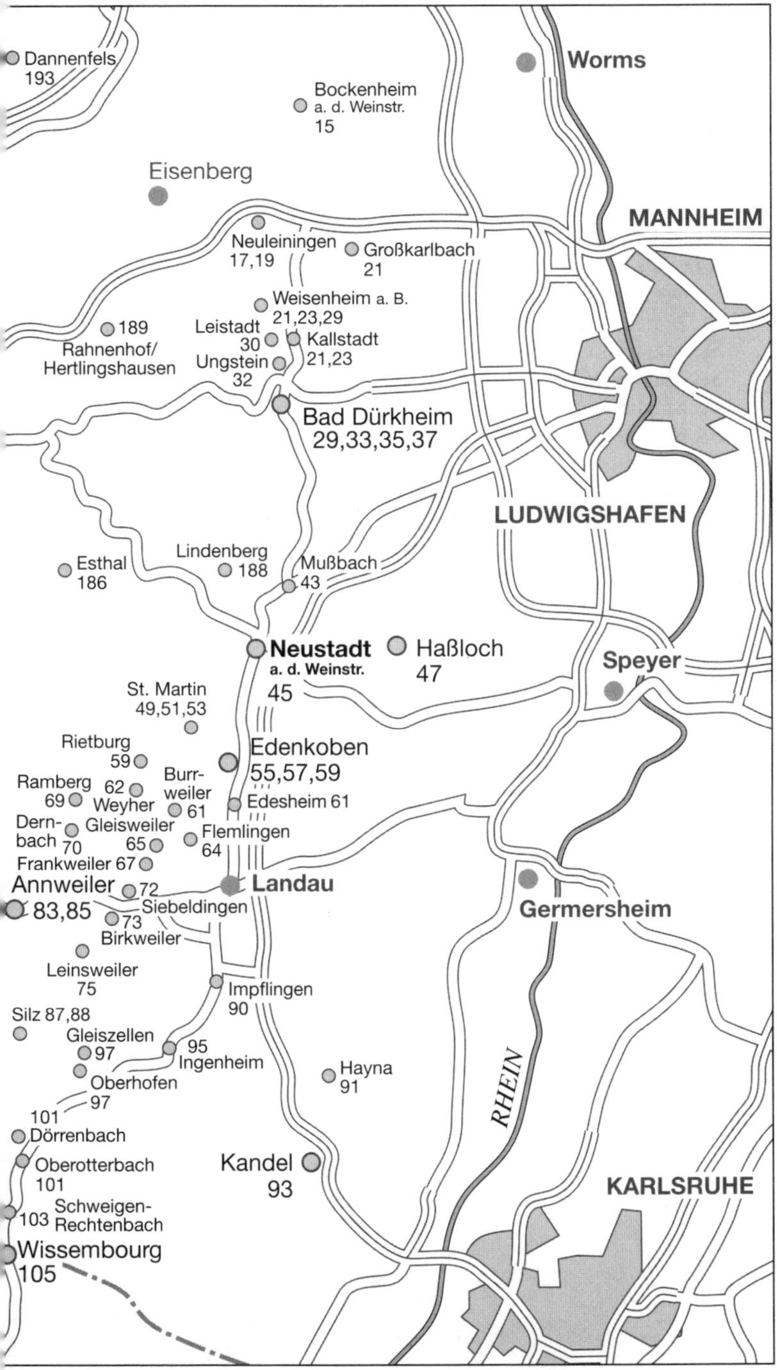
Dannenfels
193
Bockenheim
a. d. Weinstr.
15
Worms
Eisenberg
MANNHEIM
Neuleiningen
17,19
Großkarlbach
21
Weisenheim a. B.
21,23,29
189
Rahnenhof/
Hertlingshausen
Leistadt
30
Kallstadt
21,23
Ungstein
32
Bad Dürkheim
29,33,35,37
LUDWIGSHAFEN
Esthal
186
Lindenberg
188
Mußbach
43
Neustadt
a. d. Weinstr.
45
Haßloch
47
Speyer
St. Martin
49,51,53
Rietburg
59
Edenkoben
55,57,59
Ramberg
69
62
Burr-
weiler
61
Weyher
Edesheim 61
Dern-
bach
70
Gleisweiler
65
Flemlingen
64
Frankweiler 67
Annweiler
83,85
72
Landau
Siebeldingen
73
Germersheim
Birkweiler
Leinsweiler
75
Impflingen
90
Silz 87,88
Gleiszellen
97
95
Ingenheim
Hayna
91
Oberhofen
97
101
Dörrenbach
RHEIN
Oberotterbach
101
Kandel
93
KARLSRUHE
Schweigen-
103
Rechtenbach
Wissembourg
105